Hoerkind

Die memoires van 'n randeier

HERMAN LATEGAN

PENGUIN BOOKS

Hoerkind

Uitgegee deur Penguin Books,
'n druknaam van Penguin Random House Suid-Afrika (Edms.) Bpk.
Maatskappy-reg.nr. 1953/000441/07
Estuaries nr. 4, Oxbowsingel, Centurylaan, Century City, Kaapstad, 7441
Posbus 1144, Kaapstad, 8000, Suid-Afrika
www.penguinbooks.co.za

Eerste druk 2022
Herdruk in 2022

3 5 7 9 10 8 6 4 2

Publikasie © Penguin Random House 2022

Teks © Herman Lategan 2022
Omslag- en agterblad-foto's © Herman Lategan

UITGEWER: Marlene Fryer
BESTURENDE REDAKTEUR: Ronel Richter-Herbert
REDAKTEUR: Melt Myburgh
PROEFLESER: Annelene van der Merwe
OMSLAGONTWERP: Sean Robertson
TEKSONTWERP: Ryan Africa
SETWERK: Monique van den Berg

Geset in 11.5 pt op 15.5 pt Minion Pro

Gedruk deur **novus print**, 'n afdeling van Novus Holdings

ISBN 978 1 77609 338 0 (druk)
ISBN 978 1 77609 339 7 (ePub)

Vir Graham Sonnenberg

Hierdie boek is herinneringe van wat in my lewe gebeur het vandat ek gebore is tot nou. Ek was bevoorreg om mense te ken en oor hulle skryf ek.

Die geheue is bedrieglik. Daar is geen literêre bewustheid hier nie.

As daar 'n doel met my verhaal móét wees, is dit dalk om lesers aan te moedig om hul eie broosheid te trotseer.

Alles is vlietend.

1

V AN MY EERSTE HERINNERINGE IS van my ma wat 'n dooie wit kat teen haar bors gehou en gehuil het. Hierdie kat, hoor ek later, was 'n geskenk aan my om mee groot te word. Iets kleins, oulik en lewend waarmee ek kon speel.

'n Hond het die kat doodgebyt. Vroeg reeds is ek aan verlies blootgestel, iets waaraan ek sou moes gewoond raak. Oorlewing het 'n manier van leef geword.

Die wit kat is dood. In sy plek is die swart hond gebore. Die een wat my heeltyd agtervolg en regtens die ander maat geword het.

Ek is een warm nag in 'n losieshuis in Kloofstraat, Kaapstad, verwek. Dit was in Februarie 1964, om presies te wees.

Die lendelam kasarm van 'n ou bôrdienghuis se naam was ABAC Apartments. Dit was reg aan die onderkant van dié straat, skuins oorkant die Langstraat-swembad en die historiese Duitse St Martini- Evangelies-Lutherse Kerk.

Ai, die sonde.

Want die betrokke partye, 'n man en 'n vrou wat mekaar daardie aand vir die eerste keer ontmoet het, was ongetroud. Die nag was wild en vol opwinding.

My ma, Ria, het in dié losieshuis gesien hoe 'n mooi man met 'n oop gesig, swart hare en 'n leerbaadjie eenkant staan. Hy was blas van gelaat. Dit het sy my self vertel. "Sy naam is Sam Korck," het iemand in haar oor gefluister.

"'n Ier?" het sy gevra. "Mal oor hulle; beneuk, goeie vryers en skrywers."

Hy het stywe jeans aangehad en 'n fok-jou-houding. 'n Tipe moenie-met-my-mors-nie-postuur. 'n Aantreklike man is almal se man, maar my ma wou nie hoor nie.

Die twee raak aan die vry en later is daar katelkaskenades. Nege maande later, op 4 November 1964, pop ek uit. Ria en Sam was albei 21, bloedjonk as 'n mens vandag daaraan dink.

Ek is in Oranjezicht gebore en deur dr. John Sonnenberg gevang. Soos die toeval dit wou hê, sou hierdie man later 'n groot rol in my lewe speel.

Teen daardie tyd het Sam al die langpad gevat. Hy en my ma kon wel lekker kattemaai, maar dit was ook al. Hy was nie lus vir haar opvlieënde geaardheid nie. Hy was lief vir skapies aanja. Drink. Vinnig lewe. Mooi vroue.

Soos vele pa's in Suid-Afrika laat spaander hy toe. Ek verbeel my my ma het my vertel sy het hom vir oulaas met 'n pan oor die kop gemoer. Sam is daar weg op 'n motorfiets.

Of hy 'n Ier was, het sy vergeet om te vra, miskien verlangs, maar van die kafoefelwals sit sy toe met my. 'n Pap baba.

Jare later vertel iemand my ABAC Apartments was 'n bordeel, 'n herberg vir nagblomme. Kan dit wees? Kan dit wees dat my ma, 'n naïewe plaas-meisie, wat op 18-jarige ouderdom met die Bitterfontein-trein uit Lutzville na Kaapstad gekom het, die stadslewe oorweldigend gevind het?

'n Tiener wat die stof van die platteland van haar voete wou afskud? Iemand wat 'n nuwe lewe in die stad van liggies wou kom aandurf? Maar toe uitvind die werklikheid is hel? Wie weet of sy vir seks betaal is, sy het my nooit vertel nie.

2

VAN MY ANDER EERSTE HERINNERINGE is van 'n losieshuis in Warrenstraat in Tamboerskloof. Veral van die mense.

Loslopers van alle ouderdomme. Eenspaaiers. Vreemdelinge van oral wat saam onder een dak woon en mekaar moes leer ken.

Dit was 'n ou dubbelverdiepinghuis. Daar was 'n groot sitkamer.

Die kombuis was 'n gemeenskaplike een waar al die inwoners kon saamdrom, kook, wyn drink en kuier.

Hier het ek as baba 'n groot blonde vrou met 'n mossieneshaarstyl sien huil soos 'n kind. Ek het gesien hoe sy aan die groen Formica-tafel vasklou en ween.

Rondom haar het ander vroue gestaan en haar getroos. Dit het vir my gevoel iets hier is hartseer. As iemand droefgeestig was, het ek ook begin huil. Ek is gereeld deur vroue opgetel en op die wang gesoen.

Deur die dag as my ma werk toe gegaan het, was daar 'n paar afgetrede vroue wat na my gekyk het. Die enigste paartjie was oom Dougie en tannie Esmé.

Hulle was maar lekker kômmin en het met vreemde aksente gepraat. Later sou ek hoor hulle is Cockneys.

Dit maak nie saak dat hulle nie ghrênd was nie, ek het veilig by hulle gevoel. Tannie Esmé het na rooswater en rouge geruik.

Sy was 'n vrou met groot borste waarteen sy my vasgedruk het. Oom Dougie het na pyptabak geruik.

Om een of ander rede het tannie Esmé en my ma soms op mekaar geskree. Dan sou hulle mekaar styf vashou, huil en dan lag. Daarna sou hulle gaan sit en sigarette opsteek.

Ek sou later agterkom dat my ma 'n hitsige persoonlikheid gehad het. Een oomblik is sy pure grappe en kwinkslae, die volgende oomblik rek sy haar oë en gooi sy 'n bord kos teen 'n muur.

Dit was opwindend om deur soveel verskillende mense omring te wees en ook lekker vir 'n kind om 'n ma te hê wat groot drama kon veroorsaak.

Vreemd dat my eerste woord "darra" was. Ironies, want hy was nie daar nie.

3

MY GEWAARWORDINGE VAN DIE WÊRELD het stadig begin ont-
waak. Warm dae en die geluide van krieke in die nag. Ritte op
daardie ou busse soos in Londen waar jy agter opklim en aan
'n paal vashou. 'n Kondukteur wat jou kaartjie kom knip.

Eendag terwyl ek, nog voordat ek kon praat, in my bababed gelê het, het
daar 'n man by ons kamer ingekom. Hy het my ma se hangkas oopgemaak
en haar klere gesteel. Hierdie man het in die losieshuis gewoon, ek het hom
herken.

Sy het van die werk af teruggekom en gesien die kas se deur staan oop.
Toe sy merk haar klere is weg, het sy gegil en in trane uitgebars.

Ek het geweet wie dit gedoen het, maar ek kon haar nie vertel nie. Dit het
my gefrustreer, want ek het verstaan wat aangaan. Daardie gevoel van mag-
teloosheid sou my gereeld oorweldig. Mettertyd het ek meer bewustelik met
waarnemings omgegaan en woorde teen die stomheid gevind.

Daar was dae toe ons baie arm was. Soms kon ons net witbrood eet wat
ons in swart koffie gedruk het. My ma het dit in 'n groot geleentheid omskep.
Kerse is aangesteek en musiek is op 'n plaat op die grammofoon gelaai. Sy
was lief vir Afrikaanse en Engelse musiek. Ons het geluister na die "Die
oukraalliedjie" van Groep 2, Doris Day se "Que Sera Sera" en Shirley Bassey
se "Goldfinger".

Daar was Dean Martin, Elvis Presley, boeremusiek. "Verbeel jou ons is op
die plaas," het sy dan gesê. 'n Plaas met oop vlaktes, skoon lug, naggeluide.
Daar is 'n rivier wat kabbel.

Dan het sy geluide van genot gemaak elke keer as sy 'n stukkie geweekte
brood in haar mond gedruk het. Dit was koningskos. Die atmosfeer van
kerslig, koffie, brood en musiek het my soos 'n kokon omvou.

Omdat my ma teatraal van geaardheid was, het sy gereeld vir my in 'n
voordragstem van vroeg af uit die 1933-Afrikaanse vertaling van die Bybel
gelees. Dit het ook by kerslig geskied omdat daar dan weer vertel word dit
herinner haar aan die plaas.

Sy het haar hande gereeld by die kerslig gehou en dan het die skaduwees
teen die mure soos diere gelyk. Elke dier het 'n storie vertel.

Sy het met heimwee oor haar kinderjare op dié plaas buite Lutzville aan die Weskus gepraat. My oupa, Maans, is voor my geboorte dood, maar ek onthou vaagweg 'n besoek aan 'n ouer vrou in 'n klein huisie. My ouma, Hansie, wat later 'n groot rol in my lewe sou speel.

Daar was pampoene op haar sinkdak. Sy was nie meer op die plaas nie en het in die dorp gewoon. Ek onthou hitte, grondpaaie en verlatenheid. Rooi sand, bergwinde, eensaamheid.

4

VAN WARRENSTRAAT AF HET ONS na Kloofstraat getrek na 'n ander losieshuis, Radyn, net oorkant 'n kafee met die naam Topolino. Dié kafee het aan 'n Griek en sy Afrikaanse vrou behoort. Hulle het 'n blêrkas gehad met tafels waar jy kon sit en hamburgers en melkskommel bestel. Amper soos die Amerikaanse saloons.

Vrydagaande was hulle stampvol jong mense wat kom eet en dans het. Baie het motorfietse gehad wat hulle buite perfek langs mekaar geparkeer het. Blink chroom, blink ligte, blink nagte.

Topolino het my as kind bekoor. Was dit die atmosfeer van dekadensie? Die losieshuis was immers nie 'n plek vir nonne nie.

Radyn was 'n oulike plek met permanente loseerders en 'n dieng-dong-ghong wat ontbyt en aandete aangekondig het. Die gebou was ietwat gedaan buite, maar binne netjies.

Dit was 'n groot dubbelverdiepinggebou met ruim kamers. Swaar groen valgordyne, bruin kiaathoutvloere wat kraak ná die dag se hitte as dit in die nag afkoel, of as jy daarop geloop het. Die reuk van Cobra-vloerpolitoer alomteenwoordig.

In die lang gange was daar goudkleurige kroonkandelare wat uit die plafon afgehang het. Houtpanele het ook die onderste helfte van die dik mure bedek, die res was donkerpersrooi geverf na bo, tot teen die wit plafonne van geperste staal.

Daar was 'n somber en swygende eetkamer waar dit ewigdurend gevoel het asof die aandskemerte net-net gedaal het.

Skarlakenkleurige netjies gestrykte tafeldoeke het die tafels bedek. Daar was bypassende servette, gevou in die vorm van swane. Die silwerkleurige eetgerei was altyd perfek gepoets en in stille afwagting op elke tafel geplaas.

'n Blinkgepoleerde spiraalvormige donkerhouttrap met gladde relings en balustrades het soos 'n Chinese waaier na die boonste verdieping gedraai.

Saterdagaande was daar groot partytjies met 'n vrou wat te veel grimering dra en die klavier met klingelende armbande getokkel het. Hulle het maar meestal Britse kroegliedjies gesing.

Hier het almal ook deur die dag na my gekyk. Baie van die mense was óf nagblomme wat saans gewerk het, óf afgetrede mense wat maar te graag 'n kind as geselskap wou hê. Die een vrou, op haar dag 'n onderwyser, het my vroeg leer skryf en stories vir my gelees.

So het ek my dae deurgebring met mense uit alle vlakke van die samelewing. Om op so 'n jong ouderdom aan 'n bonte verskeidenheid van mense blootgestel te gewees het, was 'n bedekte seëning. Dit het my horisonne verbreed. Ek was vroeg reeds aan buitestanders en weggooimense geheg. Dit het in hierdie bôrdienghuise ontkiem.

My ma was lief vir gay mans. Daar was gereeld 'n groep wat in die aande kom kuier het. Hulle het plate gespeel, gedans of gekekkel en gekraai.

Die een se naam was Jewels, hy was van Switserland. Jewels was 'n setter wat by 'n drukkery net duskant Langstraat gewerk het. Hy het lang, gekleurde Sobranie-sigarette met silwer filters in 'n sigarethouer gerook. Die sigarette was groen, pers en geel.

Voordat hy 'n storie begin vertel het, het hy dramaties in 'n hogere Engelse aksent gesê: "Aaaaaactuallyyyy, what I'm about to tell you, might just shock you to the core of your existence." Jewels het 'n passie vir bruin mans gehad. Hy het hulle gereeld saamgebring om te kom kuier.

Ook was daar Lady Peterson, 'n boerseun wat Kaap toe gekom het en 'n heel nuwe identiteit geskep het. Hy het ook in Radyn gebly.

Lady Peterson het nooit oor sy vorige lewe gepraat nie, maar ons vermoed hy het geld gehad want hy het nooit gewerk nie. In die oggende het hy laat geslaap, omdat hy saans tot laat in klubs rinkink het.

Die een dansplek was die Catacombs-klub naby die dokke. Dit sou later deur die uitsmyter, wat ook 'n fotograaf was, Billy Monk, berug en beroemd gemaak word. Sy foto's van die mense in hierdie ondergrondse wêreld bied vandag 'n waardevolle blik op die sestigerjare.

Daar het Lady Peterson mans wat met skepe van regoor die wêreld die Kaap aangedoen het, ontmoet. Dit was een van die min gemengde kuierplekke. Van apartheid het ek nog niks geweet nie.

'n Bekende aktrise het glo vertel dit is juis hier waar sy so baie tale leer praat het. My inligting het ek van sit en luister na die grootmense se gesprekke bekom. Die polisie het om een of ander rede die mense in die Catacombs-klub uitgelos. Miskien omdat hulle self van die verbode vrugte daar gaan proe het.

Lady Peterson het gereeld rokke en elegante juwele gedra en was keurig gegrimeer. Soms het 'n mooi man saam met hom in die oggende uit sy kamer gekom.

Eendag het hulle 'n draagbaar met 'n kombers oor iemand by sy kamer uitgedra. My ma het my eenkant toe geroep en vertel een van Lady Peterson se minnaars het sy eie lewe geneem ná 'n bakleiery tussen die twee.

Ek het nie juis begryp wat die dood was nie; die wit kat was 'n voorsmakie, maar ek weet dat ons Lady Peterson vir 'n lang ruk nie gesien het nie. "Hy treur," het my ma gesê.

5

O P 'N DAG HET JEWELS nie 'n afspraak nagekom nie. My ma het gewonder wat aangaan, want hulle sou dié dag met 'n paar vriende by Kampsbaai op die strand gaan lê het. Iets waarvoor sy lief was.

Ons is na Gardenia, 'n blok verder af in Kloofstraat. Daar aangekom het ons aan sy deur geklop, maar daar was geen antwoord nie.

My ma het met die opsigter gaan praat en gevra of daar 'n leer is. Die man het die leer teen die muur gesit en dit het tot by Jewels se venster gestrek.

Hy het opgeklim en al was die venster oop, kon hy nie daar inpas nie. 'n Voordeursleutel was daar ook nie.

Almal het na my gekyk, natuurlik omdat ek baie kleiner was as die res. Ek is by die leer op en het my deur die klein, oop venster geforseer.

In die kamer het ek Jewels op sy bed sien lê. Ek is vinnig na die voordeur om dit oop te maak. My ma en die opsigter het ingestorm.

Hulle het hom probeer wakker skud, maar hy was uit soos 'n kers. Sy vlam geblus, maar hy het steeds asemgehaal.

Weer is die ambulans gebel en weereens is iemand op 'n draagbaar uitgedra, hierdie keer net uit 'n ander woonplek. Jewels is hospitaal toe en 'n paar dae later is hy ontslaan.

Vir sy tuiskoms het my ma 'n aand gereël met kerslig, Nana Mouskouri se sang en tamatiebredie. Dit was van toe af reeds my gunstelingdis. Tot vandag, as ek dié bredie ruik, dink ek aan my ma.

Jewels het daar aangekom. Daar is gedans, sigarette gerook en Capenheimer Perlé gedrink. Dit was goeie tye hierdie. Ek was gelukkig met my ma, die losieshuis en al haar vriende. Sy was liefdevol. Haar werk by die Kaapse Provinsiale Biblioteekdiens in Groenpunt was dié van 'n junior.

Daar was nie altyd geld nie, maar ons het wel oorleef. Hóé weet ek nie. Ek vermoed sy moes geld leen.

My pa, het ek later gehoor, het nooit onderhoud betaal nie. 'n Jong rokjagter wat net aan homself gedink het.

Soms het my ma op die hoek van die bed sit en huil. Dan het ek saam gehuil. Dit het beteken die geld was op, of sy het verlang na die plaas, of iemand het haar hart gebreek. Nogmaals.

My ma se vriendinne was meestal enkelma's. Dit was die tyd van die Afrikaner se verstedeliking. Baie jong vroue en mans het van plase of dorpe op die platteland na stede gestroom.

Die wit mense het dikwels werk by die staatsdiens gekry. Ook bruin vroue het van die binneland na die stede gekom. Soos die politiek daardie jare gestaan het, het hulle as huishulpe of in losieshuise se kombuise gewerk.

Omdat my ma 'n oopkop hippie was, het sy haar min gesteur aan die konvensies van apartheid. Sy het goed met bruin mense oor die weg gekom.

Hulle het gereeld gekuier, saam gerook en gepraat oor die ou dae op die platteland. Later in my lewe sou ek besef 'n meesleurende heimwee, 'n gedeelde taal en stories oor droogtes het hulle saamgebind.

My ma se kleintydvriende op 'n afgesonderde plaas was meestal bruin. Vir hulle almal het gebondenheid en mensliewendheid van nature gekom.

Hulle sou gereeld na hul kinderjare verlang, al het die stad sy eie bekoring gehad. Een vriendin, Lorraine, het altyd aan die huil geraak as my ma The Doris Day Christmas Album op die platespeler gesit het.

Sy het in Radyn se kombuis gewerk. Hoekom dit haar weemoedig ge-maak het, weet ek nie, maar as kind was ek aspris. As ek haar in die gang sien afkom het, het ek gou die plaat op die grammofoon gesit. Klokslag sou die trane vloei.

Lorraine sou later aan kanker sterf en my ma het haar in Lorraine se kamer tot met haar dood versorg. Ná haar dood het haar familie die hele ent van Pacaltsdorp gekom om vir haar te haal.

Ek onthou hoe my ma oor hierdie vrou getreur het.

6

EN VAN RIA SE ANDER vriende wat 'n rol in my lewe gespeel het, was Griet van Biljon. Sy het 'n seun van my ouderdom gehad, Ivan. Griet was oorspronklik van Bloemfontein en het 'n ligblou Volkswagen Kewer bestuur. In dié klein motortjie het ons vier gereeld oor Kloofnek gery om in Kampsbaai te gaan swem.

Ek en Ivan het in die klein holte reg agter die agtersitplek gesit. Op die strand het ons ure lank onder die sonsambrele gelê en na die blou see gekyk. Die water was baie koud, maar ons het darem opblaasmatrasse gehad.

Eendag op die strand, onthou ek, het my ma genoem die NG Kerk wou my nie doop nie. Ek is buite-egtelik. Hulle het verwag sy moes voor die gemeente bieg dat sy gesondig het.

Alhoewel sy nie juis 'n groot Christen was nie, het sy haar Bybel gelees en wou sy darem hê dat ek gedoop word. Om 'n skuldbelydenis voor 'n kerk vol mense af te lê was buite die kwessie. Hulle moere, sy sou nooit weer 'n voet daar sit nie.

Tog was dit vir haar 'n klap in die gesig. Hoe kan dit sonde wees om 'n kind te hê? Hoe kan 'n kerk waarin sy op die platteland grootgeword het, haar so stief behandel?

Iemand het voorgestel sy kan my in die St. Mary-katedraal oorkant die parlement in Kaapstad laat doop. Al is hulle katolieke, is hulle by daardie spesifieke kerk meer verlig.

Ek was reeds vier of vyf, maar ek onthou die dag goed. Ons het in haar vriendin Ma Basson se Wolseley 16/60 gery. Die kar was maroen en grys, met 'n hout-instrumentpaneel en rooi leersitplekke.

Op pad na die kerk het die groot motor soos 'n skip gewieg. Ek onthou die reuk van leer en van die asbakkie vol sigaretstompies.

Ma Basson, soos sy bekendgestaan het, se regte naam was Iris. Sy was veel ouer as die meeste van haar vriende en het as 'n mentor vir jong vroue opgetree. Sy het 'n haarnet gedra met te veel rouge op haar wange en het na talkpoeier geruik.

So is ons drie toe op 'n sonnige dag by die kerk se trappe op. Ek vermoed Ma Basson was 'n katoliek en dit is hoe die hele affêre gereël is.

Toe ons instap moes ons eers ons vingers in water druk en 'n kruis met ons hande oor ons harte maak. Ek kan nie veel meer onthou nie, behalwe dat 'n priester in 'n vreemde taal gepraat het en water oor my voorkop gesprinkel het.

Dit is hier, op die agtersitplek van Ma Basson se groot ou motor, op pad terug na die losieshuis, waar ek vir die eerste keer 'n vae gewaarwording gekry het dat iets nie pluis is nie.

Ek voel geliefd, maar soos 'n buitestander. Ek is 'n hoerkind, ja. My ma se kerk wou my nie hê nie.

7

O P 'N DAG BESLUIT 'N oom van my hy gaan my na Pretoria opvlieg. Hy was 'n vlieënier by die ou SAL. Hy is getroud met my ma se suster Helna, wat haar naam na Helena verander het. Uit pretensie. Sy het haarself as kosmopolities en elegant beskou. Omdat haar man 'n loods was kon sy baie reis. Die naam Helna het blykbaar nie in Europa goed genoeg geklink nie, maar Helena wel.

My familie het nie veel met ons te doen gehad nie, omdat hulle maar meestal op my ma neergesien het. Helna se man, Ross, was 'n langerige, maer man wat perfek Afrikaans gepraat het.

Dit was gaaf van hulle om my as vyfjarige te laat vlieg. Ek was bang omdat ek alleen moes reis. Ons is met Ma Basson na die lughawe. Daar aangekom het 'n gawe lugwaardin vir my by Ma kom haal. Ek is saam met haar na die grote vliegtuig.

Die personeel het my naby hulle laat sit en ek moes 'n gordel dra. Toe die vliegtuig opstyg, toe verbeel ek my daar is 'n groot ronde gat agter waardeur ek uitgesuig gaan word en in die hemelruim beland.

Ek het tjoepstil gesit en vashou aan die stoel se leunings uit vrees vir die dood wat op my wag. Toe ons hoog in die lug was en die vliegtuig nie meer neusop klim nie, kom haal 'n lugwaardin my.

Ek word na die kajuit begelei. Die deur is oopgemaak en daar sien ek toe my oom aan die stuur. Twee ander mans sit saam met hom in die kajuit. Hulle wys my knoppies en ligte wat flikker. Ek kyk uit deur die ruit na die landskap doer onder. Baie opwindend vir 'n kind van vyf.

Die landing verloop glad. Ons het met sy kar gery en by 'n meenthuis aangekom waar my tannie my kom groet het. Daar was altyd iets kils aan haar, soos 'n winkelpop met 'n blonde pruik op. Ek onthou hoe lank sy haar mooigemaak het voordat hulle uitgegaan het. Altyd voor die spieël, altyd aan die koekeloer. Haar dogter Cecilia was amper dieselfde ouderdom as ek, so ons moes mekaar geselskap hou.

Dit was voor die tyd van TV. Die dae was maar eentonig. Ek het verlang na my ma en die randeiers by die losieshuis. Die voorstedelike atmosfeer en die gevoel van 'n gesin met 'n ma en 'n pa was vir my 'n vreemde en ongemaklike ervaring. Verder was Ross streng saans met aandete. Ek mag geen rys op my bord gelos het nie, elke laaste korrel moes ek opskraap en eet. Die geselskap was beslis nie kleurvol nie, nie naastenby soos my ma se wilde gesprekke met haar vriende nie.

Ek kon nie wag om huis toe te gaan nie, die kuier was te treurig vir woorde. Dit het gevoel asof ek nie inpas nie. Ross het my darem geleer hoe om my veters vas te maak. Siestog, hulle het goeie bedoelings gehad.

Cecilia is later heeltemal van Helna en Ross vervreem en praat glad nie met hulle nie. Sy moet 'n goeie rede hê.

8

TERUG IN DIE KAAP KOM haal my ma en Griet vir my in Griet se blou Kewer. Ek was dadelik gelukkiger. Ek kon weer agter in die kar se holte klim.

By die losieshuis was almal bly om my te sien. Lady Peterson het glad 'n nuwe rok aangehad.

"Sy het vandag spesiaal soos Sophia Loren aangetrek," het my ma vertel. "Selfs die sonbril is soos dié een wat sy gereeld dra. Sy is 'n bekende Italiaanse akteur."

Ek het net my tas afgelaai toe bondel ons almal, Sophia Loren inkluis, in Ma Basson se skip. Dit was betaaldag en ons gaan na La Perla in Seepunt waar ons buite kon sit.

Seepunt het ons almal gelukkig gemaak. Die skakerings van blou, wit branders en son het 'n gevoel van vryheid geskep. Buite op La Perla se stoep was dit gesellig.

Maar La Perla was nie die enigste bron van vreugde nie. My ma het met Maraai Masoet, 'n vrou wat in Distrik Ses gewoon het, bevriend geraak. Maraai het in die losieshuis se kombuis gewerk en dié twee het goed oor die weg gekom. Sy wat Maraai is, het sommer gereeld in ons kamer kom sit en rook en dan praat hulle oor kos.

So kom dit dat ek en my ma gereeld na Distrik Ses geloop het om vir die Masoets te gaan kuier. Hulle was 'n klein gesin met 'n seuntjie van my ouderdom, George, en haar man se naam was Noor.

Dit was goeie tye, omdat die atmosfeer in dié woonbuurt lewendig was. Kinders het in die strate gespeel, ou mense het buite op hul huise se stoepe gesit en die reuk van kos was alomteenwoordig.

Voordeure het oopgestaan en jy kon reg tot in die huise inkyk. Dit is hier waar ek vir die eerste keer die woord "moffie" gehoor het. Die gay mans was heel guitig, soms wulps, maar altyd vriendelik. Die woord het geen neerhalende toon gehad nie, dit was nou maar net 'n woord.

Een moffie het gereeld by Maraai kom kuier en hy het my gefassineer.

Hoosain, my ma en Maraai kon ure lank oor tamatiebredie, wortel-en-ertjie-bredie en pens-en-pootjies praat.

Hulle het Glen-tee gedrink en Rothmans-sigarette gerook. My ma kon baie vloek, aangesien sy van Namakwaland afkomstig was en 'n geswetsery daar soos 'n tweede taal was.

Ek onthou ook as ons langs die paaie gestap het, was daar plekke en strate soos die British Cinema, Rose & Crown-hotel, Hanover- en Tenantstraat. Mettertyd het ons besoeke minder geraak soos van die huise en plekke ver-dwyn het.

Daar was huise wat afgebreek was en besighede het toegemaak. Puin en rommel het begin toeneem. My ma het aan my verduidelik wat aangaan maar ek was te jonk om te verstaan. Al wat ek onthou, is hoe sy met elke besoek somberder geraak het. Die gelag in Maraai se kombuis het minder geword.

9

DIT WAS 'N SATERDAGOGGEND. MY ma het my wakker gemaak en gesê ons gaan na The Market in die stad. Sy het vir my 'n koppie koffie gebring en my hare gestreel.

The Market was so 'n psigedeliese hippie-plek waar jy wierook, armbande en allerlei lang rokke kon koop. Die mense wat daar uitgehang het, het almal sulke rustige uitdrukkings op hul gesigte gehad.

My ma het my vertel dit is omdat hulle so baie dagga rook. Sy gee nie om vir dagga nie, ook nie dat mense dit rook nie. Maar dagga rook maak haar bang, sy voel iemand loer vir haar.

Daardie oggend was die vroue baie vriendelik met my. "Ag, kyk sy mooi groen ogies," sê die een. "En sy pragtige swart hare," sê 'n ander.

"Is hy Grieks?" het 'n lang maer vrou gevra.

"Nee," antwoord my ma. "Dis maar Ierse bloed en Namakwalandse gene."

"Ag hoe eksoties," antwoord die lang maer vrou. "Dit is nou vir jou 'n storie, nè?"

Dit was 'n soel oggend en een wat ek nooit sal vergeet nie. My ma het pragtig gelyk. Ek het so gekoester gevoel.

By die losieshuis gaan sit ons in die kamer. "Hermantjie, jy gaan volgende jaar skool toe. Ek is baie arm op die oomblik.

"Vanoggend het ek nie eens iets gekoop by The Market nie. Dinge gaan sleg.

"Jou pa dra niks by nie. Niks. Ek moes 'n plan maak, ons kyk hoe dit uitwerk. Ons kan nie net van witbrood en swart koffie leef nie.

"Jy gaan Durbanville toe, daar is 'n plek. Dit is soos 'n koshuis maar dit is verniet. Ek hoef niks te betaal nie, want ek kan nie.

"Dit is 'n kinderhuis, my skat, 'n plek waar hulle vir jou sal sorg. Ek kan eenvoudig nie meer nie.

"Terwyl jy daar is gaan ek probeer om 'n beter werk te kry. Om meer geld te verdien."

Ek was nie seker wat dit alles beteken het nie. Toe sit ek maar daar en luister met my haasbek, my bossie swart hare en rooi wange.

Ek het in November ses geword. In Januarie het my ma 'n tassie vir my ingepak. Ook my nagklere met die patrone van geel eendjies op. Al my klere mooi opgevou en die tas ferm toegedruk.

Ma Basson het weer met haar skip gekom. Ons het gery en gery. Ek het maar agter gesit en gewonder oor my nuwe lewe. Een wat my psigiese welstand vir dekades sou breek, maar waarvan ek op daardie tydstip niks geweet het nie.

Ons het by 'n groot hek ingery. Die motor het gestop. Ons het uitgeklim.

'n Vrou wat haar as tannie Prins voorgestel het, het my hand geskud. Toe het my ma vir my gesoen. Ma Basson het gelyk asof sy wou huil.

Ek het onder 'n boom gaan sit op 'n bankie met tannie Prins. Hierdie prentjie speel oor en oor voor my af, tot vandag toe.

Ek het gesien hoe hulle wegry en hoe my ma omkyk. Deur die agterruit het ek haar sien wuif en toe is hulle by die groot hek uit. 'n Weemoed het oor my gesak en my verlam. Tannie Prins het my hand styf vasgehou. Ek wou praat maar my woorde was op.

10

DIE RES WAS VAAG. EK kan my kamer onthou, ek het op my eie geslaap. Die aande was vreesaanjaend. Eensaam.

Ek kan nie die ander kinders onthou nie; ek was wel bewus van 'n groot tiener met 'n been wat deur polio aangetas was.

Saans het ek hom hoor loop in die gang. In my vrees het ek gedink hy kom na my toe aangeloop en hy gaan my iets aandoen.

Die eerste dag by die nuwe skool was aaklig. Daar was 'n groot kerk waarby 'n mens moes verbyloop en dan het 'n mens by die skool aangekom. Die kerk was soos 'n berg.

Die skool het geen indruk op my gelaat nie, alles uitgeblok. Ek het ophou praat.

Dit het so onwerklik gevoel, dit was asof ek soos 'n albatros bo my eie lewe gevlieg het.

Vrydagaande was daar rolprente. Almal rondom my het gelag – ek het net verder en verder weggedryf.

Snags het ek die seun met die been hoor loop, af in die lang gang, op en af. Ons was die weggooimense.

Tannie Prins het bekommerd geraak. Ná 'n ruk het sy my gevra of ek saam met haar sal kom vir 'n naweek om by haar ouers te gaan kuier.

Ons het in stilte na hul huis gery. Ek het vae herinneringe van die plek en mense, maar wat ek wel onthou, is dit: Daar was 'n hond en sy het so pas geboorte geskenk aan 'n werpsel. Toe ek nader aan die diertjies stap en oor hulle vryf, toe praat ek weer.

Wat ek gesê het, weet ek nie, maar ek het van daardie dag af amper-amper weer soos 'n mens begin voel. Nie soos 'n leë dop, of iemand uit die buitenste ruim nie.

Later jare toe ek weer vir tannie Prins (soos ek haar steeds noem) ontmoet, het sy vir my vertel daardie naweek was ook vir haar ouers 'n kantelpunt. Hulle kon nooit insien waarom sy by 'n kinderhuis moet werk nie. Die stigma aan kinderhuise was enorm in daardie jare (en in baie gevalle steeds).

Nadat hulle gesien het hoe ek verander het van 'n stom kind na een wat weer praat, het hulle anders na die saak begin kyk. Hulle het haar sagte interaksie met dié kind gesien en besef sy is besig met iets waardevols: liefde vir kinders wat sonder liefde voel.

Al het hulle mooi na ons gekyk, al was tannie Prins daar, al is ons op uitstappies geneem, was die gemis na my ma traumaties. Jare later toe ek terapie gekry het, was dit my oerwond.

Die swak selfbeeld, woedeuitbarstings, minderwaardigheidsgevoelens, en veral die aanhoudende gevoel van melankolie en vrees vir verwerping – jy leer bestuur hierdie emosies, maar hulle verdwyn nooit nie.

Al bereik jy sukses, voel jy heeltyd leeg, asof jy 'n indringer is, en dat iets verskrikliks enige oomblik met jou kan gebeur. Die ergste van alles – dat daar niemand gaan wees om jou by te staan nie.

Hulle praat van die Peggy Lee-sindroom, wat jou nooit verlaat nie. Sy was die sanger van die lied "Is that all there is?"

Uiteraard is daar hoogtepunte, hegte vriendskappe, 'n lewe wat vreugde-vol geleef kan word, maar die hol gevoel binne jou vra: Is dit al? Dit kon mos beter gewees het. En al is dit goed, who cares? 'n Mens voel deurskynend.

Daar was gereeld oproepe van my ma. Hierdie kort oomblikke met haar op die foon het my meer depressief gelaat as opgewonde.

Ek het geweet die gesprek gaan tot 'n einde kom, en dan is dit weer die niks binne my. As ons moes groet het ons soms twintig keer totsiens gesê. Maar een van ons moes die telefoon eerste neersit.

Ek wou nie die telefoon neersit nie. Sy ook nie.

"Okay bye, okay bye, okay bye ..." Aan en aan en aan.

Sommige naweke kon sy kom kuier, maar dit was min. Sy het nie vervoer gehad nie, dus was sy vir geleenthede van vriende afhanklik.

Somtyds het sy my vooraf laat weet sy kom. Dan het ek op my bed gestaan om deur 'n venster te sien of ek haar in 'n motor kon gewaar.

Dié vensters het op die parkeerarea uitgekyk. Later het ek elke Sondag op my bed gestaan en die hele besoekuur na die parkeerterrein gekyk.

Die Sondae wanneer ek haar nie gesien het nie, was die pyn in my hart ondraaglik. Ek het eenvoudig weggekwyn. Hierdie herinneringe knak my telkens, maar ek het baie van hulle netjies in 'n metaforiese boks weggebêre.

Tog is die boks se deksel gereeld in my lewe vir my oopgeruk, of ek dit so wou hê of nie.

11

O P 'N DAG HET SY my kom haal. Dit was weer in Ma Basson se deftige Wolseley. Die ouer vrou het nogal in my hart gekruip met haar rouge, vals oogwimpers en rooi lipstiffie.

Sy het my later herinner aan die Britse vroue in die rolprente wat as Kitchen Sink Dramas bekendgestaan het. Eenvoudig, maar statig, iewers met 'n geheim, 'n verdriet wat sy wegsteek.

Hierdie keer het my ma in 'n woonstelblok onder in Kloofstraat gewoon, die naam was Gardenia. Die een waar Jewels gebly het. Vandag is dit 'n kantoorblok.

Ek het nie lank hier gebly nie, toe sy my vertel ek gaan na haar neef, Braam Lategan, sy vrou, Tina, en hul vyf kinders. Sy maak nog nie genoeg geld nie en haar plan is dat ons na Seepunt gaan trek.

Sy spaar solank. Ek sal ook by die Laerskool Jan van Riebeeck inval. Haar woonstel was naby dié skool en ek het reeds beter gevoel.

Oom Braam, soos ek hom genoem het, was 'n slungelagtige en deftige man met 'n diep stem. Hy het 'n lang Mercedes-Benz gery, swartkleurig.

Op daardie stadium was hy bekend as die staatsaanklaer wat 'n bekende besigheidsman, Ronald Cohen, weens moord vervolg het. Cohen het sy vrou van 25, Susan, met 'n ornamentbeeld doodgeslaan.

Dit was 'n opspraakwekkende misdaad wat in 'n swierige huis in Constantia plaasgevind het. Die koerante was gaande oor dié storie en my oom was 'n tipe selebriteit.

Hy sou later prokureur-generaal word en toe 'n regter. Toe ek ouer word, het ek gehoor hy was bekwaam, maar sy aanstellings was elke keer polities van aard.

Hy was ook bekend as die "hanging judge". As jy voor hom verskyn het en jy was skuldig aan moord of verkragting, is jy galg toe.

Die sielkundige en skrywer Juliana Coetzer het my eendag vertel dat sy met 'n verkragter in my oom se kantoor gesit het. Sy wou versagtende omstandighede pleit maar Braam het die man in sy oë gekyk en gesê: "Jy gaan hang."

Die kleur het uit haar kliënt se gesig verdwyn.

My oom was getroud met Tina Loots, die suster van die speaker van die Volksraad, Jannie Loots. Dit het ook gehelp dat Braam 'n Broederbonder en ouderling in die kerk was. Deure het vinnig oopgegaan.

Maar van al hierdie goed het ek geen benul gehad nie. Hulle het in 'n deftige dubbelverdiepinghuis in Rugbyweg teen die hange van Tafelberg in Oranjezicht gewoon.

My nuwe lewe met 'n gesin het begin. Van enigste kind na weeskind na 'n stiefkind en -broer in 'n groot gesin.

Dit was oorweldigend, die prag en praal, die groot slap motor. Verder was dit ongehoord dat ek soggens in 'n ghrênd kar afgelaai word by die hekke van die skool.

Braam het ons in die oggende geneem en Tina het ons in die middae kom oplaai. As sy nie kon nie, was daar 'n bus wat met die skerp bult teen die hange van die berg tot amper by die voordeur opgery het.

Daar was ook teenstrydighede in Braam. Eendag op pad skool toe praat ek van die "melkboy". Dit is hoe ek gehoor het wit mense dié woorde in daardie tye gebruik het.

Hy vermaan my toe en sê ek moet na hom as die "melkman" verwys. Later wonder ek – is dit omdat ek my tale gemeng het, of was hy regtig oopkop genoeg om te besef die woord "boy" is neerhalend?

Etes was by 'n groot tafel waarom almal kon pas. Uitsigte uit die huis oor die stad was fenomenaal.

Agter was daar 'n groot tuin met 'n swaai, met Tafelberg wat tot teen die heining strek. In die somer kon jy die berg ruik. Daar was ook 'n swembad, trampolien en 'n muur waarteen tennisballe geslaan kon word.

In die braaikamer was daar 'n snoekertafel wat gereeld gebruik is om die bokke wat oom Braam in die Karoo gaan jag het, te verwerk.

Eens op 'n keer was daar 'n groot plaag sprinkane wat my bang gemaak het, hulle was helderrooi en het gestink as jy op hulle getrap het. Saans het Braam vir ons sprokiesverhale voorgelees. Deur die dag ná skool kon ons na plate met stories op luister.

Omdat ek gelispel het, het hulle my na die Akademie vir Dramakuns in Kloofstraat gestuur. Hier was 'n vrou wat later 'n groot invloed op my lewe sou hê. Sy was 'n bekende akteur daardie jare, Babs Laker. Ek het dadelik by haar aanklank gevind en sy het my gehelp om gedigte en stories hardop te lees.

Ons het gespeel met 'n sak waarin sy voorwerpe geplaas het, soos 'n bos sleutels. Dan moes ek my hand daarin druk en vir haar sê wat dit is wat ek daar voel.

Ek het baie lief vir haar geword, sy het 'n warmte uitgestraal wat ek nie van Tina ontvang het nie. Op my ouderdom van sewe stel sy my ook aan musiek voor en ons luister saam na "So Long, Marianne" van Leonard Cohen. Dan brand sy wierook.

O, dit was so eksoties, haar persoonlikheid het my baie aan my ma laat dink. Om een of ander rede het ek my ma tydens my verblyf by my oom skaars gesien. Ek vermoed hulle wou haar uit die prentjie hou.

Vinnig het sake tussen my en Tina begin versleg. Ek was uitgesproke. Iemand het gekla dat ek gevloek het.

Daarvoor is ek met 'n sambok deur Braam pak gegee. Die oudste seun, ook Braam, het my gereeld hard op my arms geslaan.

Ek het met twee van die kinders goed oor die weg gekom: Henk, die jongste seun, en An-Sophi, wat altyd empatie teenoor almal gehad het. Ek en An-Sophi het tot vandag toe nog kontak.

Braam, streng soos hy was, was besig, maar het tyd gemaak om met my te gesels. Die spanning tussen my en Tina het veroorsaak dat ek my bed begin natmaak het. Hoe meer sy my uitgeskel en verkleineer het, hoe meer het ek in my bed gepiepie.

Eenkeer vertrek ons almal op vakansie in die groot Mercedes-Benz. Tina se komvandaandorp is Prieska en haar familie het 'n plaas daar, Blyvooruitsig.

Maar dit word toe 'n hele road trip en eers is ons na 'n plaas in die destydse Oranje-Vrystaat. Daar aangekom was daar 'n lang maer man wat ons gegroet het. Sy naam was Blackie.

Ons het daar oornag en die volgende dag was ons op pad na Prieska, toe Pretoria, en later na die Krugerwildtuin. Alles baie opwindend, maar laat ek tog noem dat ek in elke katel geürineer het.

Daarvoor is ek op elke denkbare manier deur Tina berispe en verneder. Later sou ek uitvind Blackie in die Vrystaat was niemand anders nie as oudpresident C.R. Swart.

Selfs hul een bed het ek natgemaak. Ek dink nie baie mense kan dit sê nie.

Tina het ysiger teenoor my geword en ek kon aanvoel sy kon my nie verdra nie. Sy het my ook gekritiseer oor die manier waarop ek loop. Ek loop te hard, ek het platvoete, ek is te vet. Sy het my met minagting aangegluur.

Sondae aan die etenstafel was dit 'n statige affêre. Daar was baie kos. Geselskap is kuis gehou. Dit was maar styf. Nie soos die losieshuis waar almal kliphard kon lag en praat nie. Ook nie soos met my ma se ander vriende nie.

Selfs die kinderhuis met sy saal vol kinders was luidrugtig. Hier was dit meestal stilte. Ek onthou hoe messe en vurke teen duur borde geklik-klak-klik het.

Een Sondag ná kerk het Tina, soos sy gereeld gedoen het, my gevra wat die dominee in die kerk gesê het. Sy het my uitgesonder, maar sy kon my nooit uitvang nie.

Daardie dag was haar stem besonder kil. Ek het 'n woede in my voel opkom en skree toe vir haar: "Hy het gesê jou ma se pap poes!"

'n Geskokte stilte om die tafel. Die kinders het voor hulle uitgestaar. Braam het vir my gevra om die tafel te verlaat.

Dit was die Sondag. Die Maandag het Tina uiters vriendelik vir my agter in die Mercedes laat sit.

Ek het haar wantrou omdat ek geweet het sy haat my. Sy het my by my ma se woonstel in Kloofstraat gaan aflaai en nie eens uit die kar geklim nie. My ma moes die bagasiebak oopmaak en my tas daaruit neem. Die hartelose manier waarop Tina dit gedoen het, bly my steeds by.

Voordat sy weggery het, was haar laaste woorde aan my en my ma: "Hierdie kind gaan eendag in die gutter beland."

Toe sit sy haar voet op die pedaal. Sy het nooit weer met my gepraat nie.

Later jare het ek foto's van haar gesien waar sy bejaard en met Alzheimer-siekte in 'n bed lê. By haar was haar dogter An-Sophi. Sy het haar hand vasgehou.

Ek het na haar broosheid gekyk en besluit dit is beter om haar te vergewe. Ek het dit laat gaan, maar haar opmerking het dekades by my gespook. Wie weet, dalk word sy tog eendag reg bewys?

12

TERUG BY MY MA HET ek van die gelukkigste tye in my kinderjare gehad. Ons het kort ná Tina se spektakel Seepunt toe getrek.

Maar eers my laaste herinneringe aan Kloofstraat in hierdie tyd. Ek was lief vir dié straat, want ek het grotendeels hier grootgeword.

Tog was daar ook 'n donker kant. Eendag staan ek buite in die son en wag vir my ma toe 'n onbekende man na my toe aangestap kom.

Hy praat mooi met my en vertel my ek moet saam met hom kom, ons gaan vir 'n vriend kuier. Ek dink niks daarvan nie en gaan maar saam.

Aan die onderpunt van Kloofstraat is daar 'n blok met die naam Overbeek. Hy stap voor my op met die trappe.

Daar is 'n oop woonsteldeur en stemme. Die man sit op die trap en vertel my ek moet verby die oop deur stap sodat sy vriend my kan sien.

Ek maak maar toe so, want wat weet ek wat aangaan? Dit is soos 'n speletjie. Ek stap terug na die vreemde man wat steeds op die trappe sit en wag.

Hy vra my om langs hom te sit, wat ek toe ook doen. Ek het 'n kortbroek gedra en 'n T-hemp.

Hy sit toe sy hand onder my broek in en begin speel met my privaat gedeeltes. Dit beteken niks vir my nie, te naïef om te verstaan.

Al wat ek voel is 'n gekielie. Tog voel iets nie vir my reg nie.

Ek staan op en hardloop terug na Gardenia, ons woonstelblok. Dit sou ook nie die laaste keer wees dat daar aan my gepeuter word nie.

Dan was daar die keer toe my niggie Tersia vir ons kom kuier het. Sy was die dogter van my ma se broer, Cobus, 'n alkoholis.

Hy was 'n kunstenaar wat ook kon dig en filosofeer, maar alkohol het hom vernietig. My pa en hy was glo bevriend en het op 5 November 1964, die dag ná my geboorte, Guy Fawkes gaan vier waar hulle klappers aan die brand gesteek het. Om my lewe te vier.

Asseblief!

Ek het later gedink hoe kinderagtig dit is om dié dag so te vier, veral as jy 'n grootmens is. Toe het ek onthou hoe oud my pa was: 21. Nog 'n kind eintlik.

Ewenwel, Tersia kom kuier en dit is groot opwinding, want ek en sy kan saam by die Langstraat-swembad gaan swem. Om van Gardenia soontoe te loop is maar 'n katspoegie ver.

Daar aangekom spring ons in die water. Die hele plek ruik na chloor en die gelag en gegil van kinders en tieners weergalm in die onderdakswembad.

Toe ons regmaak om terug te stap huis toe, bied 'n man vir ons 'n geleentheid aan. Die teer was warm en ons was kaalvoet, en soos swape klim ons toe maar in.

Daar ry hy toe verby die woonstel en gaan al hoe verder met ons, tot by die Glen, hoog tussen die stad en Kampsbaai. Daar is baie bome en hy stop die kar onder een van hulle.

Ek sit agter. Hy draai na Tersia, seker so 10 jaar oud, en begin haar soen. Hy druk sy hande onder haar rokkie in.

Ek slaan hom van agter op sy kop, maak die agterdeur oop en skree vir haar om uit te spring. Ons raak aan die hardloop, maar ons is jonk en rigtingloos (op vele vlakke, ook tot later in ons lewens).

Moet ons pad-af hardloop of op? Ons kies boontoe en ons hardloop en huil, want ons het verdwaal.

Gelukkig is die man weg, maar wat help dit vir ons? Al wat ons kon doen was om by Kloofnek af te hardloop. Later het die omgewing ietwat bekend begin lyk en het ons ná 'n gesoek uiteindelik by Gardenia aangekom.

Jare later het ek gewonder watter soort mense sulke goed aanvang? Dit is die mense tussen ons wat insmelt en van wie geen mens dit sal verwag nie.

Ons strate was nie so veilig soos baie mense vertel as hulle na die apartheidsera terugverlang nie. Vra vir my.

My ma was woedend en dit was 'n groot aansporing om Seepunt toe te trek. Die dag voor ons vertrek sit ek op die trappe en dink. Ek sit baie keer sommer net en dink.

'n Vrou loop by die trappe op en kom staan stil voor my. Sy was mooi, met lang blonde hare en 'n rok, waarvan die detail my nou ontgaan.

Toe sy haar mond oopmaak, is dit 'n manstem. "Hallo, pragtige seuntjie." Ek het my doodgeskrik en terug na ons woonstel gehardloop. Toe ek omdraai, sien ek die pyn in haar gesig. Dit was 'n transgender vrou. Tot vandag toe spook haar seergemaakte uitdrukking by my.

Later klop 'n hawelose man aan ons deur. My ma het 'n paar sente by haar en 'n brood. Ek bars in trane uit toe hy loop; ek kan nie verstaan wat aangaan nie. Hoekom is die man honger?

Daardie dag het my ma my raad gegee waarna ek nie geluister het nie.

"My kind, jy is baie sensitief. Dit is 'n goeie ding en 'n slegte een. Dit kan jou knak. Jy moet die wêreld se laste soos 'n ligte kleed oor jou skouers laat hang."

Het ek maar geluister. En het sy maar liefs na haar eie raad geluister.

13

DIE WOONSTELBLOK IN SEEPUNT SE naam was Lido Court. Lady Peterson het in 'n woonstel reg oorkant ons gewoon.

Die Seepunt-swembad was 'n paar meter weg. Wat meer kon ek begeer?

Daar was 'n kokketiel genaamd Pollie. Dié voël het vreeslik geraas. Op 'n dag het hy weggevlieg.

Ek het vir Pollie later met die duiwe in die parkie oorkant die woonstelblok sien pik vir kos. Sy het gelukkig en vry gelyk, toe los ek haar maar.

Ria, my ma, was in die fleur van haar lewe. Sy het 'n groot sonbril en modieuse rokke gedra. Ek het die bus stad toe gehaal en dan opgeloop na Kloofstraat om by die skool uit te kom.

By die skool is ek geïgnoreer deur die ander Lategans van teen die berg, maar ek dink hulle is voorgesê om dit te doen. Dit het my min geskeel, omdat ek baie ander vriende gehad het.

Ná skool het ek en ander maters afgeloop na die stad waar ons in St. Georgestraat die bus na Seepunt kon haal. Net oorkant Clicks.

Ek onthou as die bus by Groenpunt trek, kon jy al die see ruik. In die somer was daar gewoonlik 'n koel bries wat deur my hare gewaai het.

In die somer het ek vinnig my swembroek aangetrek en dan laat waai na die swembad. Daarna is ek huis toe om skoolhuiswerk te doen.

Oor naweke het my ma se uitgebreide vriendekring by die Seepuntswembad onder sambrele vergader. Daar is gesels en geswem en piekniekkos geëet. Sondae het hulle koerante gelees.

Heuningdae.

Hulle was aanvallig, hierdie vroue, met hul groot sonbrille, bikini's en uitgesprokenheid. Daar is baie gelag.

By die huis het sy gereeld vir my gesê sy kan nie glo bruin en swart mense mag nie daar swem nie. Op die plaas het sy dan met die plaaswerkers geswem. Dit het my opgeval dat die huishulpe in klein kamertjies slaap, agter die meeste woonstelblokke.

En baie het pienk uniforms gedra en wit kinders in stootwaentjies rondkarwei. Eendag het ek vir 'n bruin vrou wat agter Lido Court gewoon het gevra waar haar kinders is.

Ek het by haar in haar kamer gaan kuier. Sommer net. Daar was foto's van hulle op haar bedkassie. "Hulle is in Lavender Hill," het sy geantwoord. "Daar op die Kaapse Vlakte. Ek gaan kuier party naweke vir hulle."

Ek het gewonder wie na haar kinders kyk terwyl sy in Seepunt werk, maar kon steeds nie alles mooi uitpluis nie. Ek onthou wel fragmente van gesprekke wat my laat voel het dat daar, onder die skyn, 'n slik van armoede vloei.

Haar naam was Doortjie en ek het taamlik lief vir haar geword, sy het haar oor my ontferm. Een Saterdagoggend het ek haar gevra om saam met my na die OK Bazaars in Adderleystraat te gaan. My ma het laat geslaap.

Daar was 'n jong meisie, Lena Zavaroni, wat sou sing. Ek het geweet Doortjie hou van haar musiek omdat sy altyd die radio harder gestel het as Zavaroni "Ma! (He's Making Eyes at Me)" gesing het.

Ons is met die bus na die middestad, maar daardie oggend het iets gebeur wat my tot vandag toe bybly. Ek wou langs Doortjie sit, maar ek kon nie.

Dit was 'n dubbeldekkerbus en sy moes boontoe gaan. Ek het na haar geroep en sy het net haar kop geskud. Die uitdrukking in haar oë was genoeg.

By die OK Bazaars het ons uitgeklim. Daar was 'n skare en Lena het op 'n loopplank uitgestap en mense met haar treffer vermaak. Doortjie was mal daaroor.

Op pad terug na Seepunt moes ons weer apart sit. Amper 50 jaar later spook haar bruinblink oë steeds by my.

Die dae in Seepunt was lieflik. In die aande het my ma bredies gemaak, veral daardie resepte wat sy by Maraai in Distrik Ses gekry het. Mense was in en uit.

Op die balkon het sy kerse geplaas om weer, soos sy dit genoem het, die gevoel van 'n plaasatmosfeer te skep. Sy was ook lief vir fondues.

Die klankbaan vir hierdie tyd was deur mense soos Nana Mouskouri, Vicky Leandros, Tom Jones, Simon & Garfunkel en Miriam Makeba. By fondue-aande is daar gedans. Die vroue was nog ietwat hippie: lang rokke, maskara, groen oogskadu, vals wimpers, pers lipstiffie.

Gereeld was daar mans by, maar hulle is onder hul gatte geskop as daar uitgevind is hulle het een van my ma se vriendinne verneuk. Verhoudings het gekom en gegaan.

My ma het ook al die eetplekke in Seepunt geken en met die eienaars bevriend geraak. Ek is gereeld saam om met die Italiaanse eienaars van Caponero in die Hoofweg te gaan kuier as dit stil was.

Saans was daar 'n ry buite soos die mense gewag het om te kan inkom. Uit die dak het honderde leë wynbottels gehang. As kind het ek my verwonder aan die dekor. Die reuk van pizza en seekos was permanent teenwoordig, selfs wanneer Caponero toe was.

Die deur was altyd oop vir gesels, en so het my ma altyd gemaak. Sigaret in die hand, Italiaanse koffie, en gesels. Sy wou alles weet van Rome en omtrekke, hulle wou weet van Namakwaland en daar is in die algemeen gepraat oor wat die vorige aand gebeur het.

Gaste wat moeilik of mooi was. Paartjies wat baklei het, of liefdevol was. Kinders wat stout was.

'n Ander restaurant was die Pizzeria Napolitana, wat in 2021 ná Covid hul deure gesluit het. Hulle was daar sedert 1957. Die nuus van hul sluiting het my droef gemaak, want ek onthou hoe ek en my ma ook daar gereeld gaan eet of kuier het.

Toe dit sluit was dit 'n deel van my geskiedenis wat daarmee heen is. Die interieur het altyd dieselfde gebly tot aan die einde. 'n Muurskildery van een of ander toneel in Venesië. Ook klein kleurvolle mosaïekteëls teen die toonbank, 'n vertoonkas vol tuisgemaakte roomys, saans luide Italiaanse musiek.

Dit was ook in die Hoofweg van Seepunt, nes die Griekse eetplek Sloppy Sam. As jy op 'n Sondagoggend verby dié restaurant geloop het, was daar wit skerwe soos hulle die vorige aand rinkink en borde stukkend gegooi het.

Om saans by die Hoofweg van dié voorstad af te stap was klaar 'n ervaring, jy hoef nie eens te gaan sit en eet nie. Die hele plek het gebewe van plesier en energie, die reuk van kos, van mense wat aangetrek het vir uitgaan.

Dit het gehelp dat ek 'n ma gehad het wat by almal kon aanklank vind, van haweloses tot kabinetsministers. Alhoewel laasgenoemde haar eendag lelik aan die hakskene kom byt het.

'n Besluit van dr. Connie Mulder sou die hele trajek van my ma se lewe verander. Meer daaroor later.

14

ENDAG KOM MY MA SE skrywersvriend Stella Branca daar aan met
groot nuus. Stella was destyds die redakteur van die kindertydskrifte
Bollie en *Tina*. Die boek *Sewe maer are* is deur haar geskryf.

Stella was 'n sterk vrou wat, soos die ander in my ma se kring, hul kinders
alleen moes grootmaak, aanhou werk en boonop tyd inruim vir vriende en
minnaars. Die pa's was meestal afwesig.

Sy was ook 'n vriendin van die toe onlangs afgestorwe digter, Ingrid
Jonker. As sy stories oor Ingrid vertel het, het die vroue hul sigarette aange-
steek en woedend geraak as hulle aanhoor hoe sleg sy deur die mans in haar
lewe behandel is. Ander het weer gesê dit is sy wat húlle sleg behandel het.

By hierdie geleentheid vertel Stella oor die kaptein van 'n groot oorlogskip
wat in die hawe vasgemeer was wat sy ontmoet het. 'n Franse boot.

"O, nee!" sing 'n koor van vroue. Op die agtergrond speel Vicky Leandros
se "When Bouzoukis Played". Ja, die tema van die musiek was Grieks, maar
dit was na genoeg aan Frankryk.

Stella was lank en mooi en 'n nooi Steenkamp, met haar wortels deels in
Vanrhynsdorp. "Ek is verlief," vertel sy. Hulle het reeds 'n piekniek teen die
hange van Tafelberg gehad. Daar het die kaptein haar gesoen.

Van die ander offisiere op die boot wil my ma en hul vriendinne ontmoet.
Die opwinding is hoog.

My ma stel voor sy sorg vir 'n aand van boerekos, sodat die bemanning
darem plaaslike kos kan eet. Hulle moet die wyn bring, solank dit net nie
Capenheimer is nie.

In daardie dae was dit die goedkoopste wyn en gewild soos Bellingham
Johannisburger. Dawn Swart, dr. John Sonnenberg se ontvangsdame, het 'n
groot woonstel gehad. Die geleentheid kon daar gehou word. Die spyskaart
het bestaan uit bredies, wildsvleis, snoek, bobotie en potjiekos.

Stella moes met die kaptein praat en besluit wie hy wil saambring. Ons
kinders sou onsself in my ma se woonstel moes vermaak, dit was 'n aand vir
die grootmense. Dit was fyn, ons was in ieder geval te jonk om eintlik te weet
wat presies aangaan, behalwe dat die vroue uit hul velle wou spring.

Die aand van die opskop vergader ek en my vriende by Lido Court. Dit was die dae voor TV. Ons vang toe maar nonsens aan deur mekaar uit te tart, op komberse oor die vloer rond te trek, en aan-aan te speel, ook wegkruipertjie.

Was dit die dae van TV, rekenaars en selfone sou dit heel anders verloop het, terugskouend. Die aand loop toe op 'n bakleiery uit tussen my Engelse en Afrikaanse vriende, met die Engelse wat ons "Afrikanerkak" noem. Ek skryf dadelik 'n brief vir my ma wat ek op die ontvangstafel los en jaag almal huis toe. So much for a night of fun.

Toe ek die volgende oggend wakker word, slaap my ma nog. Daar was sekerlik geravot en gefuif. Dit was somer, Saterdagoggend en my gat het gejeuk. Ek is kaalvoet met my handdoek na die Seepunt-swembad. Langs die tralies het ek gaan staan en na die see gekyk.

Die oseaan, Seepunt, die mense, restaurante, snags die kleurvolle liggies op die promenade, my ma en haar vriendinne, dít alles het deel van my lyf en siel geword. Toe het ek dit nie besef nie, maar daar waar die seuntjie met sy bruin gebrande lyf gestaan het, was hy gekoester en geliefd.

Die kinderhuis en Tina Lategan was verby en agter my. Van die losieshuis se mense het nog gereeld by ons kom kuier.

Terwyl ek daar staan, dink ek aan Esmé en Dougie van die bôrdienghuis in Kloofstraat: soos genoem, twee mense sonder fieterjasies, al jare getroud. Hy was 'n selfopgeleide elektrisiën en sy het kinders grootgemaak. Daar was baie, so vyf.

Een aand – hoe dit so gekom het, kan ek nie onthou nie – moes ek by hulle in die losieshuis oorslaap, en ek het 'n bed gedeel met hul oudste seun. Hy was so 16, ek seker so nege.

In die middel van die nag voel ek hoe hy my tussen my bene vryf, terwyl hy op-en-af-bewegings met sy arm maak. Ek het omgedraai en aan die slaap geraak, te moeg om my te steur aan wat aangaan.

"Het hy laas nag aan jou gevat!" skree sy een suster die volgende oggend. Ek het nie geweet wat om te sê nie, maar ek onthou sy het gesê: "Hy doen dit altyd!" Met wie, waar en hoe kon ek nie uitpluis nie.

Jare later sou ek hom raakloop by 'n rolprentteater in die Strandgebied in Kaapstad; die naam was Broadway. Hy was hul filmoperateur.

Ek onthou duidelik hoe beïndruk ek was, omdat ek vroeg reeds aan boeke en flieks verslaaf was. Dít is wat ek ook eendag gaan word, het ek nog gedink. Dan kan ek al die rolprente verniet sien.

Sy ouers en die hele kroos het op 'n dag in hul groen Morris Minor-stasiewa by ons in Seepunt opgedaag. Ons moet saamkom na die Locomotive-hotel in Soutrivier waar ons 'n outydse pub lunch gaan nuttig. Al die kinders bondel agterin, my ma sit voor met Esmé en Dougie.

Esmé het altyd swaar grimering gedra, nes Ma Basson, met vals oog-wimpers, baie maskara, rooi lipstiffie en rokke wat net-net te kort was. Haar man het soos Sid James in die *Carry On*-flieks gelyk en het kliphard vir sy eie grappe gelag.

By die Locomotive-hotel was die atmosfeer jolig, en omdat hulle kos bedien het in die kroeg, was kinders ook welkom. Ek vermoed dit was onwettig. Dit was 'n lekker groot kroeg met twee snoekertafels en 'n juke-box. Die mense was meestal spoorwegwerkers van die Soutrivierstasie om die draai.

Hulle was sonder inhibisies. Luid, laggend en vol stories. Daarna is ons gereeld met Esmé-hulle na die Locomotive-hotel. Die liedjies op die blêrkas was 'n mengsel van Tom Jones, The Carpenters en Johnny Nash.

Elke Sondag as ons daar gaan uithang het, was daar 'n vrou en 'n man wat 'n spesifieke Elvis Presley-liedjie gespeel het, "Can't Help but Falling in Love". Dan het hulle styf teen mekaar gedans, heeltemal onbewus van die mense om hulle.

Soos klokslag sal hulle by hul tafel gaan sit, sigarette aansteek en sy sal liggies 'n traan wegpink.

"Hoekom huil sy, Mamma?" vra ek eendag.

"Oor die lewe, my skat, ook die liefde."

"Maar hoekom laat dit haar huil?" wou ek weet.

"Want die liefde en die lewe is 'n gevaarlike speletjie."

15

EK STAAN NOG EN DINK oor die Locomotive-hotel en kyk oor die see toe ek my naam hoor. Dit was my ma en haar entourage van vrolike vriendinne wat ook by die Seepunt-swembad kom lê.

Dit was net bikini's waar jy kyk, sambrele en 'n piekniekmandjie. Leon, een van Dawn se seuns, is blond en ouer as ek.

Hy is 'n sanger van formaat en het ons vertel hy gaan die liedjie "Never Ending Song of Love" by 'n kompetisie in die Van Riebeeck-bioskoop in die Kaapse middestad sing. Baie mense gaan deelneem en ons moet almal kom.

Op die agtergrond by die Seepunt-swembad was daar gereeld 'n orkes, soms ook sulke loser-tipe mans wat op 'n kitaar kom tokkel en Johnny Cash-liedjies gesing het. Hierdie mans het country-en-western-musiek gespeel asof dit vir húlle geskryf is, met gesigte wat krimp van die pyn en verlange.

Alkoholiste. Shame.

Die blaasorkeste het weer treffers uit musiekblyspele gespeel. Daar was 'n kafeteria wat roomys verkoop het. Een keer 'n jaar was daar 'n Mej. Seepunt-kompetisie en op 'n dag kondig hulle aan dit word die volgende week gehou. Die vorige jaar was dit 'n jolige makietie met omtrent 20 jong vroue van Seepunt in baaikostuums.

Daar is op en af geloop, dan na die skare gedraai en 'n soen na ons geblaas. Dit was natuurlik net wit vroue. As ek vandag terugkyk besef ek in watter ongelooflike borrel ons eintlik gewoon het.

My ma en haar vriendinne het oor die vorige nag begin praat en hoe ongelooflik mooi die offisiere van die Jeanne d'Arc was. Hulle het gaan dans ná ete en hegte "vriendskappe" is gevorm.

Hulle is uitgenooi om op die oorlogskip te gaan eet. Die boot was vir drie maande in die hawe en selfs in die koerante was daar foto's. Dit was drie maande van joligheid vir my ma-hulle; omtrent elke restaurant in Kaapstad is besoek en sommige van hulle het sommer 'n bietjie Frans bygeleer. Totsiens was nie goed genoeg nie, dit was "au revoir" met die tuit van lippe.

Toe die skip later vertrek was daar baie gebroke harte, maar Stella Branca was die een wat dit met stille waardigheid weggesteek het. Tog het almal om haar geweet haar hart was die seerste.

Jare later, toe ek daaroor skryf, was sy woedend en het sy laat weet ek het haar uitgebeeld as 'n "dockside dolly". Dit was glad nie die geval nie en mettertyd herskryf mense seker maar hul eie geskiedenis.

Sy het ook nooit weer op my e-posse gereageer nie. Dit was swaar, omdat sy 'n belangrike figuur van my kinderjare was. Tot haar dood het sy nooit weer met my gepraat nie.

Nadat sy op 'n rype ouderdom oorlede is, het haar dogter vir my 'n foto per WhatsApp gestuur. Sy het deur haar oorlede ma se klere en besittings gegaan en kom toe op iets af – 'n lint met die woorde "Jeanne d'Arc" daarop.

16

DIE DAG VAN DIE SANGKOMPETISIE het by die Van Riebeeck-rolprentteater in die Kaapse middestad aangebreek. Leon se deelname aan dié jaarlikse geleentheid by dié bioskoop het vir groot pret en opgewondenheid gesorg. Elke Saterdagoggend was daar 'n dubbel-vertoning van rolprente gemik op kinders en tieners. Die galawedstryd vir sang is altyd net voor die einde van die skooljaar gehou.

Daardie dae was daar plekaanwysers en 'n deurwagter wat jou gegroet het as jy ingestap het. Gewoonlik 'n man met 'n hoed en netjiese pak, asook handskoene.

Flitsligte is gebruik om jou na jou sitplek te begelei en daar was 'n vent met 'n sogenaamde penskafee. Dit was 'n groot houer vol lekkers en koel-dranke wat teen iemand se maag vasgemaak word.

Hierdie persoon was natuurlik baie gewild onder die jong klomp. Op die dag van Leon se optrede was daar net een rolprent: *Laurel and Hardy*. Daarna was daar tien tieners wat elk 'n liedjie moes sing.

Ná elke nommer sou die hardste applous van die gehoor beslis wie die wenner gaan wees. Geld, lekkers en jojo's was op die spel. Ons het saam met Dawn en haar man, Dick Swart, in hul ruim Triumph 2000 gery. Agter was ek, Leon en Dino, die jonger broer.

Dick moes altyd met ons kinders op die agtersitplek eers 'n paar keer om die Groenpunt-verkeersirkel jaag sodat ons kon voel hoe die kar oorhel. Dan is ons gillend na die bioskoop.

Daardie dag het Dawn vir ons gevra om so hard moontlik hande te klap en te skree; Leon moes wen met sy lied, "Never Ending Song of Love". Daar aangekom was die spanning tasbaar in die lug, groot dinge sou gebeur.

Die een sanger ná die ander kom op die verhoog en die skare klap, skree, fluit en stamp voete. Leon is laaste aan die beurt.

Teen hierdie tyd was die belowendste kandidaat beslis 'n ou voor Leon wat Tom Jones se "It's Not Unusual" gesing het. Die gehoor was gaande oor hom. Sy stem het reeds gebreek, so hy het dit net soos Tom Jones gesing.

Toe Leon met sy blonde kuif op die verhoog loop, snak die meisies na hul asems. Hy was aantreklik en goed gebou en het getrek op 'n jong Jon Voight in *Midnight Cowboy*.

Hy begin toe sing en skud sy lyf rond, gooi die kuif agteroor, en flirteer met die meisies dat dit klap. Teen die einde van die lied kry hy 'n staande toejuiging van oor die 10 minute.

Hy was die wenner. Dawn, sy ma, was oorstelp en bars in trane uit. Meisies het na hom gehardloop en sy handtekening gevra. Hy het daarna nooit 'n tekort aan aanhangers gehad nie. Veral van die evasgeslag. Om te vier is ons almal dadelik na die Spur om te gaan makietie hou.

Leon was die ster van die dag.

17

MY MA HET EENDAG BY die huis aangekom en my vertel sy is verlief. Al weer, het ek gedink. Die Jeanne d'Arc is nog op see op pad Frankryk toe, en hier kom sy weer met sulke dinge.

Die man se naam is Fritz, sy van kan ek nooit onthou nie. Hy was 'n Oostenryker wat hartstogtelik oor Ria was. As immigrant het hy nog op 'n Suid-Afrikaanse werksvisum gewag.

Fritz was soos 'n puppy voor haar, sy kon doen wat sy wou. Hy het haar uitgevat na elke denkbare eetplek in die Kaap. Die een waarvoor hulle lief was, was Innsbruck Inn aan die onderpunt van Seepunt.

Dit het 'n sweeping staircase gehad waarop jy 'n dramatiese entrance kon maak. Af by die trappe ondertoe, waar 'n man op 'n stoel gesit en trekklavier speel het.

Die hoofgeregte was gereeld fondues en die kelners het Duits gepraat. Om as kind soms saam met hulle daar te gaan eet, het gevoel asof ek oorsee was. Oe, Seepunt met sy blink liggies.

In die 1970's en 80's was Seepunt die Manhattan by the sea, omdat daar nog nie iets soos 'n Waterfront was nie. Om as kind aan soveel kosmopolitisme blootgestel te kon wees: 'n helse leerskool.

In hierdie tye het mense van die Joodse gemeenskap gereeld by Ria kom kuier en ek het dikwels gehoor hulle praat oor kommunisme. Dit was by terugskouing duidelik my ma het met vele mense gepraat oor wat in die land aangaan en dat sy met wit kommuniste gemeng het.

Sy het my ook in hierdie tye na die Labia in Tuine geneem, wat op 'n stadium 'n teater vir toneel was. Ons is baie na die Ruimte-teater in die stad waar ek ingesmokkel is omdat ek te jonk was vir sekere produksies.

In hierdie tye is ek ook voorgestel aan die gedigte van Ingrid Jonker, Breyten Breytenbach en Adam Small. Ria het 'n voorliefde gehad – nie net om luid die mees dramatiese verse uit die Bybel voor te lees nie, maar ook gedigte.

Ek het soms geen idee gehad wat die woorde beteken nie, maar die voordrag was wild en lekker.

En dit alles by kerslig.

18

Fritz was so verlief op my ma, hy het haar na die ou Rhodesië geneem waar hulle langs die Victoria-waterval gekoekeloer en gekattemaai het. Sy was die liefde van sy lewe.

Dit het hulle nie weerhou van asemrowende bekgevegte nie, met Ria wat hom gereeld onder sy gat geskop het en hom vertel het om uit haar lewe pad te gee. Kort daarna was hy maar weer hoed in die hand by die voordeur.

Hy het 'n geel Volkswagen Kombi, 'n kampeerwoonbussie, gehad. Binne was daar baie plek om te sit, met 'n sofa. Daar was nogal 'n gasstoof, yskas en 'n bed. So 'n huisie op wiele. Met dié affère het ons die hele Kaap platgery, veral daar na die Duitse klub in die middestad.

Dit was weggesteek agter hoë mure, maar as jy deur die ingang gery het, was dit doenig met Duitsers wat oopmond gelag het, bier wat gevloei het en blaasorkeste wat luidrugtig geblaas het.

Nie die tipiese idee wat jy dalk van 'n nors Duitser gehad het nie. Fritz het 'n ander wêreld vir ons laat oopgaan.

Nie net hy nie, maar ook Ria se kleurvolle verskeidenheid van vriende. Die patriargie van daardie era, asook die politiek, het haar nie aangestaan nie.

Fritz was 'n gekompliseerde man. Eendag nooi hy vir my en Griet van Biljon (die een met die blou Volla) se seun, Ivan, uit om in sy Kombi langs die see iets te gaan eet. Hy sal spek en eiers voorberei.

Ons ry na Llandudno se kant en parkeer toe langs die oseaan. Ons kan die deur oopskuif en die see bewonder. Hy haal spek en eiers uit en begin kook. Ek en Ivan begin op die agtersitplek koeterwaals en lag. Daar strip Fritz toe sy moer en gooi al die kos in die see.

Hy was wit van woede.

Ons het toe teruggejaag na die woonstel in Seepunt en is summier afgelaai. Hy was daarná twee dae weg. Toe ek die storie vir my ma vertel, het sy net haar oë gerol, 'n kers aangesteek en 'n Shirley Bassey-langspeelplaat opgesit. Min het ons geweet watter drama voorlê.

Fritz stel eendag voor hy wil 'n Oostenrykse restaurant en delikatessen in Seepunt oopmaak. Daar op die hoek, links, soos jy Drieankerbaai en Seepunt binnery.

Dit moet die beste bymekaarkomplek in Kaapstad wees en alles gaan ingevoer word uit Oostenryk. Hy het vele vriende uit sy land wat goed kan kook en ook bak. Die naam sal Café Wien wees. Dit was nie lank nie of die bouwerk en installering van alles begin stadig.

Ek het op pad terug van die skool af altyd daar verbygestap en ingeloer en gesien hoe 'n leë ruimte oor 'n paar maande transformeer in 'n wêreld-klasrestaurant en delikatessen hier op my voorstoep.

Die openingsaand was ek daar, aangetrek in lederhosen, 'n walglike tipe kortbroek met skouerbande uit Oostenryk en Duitsland. Hoekom ek dit moes dra bly tot vandag toe 'n raaisel. My ma het die mense ontvang en die plek was gepak met die room van die Seepunt-elite, as daar ooit so iets was.

Lady Peterson was soos Marlene Dietrich aangetrek en het by 'n klavier gestaan en in 'n rasperstem oorlogliedjies gesing. Café Wien was 'n groot sukses en was dag en nag vol. Sommige aande het my ma ook daar gewerk.

Die lewe was goed en alles het mooi gevoel.

19

O P 'N DAG KOM FRITZ met 'n hartseer gesig by die huis aan. Hy vertel ons dat toe hy om 'n werksvisum vir die land aansoek gedoen het, hulle hom op die vorm gevra het watter geloof hy is.

Hy het "ateïs" geantwoord. In die tussentyd het hy my ma ontmoet, 'n eetplek oopgemaak en geld in die land belê.

Sy plan was om 'n Suid-Afrikaanse burger te word en hom hier te vestig. Nou was daar met sy geloof probleme.

Die departement van immigrasie onder dr. Connie Mulder was glo erg ontstoke dat 'n selferkende ateïs in Suid-Afrika wou aanbly. In daardie dae het dit net een ding beteken – jy is 'n kommunis.

Hulle was hoogs paranoïes en hy moes hulle gaan sien. My ma en Fritz het gespanne gelyk. Die atmosfeer in die woonstel was donker.

Een Sondag moes ek 'n pak klere aantrek, want ons gaan kerk toe. My ma het haar hoed op en Fritz dra 'n donker pak.

Ons klim in die geel Kombi en daar ry ons Kloofstraat toe. Cape Peninsula Reformed Church is 'n klein kerkie net langs die NG Kerk se gebou waar daar 'n saal en kantore is.

Daar aangekom onthou ek hoe fotograwe nader aan ons beweeg het toe Fritz die Kombi parkeer. Ons almal klim uit en stap oor die straat terwyl die kameras klik en klak.

Ons is na die diens terug na die Kombi en weer Seepunt toe. Wat 'n vreemde affêre. Maar die nadraai was toe nog erger. Die regering het besluit Fritz is persona non grata en hy moet uit die land uit.

Ek het vir hom en my ma met die *Cape Argus* sien staan in die kombuis, en albei het gehuil. Op die voorblad was 'n foto van Fritz.

Hierdie totale gek besluit van die regering van die dag sou ongekende skade aan my ma se lewe en myne verrig. Hy het haar gesmeek om saam met hom na Oostenryk te gaan en ek kon saamkom.

Ek wonder hoe sake sou gelyk het as ons wel gegaan het, maar helaas het my ma, ten spyte van haar progressiewe en kosmopolitiese uitkyk op die lewe, nie daarvoor kans gesien nie. Haar naelstring was nog vas aan Suid-Afrika, haar vriendinne, my ouma en Namakwaland.

Van daardie dag af het die onweerswolke vir ons begin inrol, en ons was albei onvoorbereid daarop.

20

TOE FRITZ WEG IS, HET daar 'n stilte in die woonstel neergesak. My ma het besluit om vir my ouma in Lutzville te gaan kuier.

Sy moes haar kop skoon kry. Wat ek toe gedoen het, kan ek nie mooi onthou nie – dalk by Blou-Volla-Griet en haar seun Ivan gaan oorbly omdat hulle naby die skool was.

Al wat ek onthou is dat, nadat my ma teruggekom het, ons een aand buite op die balkon gesit het. Die kerse het gebrand, en sy wou my iets vertel.

Gedurende die kuier by my ouma het sy 'n man ontmoet wat saam met haar op skool was. Hy was ouer as sy, maar tog so sjarmant.

Hy het haar alles belowe, en boonop was hy 'n druiweboer. Sy was verlief en hulle gaan trou.

Ek het nie mooi geweet wat om daarvan te maak nie, dit was asof iemand koue water in my gesig gegooi het. My hele wêreld het platgeval.

Sy het my belowe ek gaan elke skoolvakansie kom kuier. Verder sal sy ook gereeld Kaap toe kom om haar vriende te kom sien.

Die tyd was reg, sy was in haar vroeë dertigs. Moeg gewerk en bitter oor wat met Fritz gebeur het.

Hierdie man is glo deur die engele gestuur, hy is haar redder. Ek kan by my pa en sy vrou, Linda, gaan woon. Hulle woon in Tuine, stapafstand van die skool.

My pa? Ek het gewonder waar hy skielik uit die boom val. Hoe vreemd. Nou skielik moet hy in my lewe figureer terwyl hy al die jare afwesig was?

Ek onthou wel een keer toe ek baie klein was, het hy my kom haal in 'n motor wat baie vinnig gery het. Hy het snel deur die agterstrate van Vredehoek gejaag en toe oor 'n hond gery.

Die gehuil van die hond het my erg ontstig, en die getjank van die dier bly my tot vandag toe by.

Hy was erg ontsteld, dit alles omdat hy voor my wou afshow. Daar het pas 'n nuwe kroeg in Groenpunt oopgemaak en hy het gesê ons moet 'n draai daar gaan maak.

Dit was 1972 en die Vasco da Gama Taverna het pas oopgemaak. Kinders het apart gesit en Coke drink en hy het met die mans eenkant gesit en dronkverdriet oor die hond gekry.

Vandag is ek steeds 'n gereelde klant by dié Taverna. As ek mooi kyk, verbeel ek my ek sien my pa wat oor daai hond huil.

21

ALLES HET VINNIG GEBEUR. TOE ek my oë uitvee het my pa my kom haal en is my ma getroud met Christie Kruger en op pad Lutzville toe. Die plaas se naam was Dassieshoek.

Die nuwe woonstelblok in Uniestraat waar ek by my pa-hulle ingetrek het se naam was Avignon. Hoe vinnig het die lewe nie verander nie.

My pa en ma was twee totaal verskillende mense. Sam, of Sammy, soos hy bekendgestaan het, was glad nie die tipe ekstrovert wat my ma was nie.

Sy vrou Linda was en is steeds 'n dierbare vrou, maar in die begin onthou ek sy was baie stil. Sy was jonk en was seker verstom dat sy skielik 'n kind ryker geword het.

Sammy was wel nie luid en kleurvol nie, maar tog het hy 'n slag met mense gehad. Hy was 'n motorverkoopsman en ek het hom mettertyd waargeneem as iemand wat mense kon bekoor.

Dit het van hom een van die Kaap se top-motorverkoopsmanne gemaak en hy het gereeld pryse ingepalm. Destyds het hy vir Peugeot in die midde-stad gewerk.

Linda was by Nedbank. Ek het soos 'n buitestander gevoel en vereensaam. Dit was nie hulle skuld nie, maar ek het oor my ma getreur. My lewe in Seepunt. Haar vriende.

My ma se vertrek na Namakwaland het my in 'n diep depressie gedompel. Ek kon die hol gevoel nie 'n naam gee nie, maar dit was traumaties en stresvol.

Ek het snags wakker gelê en verlang. Springbok-radio met sy minister van middernagsake, Robin Alexander, was my geselskap deur die nag.

Slapeloos, rusteloos, rigtingloos, het ek nog nie vatplek aan my nuwe lewe kon kry nie. By die skool was ek so terneergedruk, ek kon nie juis deelneem aan enigiets nie.

Ek het wel hard gewerk aan my skoolwerk en my punte was goed. Maar om 'n enigste kind te wees in 'n nuwe huishouding was uitdagend.

Daar het twee jong seuns so van my ouderdom, om en by 11, oorkant die pad ingetrek met hul ma. Ons het bevriend geraak en hulle het gereeld my eensaamheid verlig.

Gou het hulle 'n boomhuis gebou waarin ons ure lank comics gelees het. Sammy en Linda het oor naweke vleis en slaai gekoop en dan het ons in Sammy se Peugeot 404 vir 'n braaiplek gaan soek.

Daardie dae kon jy nog teen die hange van Tafelberg of op Vlaeberg gaan braai. Dit was nogal lekker.

Ek onthou een aand op Vlaeberg toe dit donker word, het daar vuurvliegies verskyn. Ek het nog nooit so iets gesien nie en dit het my heeltemal geboei.

Die Kloofstraat-biblioteek sou hierna my tweede huis word, omdat ek daar gaan nalees het oor vuurvliegies. Ek sou later jare terugkeer na dieselfde braaiarea.

Daar was waarskuwingstekens wat jou gemaan het 'n braaiery is buite die kwessie. Dit het donker geword en ek het gaan sit en wag op die vuurvliegies, maar hulle was weg.

By die biblioteek in Kloofstraat het ek baie tyd gespandeer en boeke uitgeneem. Om die draai van ons was die Labia, en ek het gereeld op my eie begin fliek.

Ek het vroeg reeds besef ek kan dalk 'n enigste kind wees, maar ek gaan nie dat eensaamheid my kniehalter nie. Ek sou my omring met boeke, rolprente en, natuurlik, die radio.

Springbok-radio was 24 uur 'n dag aan. Die TV was nog nie daar nie, ek moes ander maniere vind om myself te vermaak.

Later het ek oor naweke na die sogenaamde tearoom bioscopes begin gaan. Hulle was in die Kaapse middestad.

Jy kon drie rolprente vir die prys van een sien. Dié plekke was maar rof, maar ek kon nie van hulle wegbly nie. Daar was die Roxy, Pigalle en Piccadilly. Almal in die middestad.

Soms het ek op 'n Vrydagaand gegaan, dan weer die hele Saterdag, van die een na die ander. Die flieks was gewoonlik swak oorgeklankte stukke met Bruce Lee en sy karatekapperjolle, of eindelose Spaghetti Westerns.

Terence Hill en Bud Spencer was groot name. Hulle *They Call Me Trinity* het ek seker tien keer gekyk, asook *Once Upon a Time in the West*, *Django* … te veel om op te noem.

Ag, en dan was daar die Nederlandse kinderster Heintje Simons se liedjie "Mamma" wat my altyd laat huil en na my ma laat verlang het. Die rolprent *Heintje – einmal wird die Sonne wieder scheinen*, een van 'n paar waarin hy die hoofrol vertolk het, het ek ook oor en oor gekyk.

Sondae in Kaapstad in daardie dae, die 1970's, was nie aangenaam nie. Seepunt was 'n ander storie, maar die middestad en omtrekke was gevrek en soos 'n dooiemansland.

Dan het ek met my fiets deur die strate gery. Bioskope was gesluit. Dit was neerdrukkend.

As jy in Kloofstraat opgery het, was daar hoekkafees en in die huise wat vandag besighede is, was daar gesinne en baie bejaarde vroue wat op hul eie gewoon het.

Radyn, die losieshuis waar ek gewoon het as kind, was platgeslaan. Topolino-kafee was nog daar.

Dit was so vervelig en ek het van jongs af 'n renons in kerke ontwikkel, omdat ek hulle die skuld gegee het vir die droewige atmosfeer op 'n Sondag. Dankie tog ek het in my omswerwinge op my fiets 'n tweedehandseboek-winkel ontdek.

Die naam was Tommy's en dit was net om die draai van die Labia. Hulle was Sondae oop en ek het gereeld daar gaan uithang net om na die mense te kyk.

Tommy, die eienaar, was klein met 'n hoed en sakke onder sy oë. Hy het gelyk soos die akteur Harry Dean Stanton, wat die rol van Travis Henderson in Wim Wenders se *Paris, Texas* gespeel het. 'n Lewensmoeë uitdrukking van iemand wat vol ennui was en hom eintlik maar net wou dooddrink. Tommy, lief vir lekkerlyf, se asem het van ver af na brandewyn geruik. Sy oë was altyd waterig.

Sy vrou was mollig en het haar rokke te styf gedra. Sy het op 'n haar na Hattie Jacques, die matrone in die *Carry On*-flieks, gelyk. Sy het haar kop agteroor gegooi en gelag soos 'n hond wat hoes. Sy het witterige grimering gedra, baie vreemd, en het na babapoeier geruik, wat blykbaar nogal dié reuk onder sekere vroue in daardie dae was.

'n Sigaret was altyd in haar mond. Haar naam ontwyk my, maar sy het my laat sit en lees en loer na almal wat inkom. Op 'n dag vat sy my hand en gee my 'n boek. Dit was een van Ed McBain. Die boeke was goedkoop, so 2 c. Daarna is ek toe verslaaf aan dié sagtebandboekies wat ek tjoef-tjaf kon klaar lees. Ek het seker al McBain se boeke gelees, daarna Louis L'Amour, Leslie Charteris, Ian Fleming, Raymond Chandler en Isaac Azimov.

Alhoewel nie al dié skrywers hoge literêre meesters is nie, het ek meer by Tommy's geleer as in my Engelsklasse by die laerskool. Seker nie hulle skuld nie; inteendeel, ek onthou min van my laerskooldae behalwe harde en ver-velige huiswerk. Die kunsklasse was pret. In die geskiedenisklas is ons vertel Jan van Riebeeck het Suid-Afrika ontdek.

Nou ja, we all know how that panned out. Alhoewel ek steeds my huis-werk gedoen het, het die wêreld van rolprente, boeke, koerante, radioteater en mense my meer geïnteresseer.

Wat ek wel onthou, is dat die akteur Esther van Ryswyk (*Ma skryf matriek-faam*) en die dramalektor James Blanckenberg eendag 'n dramaklas kom aanbied het. Dit was fassinerend, omdat ek instinktief by hulle spontaniteit en kreatiwiteit aanklank gevind het.

Snaaks dat ek dit so duidelik onthou; dit moes 'n groot impak op my jong brein gehad het. Verder het Sammy ook aangedring ek moet drie koerante elke dag lees. *Die Burger*, *Cape Times* en *Cape Argus*.

Hy het geglo jy lees alles en maak dan jou eie gevolgtrekkings. Naweke was dit *Rapport*, *Weekend Argus* en die *Sunday Times*.

22

GOU HET EK AGTERGEKOM MY pa bly later en later uit. Ek en Linda het saans alleen geëet en sy kos is in die Defy 418 se warmlaai gebêre. Die Oranje-hotel was reg langs ons woonstelblok. Saans as ons ligte uit was, het ek my pa gereeld hoor instrompel. Later het ek hom hoor drink in die kombuis. Ek het gaan kyk en gesien hoe hy drieuur in die oggend voor hom sit en uitstaar.

Hy was nie die tipe wat uitbundig en opgewonde geraak het as hy begin drink het nie; inteendeel, sy hele gemoed was triestig. Hy kon wel aggressief raak. Met hierdie aanhoudende gedrink het hy sy werk verloor.

Dit sou nie die eerste keer wees nie. As hy afgedank is, het hy die hele dag en nag gedrink. Die atmosfeer in die woonstel was verstikkend.

Linda moes die pot aan die kook hou en as Sammy se geld opraak, moes sy maar vir hom gee, of hy raak strydlustig. Dit was 'n nuwe ervaring vir my.

Ek het ook in 'n diep depressie verval. Verder was ek skaam vir hom en ek het nooit maats na ons woonplek uitgenooi nie.

Hy het nie juis bakleierig geraak met my nie, maar as hy wel woedend was, was hy ongenaakbaar. Eendag is ons almal na Killarney om na 'n motorwedren te gaan kyk.

Ons was in Linda se motor omdat hy op daardie stadium niks gehad het nie. Hy het bestuur en was vodde van die alkohol. Toe sy met hom daaroor praat, het hy stilgehou en vir haar gevra om uit te klim. Buite was dit donker en dit was oor die 20 km terug na ons woonplek.

Daarna het hy teen meer as 120 km per uur teruggejaag na die woonstel en die voordeur dubbel gesluit sodat sy nie kon inkom nie. Toe ek die volgende oggend wakker word, kon ek hoor hoe hy haar smeek om hom te vergewe. En het sy dalk 'n paar rand vir hom sodat hy rietblits en Coke kan koop? Linda het al maerder geword en selde gelag.

'n Mens kon die donkerte proe, die lug was dodelik. Ek het op 'n dag besef hoe ongelukkig my huislike omstandighede was. Dit was by 'n piekniek wat ons klas gehou het in die Glen tussen Kampsbaai en Kloofnek. Mooi bome, plante en 'n rivier.

Die rugbyspeler Jannie Engelbrecht en sy vrou, Ellen, was daar; hulle was die gasheer en gasvrou. Hul seun Jean was in my klas.

Alhoewel die Engelbrecht-paartjie dekades later sou skei, was hulle die toonbeeld van geluk daardie dag. Jannie het so ordentlik gelyk, en sy vrou was beeldskoon.

Dit het by my opgekom dat ek nie sulke geluk tussen 'n pa en ma ken nie. Hulle het so standvastig gelyk. Betroubaar.

In my huis was daar onweerswolke met 'n man wat meestal dronk was en niks met sy lewe bereik het nie. Dit het my diep bedroef gemaak.

23

HIERDIE STADIUM VAN MY LEWE, so 12 jaar oud, as ek reg onthou, is nie juis linêer in my geheue nie, omdat daar eenvoudig te veel trauma was. Ek sal dus die stukkies van die legkaart so goed moontlik probeer inpas.

Ek het my ma elke Vrydag gebel. Die eerste skoolvakansie dat ek na haar toe kon gaan, het ek met die Bitterfontein-trein gery. Sammy het my in 'n besope toestand stasie toe geneem.

Dit was natuurlik plesierig om weg te kom – die stoomlokomotief, die groen banke, rooi passasierswaens en om met die venster oop te ry verby landskappe. Ons het gestop by verskeie stasies, elk op sy eie manier karaktervol.

Die trein het laat uit die Kaap vertrek, deur die nag gery en die volgende oggend in Lutzville aangekom. Die nagte was heerlik, met die klik-klak van die wiele, die getuit van die lokomotief, en die warm beddegoed.

Die eerste keer dat ek in Lutzville aangekom het, was my ma en haar nuwe man, Christie Kruger, op die perron. Almal het vriendelik gelyk, maar ek kon aan my ma sien daar was iets fout.

Dit was die eerste keer in ses maande dat ek haar gesien het. Haar spontane, oop gemoed het nie deurgeskemer nie. Ons het in 'n ou bakkie geklim en begin ry na die plaas, Dassieshoek. Sy het senuweeagtig aan haar trouring getorring, dit om en om gedraai.

Daar is nie baie in die bakkie gesels nie. Christie was 'n knorrige man met 'n harde gesig. Hy het die uitdrukking van 'n kadawer gehad. By die plaas aangekom is ek na die spaarkamer geneem. Die plaashuis het 'n uitsig oor wingerde gehad.

Waar die plaas geëindig het, was die Olifantsrivier. Daar was 'n koppie met werkershuisies.

Buite was daar 'n tipe afdak van riet en 'n bank. Hier het ek en my ma gesit en gesels. Toe ek en sy daar gaan sit, vertel sy my ek gaan een week by hulle bly, en dan een week by my ouma op die dorp.

Ek was lief vir my ouma, maar ek het mos vir my ma kom kuier. Vinnig het ek agtergekom hoe die wind waai. Christie het nie van kinders gehou nie.

My ma wou my beskerm, veral in die aande. As die son sak, het hy sy eerste dop gegooi, KWV-brandewyn met water. Ná 'n paar drankies het hy begin kerm en skree. Teen hierdie tyd het ek agtergekom my ma drink ook veel meer as gewoonlik.

Hy het op haar geskel en gevloek, haar 'n hoer met 'n hoerkind genoem. Dit is nou ek, die hoerkind. Die sondes van die vaders en die wiel wat draai. Jare later is die susterskind van Christie, Martin Visser, aangekla van die moord op 'n plaaswerker op Dassieshoek. Sy naam was Adam "Mannetjie Dukvreet" Pieterse.

Martin het hom ook 'n hoerkind genoem. Hoekom hulle hierdie spesifieke woord so mildelik gebruik het, is 'n misterie.

Terwyl Visser in die selle in Vredendal was, het hy sy eie lewe probeer neem. Hy is in 2018 tot lewenslange gevangenisstraf veroordeel.

Die nagte op Dassieshoek was hel, 'n geskel en 'n gevloek en gereeld gewelddadig. My ma het baie by my kom inkruip as ek gaan lê het, uit vrees vir wat Christie kan aanvang.

Sy het my vertel hy het haar bedrieg. Voor die troue het hy hom voorgedoen as so 'n wonderlike man en belowe dat hy haar 'n nuwe lewe op die plaas gaan gee. Skaars 'n maand na die huwelik het sy agtergekom die man is ernstig van lotjie getik. Ek was in die aande oorweldig deur stres.

Een nag het ek wakker geword en iets teen my boude gevoel. Dit was Christie wat my van agter af probeer penetreer het. My ma het hom hard oor die kop geslaan, waarméé kan ek nie onthou nie. Hy het opgestaan en 'n byl gaan haal. Ons het my kamerdeur gesluit. Hy het wild aan die deur se kosyne gekap.

Ons kon sien hoe die byl deur die houtdeur slaan. Ons het vinnig die venster oopgemaak, uitgeklim en weggehardloop. Op teen die koppie na die werkers se huisies. Dit is hier waar ons kon skuil. Dit is ook hier waar my ma gereeld kom wegkruip het.

Daar was 'n wonderlike vrou en man, genaamd Anna en John Takkies. Albei was bekend as Anna John, die twee name het een geword.

Hulle het komberse gehad waarop ons kon lê totdat dit veilig was om weer terug te gaan na die plaashuis, meestal eers die volgende oggend. Die gasvryheid van hierdie arm werkers na wie Christie as die "volk" verwys het, bly my tot vandag toe by. Ons het dikwels saans by hulle gaan sit om hul vuurtjie en na hulle stories oor die ou dae geluister.

Op die agtergrond kon ons hoor hoe Christie skree, besete van dronken-skap, met musiek wat kliphard op die radio speel. Een aand toe hy weer tekere gaan, het my ma agter hom gestaan en 'n ketel kookwater oor sy kop uitgegooi.

Dit was soos iets uit 'n riller. Hy het na die kamer gehardloop en 'n geweer gaan haal. Ons kon hoor hoe hy dit oorhaal.

Ons is vinnig by die kombuisdeur uit, maar hy was agter ons. Dit was pikdonker buite en ons het na die wingerde gehardloop.

Ons kon nie die plaaswerkers in gevaar stel nie, so die enigste uitweg was om tussen die wingerde weg te kruip. Hy het op ons geskiet, maar elke koeël het verby ons gevlieg in die donkerte. Mettertyd kon ons hurkend in die wingerd skuiling vind.

Hy het aanhou skiet totdat daar geen koeëls oor was nie. Christie is morrend daar weg, maar daardie nag was angswekkend en onwerklik. Dit was ook nie die einde nie. Eendag het hy my ma se kat, Gesiggie, aan haar stert opgetel en in die lug geswaai.

Hy het die kat ver gegooi tot doer in die bosse. Twee dae later het my ma Gesiggie se liggaam tussen die bome gevind. My ma het haar begrawe en 'n kruis geplant. Nie lank daarna nie is die kruis uitgeruk en in stukke gebreek.

24

MY SOGENAAMDE VAKANSIES OP DASSIESHOEK het elke keer net erger geraak. Christie het daarop aangedring dit is nie 'n vakansieplaas nie en ek moet in die wingerde werk.

Hy was suinig en het gekla as ek en my ma te veel toiletpapier gebruik het. Die porsies kos was min, omdat hy nie graag geld op kos gespandeer het nie.

Hulle is nooit op vakansie weg nie, behalwe een keer reg aan die begin van hul huwelik vir die wittebrood, na een of ander eiland.

Dagin en daguit het Ria op die godverlate plaas gesit. Sy het meer begin drink en met mense begin rusie kry.

Ek het haar gesmeek om hom te los, maar dit was te laat. Hy het haar selfvertroue geknak, tot so 'n mate dat sy geglo het sy kan nie sonder hom oorleef nie.

As ek daar gekuier het, het ek oor die jare waargeneem hoe hy, sy en die plaaswerkers agteruitgegaan het. Laasgenoemde het hy saans volgens die dopsisteem betaal.

Daar is gereeld skeltaal gebruik en hy was lief om sommer met die sambok onder hulle in te klim. Toe ek eenkeer (ek was nog korter as hy) die sambok uit sy hande wou gryp, het hy my hard oor my rug geslaan.

Dit was weliswaar 'n gruwelhuis. Die inwoners van Lutzville het anderpad gekyk, selfs Christie se ouers, by wie hy waarskynlik hierdie buffelagtige maniere aangeleer het.

My hart het uitgegaan na die plaaswerkers, veral omdat hulle in hul armoede hulle saans oor ons ontferm het. Ek onthou nou nog die mooi stories wat hulle om die vuur in Namakwalandse Afrikaans vertel het, die unieke woorde so eie aan dié streek.

Hier het ek eintlik my liefde vir tale ontwikkel, het ek baie jare later besef. Om so met taal te kan toor, die stem van die storievertellers te hoor, om 'n vuur, in die nag, dit is mos hemels.

Dit is 'n vorm van hipnose, 'n oermanier van los drade bymekaarvleg om iets uit niks te skep. Letterkunde en rolprente, kuns, enigiets wat 'n narratief het, kan herlei word tot vuurstories, vertel deur mense wat weet hoe om die emosionele gravitas van 'n verhaal sonder gedwonge tegnieke te vertel, tot so 'n mate dat hulle vir altyd in jou bly.

Dat Christie hierdie besonderse mense soos diere behandel het, het my vroeg reeds in 'n toestand van woede gedompel. Ek het gevoel ek is eintlik bruin, een van hulle, ek is in die verkeerde vel gebore.

Baie wit Afrikaners, hul patriargie en dat hulle alles met 'n geweer, sambok of vuiste wou regdonner, het vir my 'n steen des aanstoots geword. Christie Kruger, die NG Kerk, die weermag, die skool, alle vorme van gesag met 'n wit gesig en wat suiwer Afrikaans praat, het my laat rebelleer.

Ek onthou een vakansie toe my ma 'n bidsprinkaan bevriend het. Dit was verstommend om te sien hoe hierdie klein groen takkie van 'n insek uit haar hand geëet het: stukkies maalvleis en allerlei ander flenterhappies.

Daar was vir my iets tragies aan hierdie vriendskap tussen insek en mens. Sy het hom Albert genoem en kon ure met hom praat. Dis wat eensaamheid aan haar gedoen het. Hierdie vriendskap het 'n koerant in daardie geweste bereik en daar is selfs oor hulle geskryf.

Een oggend het Ria die gordyn oopgetrek. Daar val Albert toe af, vermink. Dit was 'n ongeluk, maar sy het haarself kwalik geneem.

Ek het ook agtergekom sy begin vroeg in die oggend Oros drink, regdeur die dag. Toe ek 'n sluk daarvan neem, het ek besef dit is wyn, vaaljapie om presies te wees.

Sy was dus ten volle in die kake van alkoholisme. Intussen het ek elke dag op die landerye geswoeg. Christie en Ria het in stilte verby mekaar geloop. Middagetes was net die klank van messe en vurke op borde hoorbaar.

Hoe nader die son aan sak gekom het, hoe angstiger het ek geword. Ek het geweet sodra dit donker was, kom die drank te voorskyn.

Daarmee het die skelwoorde gekom. Elke aand is ek as 'n hoerkind gevloek, ook 'n "moffie-gemors". My ma is 'n hoer genoem. Oor en oor, dag ná dag.

Een aand het Christie gesê sy het vir die meubels in die sitkamer gehoor toe sy in Seepunt gewoon het. Sy het opgespring en op haar eie die stoele en die sofa na buite gesleep.

Daarna het sy 'n kan petrol in die motorhuis gaan haal, dit oor die meubels gegooi en aan die brand gesteek. Groot vlamme, alles het uitgebrand.

Die situasie waarin hulle hulle bevind het, was reddeloos. Dat 'n intelligente, beeldskone vrou met 'n sterk persoonlikheid deur 'n monster gereduseer is tot 'n wrak, was 'n skande.

Dit het my gebreek en ek het gedroom dat ek haar eendag sal wegvat, 'n nuwe lewe sal gee. Maar ek was nog 'n kind.

Net soos 'n mens dink sake kan nie erger word nie, word dit wel. Never say never. Ria het borskanker gekry en sy moes 'n mastektomie ondergaan.

Uiteraard was dit vir almal 'n groot skok, maar duidelik nie vir Christie nie. Voor haar operasie het hy reeds gal afgegaan oor hoe duur dit gaan wees en dat sy netsowel 'n man kon word.

Hy gaan nie langs iemand met net een bors lê nie. So het dit ook gebeur. Toe sy uit die hospitaal kom, moes sy na die spaarkamer trek.

Sy het dit so verkies want hul huwelik was 'n tragedie. Hy het haar nooit laat vergeet dat haar operasie hom geld gekos het nie, ook nie dat sy net een bors het nie.

In daardie dae het daar boonop 'n stigma aan 'n mastektomie gekleef en Ria het geen hulp van enigiemand ontvang nie. Ten minste nie van iemand na aan haar nie, sy moes op haar eie probeer staande bly.

Tydens nog 'n nagtelike skreeuery het hy haar met die vuis op haar af bors geslaan. Ek het hom van agter bygedam, maar hy het 'n broodmes gegryp en teen my keel gedruk.

As ek hom nie tussen sy bene geskop het nie, sou hy my wragtig keelaf gesny het. Saam is ek en Ria weer daar uit na die bult, waar ons agter toe deure moes wegkruip by die plaaswerkers.

25

IE BESOEKE OOR DIE JARE by my ouma Hansie in Lutzville was 'n
lafenis. Om weg te kom van Dassieshoek. Sy was 'n boervrou wat
in die dorp afgetree het.

Saans het sy kerse gebrand, daar was geen elektrisiteit in Lutzville nie.
Deur die dag het ek saam met haar by haar vriende gaan kuier. Eenvoudige
mense wat meestal gesels het oor oeste, die weer, gesondheid en die dood.
Hulle was veral ingestel op die dood, en as ek daaraan terugdink, het dit vir
my sin gemaak.

Vandag praat ons nie graag oor die dood nie. Dit is iets wat daar buite
gebeur, steriel, en jy moenie daarna verwys nie. Hulle het gereeld in hul
stories na afgestorwenes verwys asof hulle nog lewe.

Begrafnisse was 'n groot ritueel, met die besigtiging van die liggaam, die
kerkdiens, dan met 'n stoet na die begraafplaas, en daarna 'n moerse middag-
ete. As iemand doodgegaan het, het die dorpsmense 'n maand lank elke dag
by die naasbestaandes kom inloer en ook kos gebring.

My ouma het al 05:00 opgestaan en dan moes ek ook. Vir 'n laatslapery
was daar nie tyd nie. Die stoep moes gevee word en die hele plek is elke dag
afgestof. Dit is nou ingeval sy in die nag doodgaan, dat die mense kan sien
sy het netjies gelewe.

Ontbyt was 06:00, middagete 11:30 en aandete 16:30. Om 20:00 is jy in
die katel. Dit het my mal gemaak, maar nou ja, ek het maar saamgespeel.

Sy het 'n baie groot tuin met die bure gedeel en daar was 'n koejawelboom
waaronder ek as kind gereeld gespeel het. Soos ek ouer geword het, het ek
daar gesit en lees.

Dekades later het ek haar huis weer besoek en die boom was steeds daar.
Ek het daaraan gevat en geween, omdat ek na my ouma se eenvoudige lewe
en haar liefde verlang het.

Onder hierdie einste boom het ek eendag 'n eureka-oomblik beleef. Ek
was besig om *Sol y Sombra* van Uys Krige te lees. Dit was oor sy reise deur
Spanje in die 1930's.

Hy het geskryf oor die mense wat hy ontmoet het, die plekke wat hy besoek het, die gesprekke met vreemdelinge en hulle lewensfilosofieë. Ek was heeltemal ingesuig in dié Spaanse wêreld.

Daardie dag het ek besef jy kan alles wat jy sien en ervaar, neerskryf, sin daarvan probeer maak, en jou avonture met ander mense deel. Net soos die plaaswerkers mondelings stories oordra, kan jy ook in 'n boek iets oorvertel, maar oor enige onderwerp.

In Spanje het Krige alles fyn waargeneem; dit was geen roman of gedig nie, maar 'n tipe reisjoernaal. Ek was seker so 14 toe ek dit gelees het, en ek sou nooit weer na enigiets kyk sonder die Krige-oog nie.

My neef Eric het eendag daar opgedaag met sy motorfiets; hy was 'n paar jaar ouer as ek. Ook 'n brose gees wat swaar gekry het onder my ma se broer, Cobus, wat die ander alkoholis was. Nog een. Never-ending.

Eric het gesê ek moet agter op die ysterkoei klim, dan gaan ons Vredendal toe. Ons moet 'n paar hofsake bywoon, want dan kan ons sien wat eintlik in die dorp aangaan.

Die hitte daardie dag sal my altyd bybly, en hoekom ons in die hof gaan sit het om na mense se liegstories te luister oor of hulle iemand se fiets gesteel het of nie, gaan my verstand te bowe.

Tog was dit heel vermaaklik en het ons gereeld deurgery Vredendal toe, net om in 48 °C na sake te sit en luister in 'n hof met 'n paar oop vensters en teerstrate buite wat gesmelt het.

Daarna het ons met sy motorfiets gery tot by die Olifantsrivier en geswem. My herinneringe aan my ouma en die koel water van die Olifantsrivier is van die min goeies wat ek van daardie geweste oorgehou het.

26

IN DIE TUSSENTYD HET SAKE met Sammy, my pa, ook 'n vreemde rigting ingeslaan. Dit het voorgekom hy kon ses maande van die bottel wegbly, en dan het hy weer ses maande gedrink.

Dit was 'n skoppelmaai wat sy eie stres teweeggebring het. Die nugter Sammy was 'n goeie ou wat hard gewerk het.

Hy was puik met die verkoop van motors en as 'n besigheid sleg gevaar het, het hy altyd ingespring en sake gered. Ons het in 'n verskeidenheid van spoggerige motors gery, omdat hy hulle moes uittoets.

Dit was groot pret om agter in 'n Jaguar of Mercedes-Benz te sit en jou te verbeel jy is skatryk. Om by die skool afgelaai te word in 'n mooi motor was heerlik.

Daar was liewe Louise van Zyl wat saam met my op skool was, wat skaam was vir haar pa se motor. Dit was 'n fantastiese DKW, oftewel Das-Kleine-Wunder, maar as jy jonk is verstaan jy nie eksentrieke motors nie.

Haar pa moes om die draai parkeer sodat sy kon uitklim. Dit was ook 'n luide motor; as hy weggetrek het, het almal in ieder geval die kar agterna aangegluur.

Dit was ook die einste Louise op wie ek verlief geraak het, as ek reg onthou, maar ons was maar in standerd vier. Ek het haar op die telefoon begin "stalk" deur haar nommer te bel en te vra om met haar te praat.

Sodra sy dan die telefoon optel en hallo sê, het ek die foon neergesit. Dit het vir 'n ruk aangehou totdat haar ma snuf in die neus gekry het en my pa gebel het om te kla.

Dit was toe die einde van daardie speletjie. Gou het ek verveeld geraak en in die middae aan vreemde mense se voordeure geklop en gevra of mnr. Smit daar is.

Later het dit ook ounuus geraak, en het ek en die bure, my vriende Grant en Peter Thomson, met telefoonmoleste begin. Ons het 'n nommer in die telefoongids gekies. Dan het ons die persoon wat optel byvoorbeeld gevra: "Are you Mrs Smith?"

As hulle ja antwoord, het ons gesê: "Congratulations, Mrs Smith, this is Radio Good Hope, you have won R10 000 cash."

Ons het dan die foon neergegooi en rondgerol van die lag. Kinderagtig, maar ons was kinders.

Verder moes ek maar humor in alles probeer vind, want die lewe was onvoorspelbaar by die huis. Sammy het darem weer geld gehad, en dit beteken baie uiteet.

As hy ophou drink het, het sy kosverslawing ingeskop, en veral 'n soettand. Dit gebeur gereeld met alkoholiste; die verslawing gaan nie weg nie, dit verskuif net.

Ons is in die blinkste motors na van die mees eksklusiewe restaurante, soos The Top of the Ritz, wat 'n draairestaurant op die 22ste verdieping van die Ritz Plaza-hotel in Seepunt was.

Hier moes die mans (en seunskinders) pakke aantrek en die vroue moes aandrokke dra. Die disse was groot biefstuk, kreef, perlemoen, en allerlei flambégeregte.

Dit was nie die enigste plek nie. Sammy was mal oor Chinese kos en in daardie dae was daar die Dragon Inn in Mouillepunt en ander plekke met die name Bamboo Inn en ook die Pagoda Inn.

Steakhouses was ook geliefd en ons het in Seepunt, die middestad en Tuine by verskeie geëet. Sy spandabelrigheid het geen perke geken nie. Eet, eet, eet, elke aand 'n blink motor.

Nog kos: Daar was ook Griekse, Italiaanse, Indiese, Spaanse en boerekos. By die deli in Buitenkantstraat, Millie's, vreeslik duur en gewild onder smulpape, het hy vir my paddaboude gekoop, en ook miere in 'n sjokoladesous, alles ingevoer uit Frankryk.

Die paddaboude het soos hoender gesmaak en die miere het my mond gebrand.

Sammy se hare was mooi geknip, hy het modieus aangetrek.

Vir my het hy sommer 'n volledige rugbyuitrusting gekoop, al het ek nie eens rugby gespeel nie. Twee duur miniatuurworshonde is aangeskaf, wat ons Boesman en Lena gedoop het na aanleiding van Athol Fugard se toneelstuk.

Ons het gereeld na die inryteater in Goodwood gegaan, of na die Goodwood-skou waar stampkarwedrenne gehou is. By die 3 Arts in Plumstead het ons vir Demis Roussos gaan sien optree.

Die musiek waarna ons in die verskeie motors geluister het, was The Shadows, Neil Diamond, Electric Light Orchestra, Creedence Clearwater Revival, Elvis Presley en Pussycat.

Sammy het met sy venster oop gery, 'n Aviator-sonbril gedra, met sy regterarm wat uithang sodat hy 'n permanente boere-tan gehad het. Nou en dan het ek gesien hoe hy na homself in die truspieëltjie kyk. Daar was meestal 'n Gunston-sigaret aan die linkerkant van sy mond.

Hy was een van daardie mans wat, as hy met jou gepraat het, veral as jy 'n vrou was, vir jou geknipoog het. Vroue was mal oor hom en een vrou in ons straat het eenkeer vir my vertel as sy daardie dag nog met hom kon trou, sou sy.

Ons het gaan visvang en sommer op die ingewing van die oomblik een naweek in die Van Riebeeck-hotel in Gordonsbaai gaan bly. Hy het twee duur visstokke gekoop en daar gaat ons see toe, om vis te vang.

Hy het my gewys hoe om die aas op die hoek te sit en toe ek die sink ingooi see se kant toe, was dit nie lank nie of iets begin trek aan die lyn. So erg dat hy agter my moes kom staan en my help inkatrol.

Daar spartel 'n helse pylstertvis toe uit die water tot op die strand. Hy het die vis maar laat terugswem diepsee toe.

Een vakansie het hy ons gevat na Hartenbos, die ou Port Elizabeth, Oos-Londen, Durban en Johannesburg. Net die beste hotelle, en elke aand het ons gaan uiteet.

Heelparty kere is hy benoem as die beste motorverkoopsman in Kaapstad. Ag man, alles was dooddollie, beter kon dit nie gaan nie.

Totdat hy begin drink het. Dit was onvermydelik.

27

DIT HET ALTYD BEGIN MET hom wat al hoe later huis toe gekom het. Elke keer dronker. Dan die bekende skroefgeluide drieuur in die oggend as hy rietblits en Coke skink, glas ná glas, met die bui al hoe donkerder.

Uiteindelik sal hy sy werk verloor en heeldag by die huis bly. Soms sal hy op die rand van die bed sit en net voor hom uitstaar, soms by die kombuistafel. Dieselfde storie, oor en oor.

Dit was 'n beeld wat tot vandag toe by my spook. Ek moes begin koerante aflewer sodat ek my eie sakgeld kon verdien. Dit was nie 'n probleem nie. Die geld het ek gebruik vir ontvlugting deur boeke en rolprente. Dit was ook hoe ek die destydse eerste minister John Vorster ontmoet het.

My beat was die parlement waar ek douvoordag 'n vars koerant voor die ministers se deure moes gaan neersit. Baie van hulle was in die destydse H.F. Verwoerd-gebou.

Soms het ek die eerste minister al teen 05:00 agter sy lessenaar sien sit. Hy het altyd vriendelik gegroet.

Eendag noem hy vir my hy gaan by die Stadsaal in Kaapstad 'n politieke toespraak hou. Sammy het my dié aand nog gaan aflaai in sy Peugeot 404.

Die stadsaal was stampvol en Vorster het met sy bulderende stem gepraat dat die spoeg spat. Sy stem het my so beïndruk dat ek hom later kon na-aap, tot groot vermaak van almal.

Die inhoud van sy toespraak was verlore op my, maar die drama van die aand was tasbaar. Buite, toe ek vir Sammy wag om my te kom optel, ry Pik Botha en sy vrou Helena verby.

Ek het hom aangestaar asof hy 'n rolprentster was. Sy vrou het hom aan sy arm gevat en vir hom gewys ek, nog pure kind, staan daar. Hulle het vir my gewaai.

In die tussentyd het Sammy rukke lank verdwyn. Hy sal net nie by die woonstel opdaag nie, en 'n paar dae later sal ons 'n oproep kry van een of ander verlate dorpie. Ja, hy is op pad.

Dit kon tot twee weke duur. In hierdie tyd het my stiefma Linda na my gekyk, kos gekoop, en ook klere, want daar was niks nie. Hy het sy geld op drank en vroue geblaas.

Ek was diep seergemaak toe hy nie daar was toe ek met standerd ses begin het nie. Soos met die dag toe ek sub A begin het, was daar niemand nie.

Twee belangrike oorgangsrituele, en ek was alleen.

28

D IE SKOOLVAKANSIES WANNEER EK NIE na Lutzville gegaan het nie, was daar wel 'n ander plek waar ek kon gaan kuier. Linda se ma, Elga, en stiefpa, Hannes, het op 'n plek met die naam Van Wyksdorp in die Klein-Karoo gewoon.

Dit is tussen Ladismith en Riversdal geleë. Ek het veel beter herinneringe aan hierdie plek as aan Lutzville, wat ek met geweld en haat assosieer.

Hulle het 'n plaas gehad en ook 'n groot, ruim ou huis in die dorp. Op die plaas, Karree Kamma, is daar met appelkose en skape geboer.

Ek het baie goed met die plaaswerkers klaargekom, veral met Gert Makriga, wat my gewys het hoe om vroeg in die oggende vir Blommie die koei te help melk. Vir 'n stadskind was dit 'n wonderwêreld.

Op warm dae kon ek in die plaasdam swem en Hannes en Elga het 'n laatlammetjie, Trui, gehad, wat gereeld saam met my gespeel het. Die Groot-rivier het daar verbygevloei en ek het gereeld onder pragtige bome gesit en visvang.

Geelvis was volop en oom Hannes het my geleer om kerrie-mieliepap aan die hoek te sit. Dit moes in klein bolletjies gedruk word en dan blyk dit dat die kerrie die visse gelok het.

Ek het baie visse gevang en Elga het hulle skoongemaak en dan ingelê. Die dorp het minder as 800 inwoners gehad en daar was 'n rustigheid aan die landskap wat my herinneringe nooit verlaat het nie.

In die tye toe ek op die plaas gaan kuier het, was daar geen elektrisiteit nie. Die melk is koel gehou in 'n klein geboutjie van stene wat met ogiesdraad bedek was.

Op die dak was daar steenkool en 'n watertenk wat, as hy oorloop, vog teen die mure laat afdrup. As die wind waai het die koelhuisie, wat in die skadu van 'n ou boom gestaan het, verkoel. Kaas is ook daarin gehou, en vleis.

Buite was daar 'n long drop of kleinhuisie. Hier was my grootste vrees dat 'n slang my op die boud sou pik. Veral in die nag as alles donker was en jy 'n nood gehad het, was ek maar skrikkerig vir wat daar kon wag. O, dit was wonderlik om so 'n plaaslewe te kon ervaar.

As jy buite gaan piepie het, het jy gepraat van fluit. "Ek gaan gou fluit," dan weet almal waarvan jy praat.

As jy wou bad was daar 20-literdromme waarin die water gekook is en 'n sinkbad waarin jy in die buitelug kon lê en bad. 'n Tipe paneel, gemaak van doringtakke, is om die bad opgerig om jou privaatheid te gee. Die lug was blou en vars en so 'n gebad was omtrent pret.

Elga het perskes, vars uit die boorde, ingelê en ook karringmelk met Blommie se melk gemaak. Beskuit is gebak.

Vir vleis was daar hoenders op die werf, en die eiers was volop. Meermale is daar 'n skaap geslag en alles is gebruik. Niks het verlore gegaan nie.

My geliefkoosde dis was Loetie Opperman, wat in die huis gehelp het, se gebraaide kaiings. Dit, op vars wit plaasbrood, met baie sout op, was beter as die beste Franse kos. Loetie het ook geweet ek hou van roosterkoek en sy het dit gereeld vir my oor 'n vuur gemaak. Daar is baie gebraai.

Ek het baie lief vir Gert en Loetie geword en dink gereeld aan hulle. Die manier waarop Hannes met die plaaswerkers gewerk het, was heeltemal anders as Christie s'n. Hulle is met waardigheid behandel en die Karoo-huise waarin hulle gewoon het, was altyd in 'n perfekte toestand. Hul huise was naby die appelkoosboorde, in 'n vallei, en daar het ek my ook gaan tuismaak.

Gert het 'n donkiekar gery en hy het my gereeld deur die veld saam met hom gevat as hy die skape wou gaan haal. Ons het ook hiermee so 4 km ver met die grondpad dorp toe gery.

Op die plaas was daar ook 'n groot ou swart fiets met dik bande. Dié het ek gereeld gebruik om dorp toe te ry.

Elga was 'n dinamiese vrou, broos van gees, wat op haar dag drama aan die Universiteit van Stellenbosch gestudeer het. Sy het mense soos die akteur Jannie Gildenhuys en Limpie Basson geken.

Omdat ek van jongs af in die teater belanggestel het, was ek vreeslik in my noppies dat sy nou dié mense geken het. Dit is juis hoekom my honde na Athol Fugard se karakters vernoem is.

Elga was lief om in die somer buite op die grasperk te slaap. Dan was daar komberse vir ons almal en ons het op ons rûe gelê en na die sterre gekyk.

Van die plante in hierdie geweste het ook die mooiste name: bôjaanpoep, kareemoer, gansmis, oumasnuif en snotbossie.

Van Wyksdorp was ver van alles af. Daar was nie TV en op 'n stadium selfs geen elektrisiteit nie; dit was 'n geheime paradys.

29

TERUG IN DIE KAAP KONDIG Sammy aan ons trek van die Tuine af na Seepunt. Dinge was weer goed met hom, hy was van die bottel af en sy inkomste was puik.

Ons trek by die woonstelblok Illovo in, net langs die ou Metro-bioskoop en die twee pienk torings, soos hulle destyds bekendgestaan het. Die Ritz Plaza was ook net oorkant die pad.

Ek het gereeld in Drieankerbaai gaan swem, ek kon die see deur my kamervenster sien. Uiteraard het ek in my geestesoog my ma op elke hoek gesien en gereeld gaan stap waar ons destyds gelukkig was.

Sake op Dassieshoek was teen hierdie tyd onuitstaanbaar; sy en Christie was volslae alkoholiste. Sy het kennelik breinskade van al die alkohol opgedoen, en ook hy.

Dit was onmoontlik om gesprekke met hulle aan te knoop en ek het verkies om vakansies in Van Wyksdorp of by die huis in Seepunt deur te bring. Dit was nie meer veilig vir my in Lutzville nie.

My ouma het 'n beroerte gehad en was 'n paar jaar in die ouetehuis in Vredendal aan haar bed gekluister. Sy was my veilige hawe, maar toe nou nie meer nie.

Ons het oor die jare 'n spesiale band opgebou, en dit het my verdrietig gestem dat sy so moes eindig: stom en verlam. Later jare sou ek myself blameer dat ek nie vir haar gaan kuier het nie, maar hoe kon ek? Waar sou ek bly? Nie op Dassieshoek nie.

Ek het met 'n fiets skool toe gery, heelpad in die hoofweg van Seepunt af, dan Groenpunt, op met Langstraat, dan Kloofstraat. Saterdae het ek gereeld met my vriende langs die skool se swembad gekuier.

Swem was die enigste sport waarin ek uitgeblink het, en ek was goed. Wat skoolwerk betref, het ek dit uiters vervelig gevind. Soos voorheen genoem, was net tale en kuns vir my van belang.

Ek het veral opstelle geniet en hard aan hulle gewerk, sodat ek die perfekte woord in elke sin kon sit. Of ek dit kon regkry weet ek nie. In hierdie tyd het ek begin stokkiesdraai en sommer met my fiets gaan ry, die hele dag.

Dan is ek Kampsbaai of Bloubergstrand toe. Die siektebriewe vir die skool het ek sommer self geskryf, maar in 'n ander handskrif.

Sammy was afsydig, maar hy het geld ingebring. Ons het steeds gaan uiteet, maar dit was asof hy afwesig was. Linda het haar naweke verwyl deur blokkiesraaisels in te vul. Daar was nooit kuiergaste nie.

Teen hierdie tyd was TV al in Suid-Afrika. Ek het baie gelees, geswem en met vriende gekuier. Daar was ook die putt-putt-bane, wat vandag steeds daar is. Die bioskoop langsaan het my tweede woning geword. Ek het alles, maar alles gaan kyk.

My pa het meer dikwels nooit oor naweke opgedaag nie. Hy het weer begin drink en gou is ons opnuut in armoede gedompel. Hierdie keer was dit erger as ooit. Hy kon skaars opstaan en eendag moes ek hom ophelp sodat hy kon urineer.

Ek moes sy penis vashou sodat hy nie op die vloer mors nie. Daarna moes ek hom na die bed sleep en onder die kombers inhelp.

Een Saterdag toe ek na my fiets in die motorhuis gaan soek, het ek gesien dit was weg, ook my visstok waarmee ek gereeld gaan visvang het by Drieankerbaai, sommerso in die vlakwater.

My pa het dit verkoop vir drank. Ek moes met die bus stad toe ry en dan oploop na die skool, geen fiets meer nie. Dit was varklik.

Hy was so desperaat vir drank dat hy eendag 'n bottel parfuum gedrink het. Ek onthou die bottel goed; dit was groot en het in die badkamer gestaan. Sammy het dit voor my uitgedrink.

Kort daarna het hy aangekondig hy het 'n ander vrou ontmoet, ene Merle Theron, wat ook by 'n bank gewerk het. Linda was verpletter en ek het nie geweet wat om daarvan te maak nie.

Hulle is geskei en die verhouding met Merle het ook nie lank gehou nie. Sammy het gewelddadig geraak en sy moes gereeld die polisie bel.

Een aand het ek wel by hom en Merle in Seepunt oorgebly. Hy was weer dronk en bakleierig. Ek het na die badkamer gegaan en ek het geweet daar was slaappille.

Baie slaappille. Ek het almal gedrink en gaan lê. Toe ek wakker word, was ek in Groote Schuur-hospitaal, besig om op te gooi.

Die jare se saamleef met drank, armoede en dan weer geld om aanhoudend uit te eet, het sy tol geëis. Die ergste was toe Sammy my eendag na Sloppy Sam in Seepunt neem.

Hier vertel hy my toe hy is dalk nie die pa wat ek wou hê nie, maar dalk is ek ook nie die kind wat hy wou hê nie. Ek het doodkalm gebly.

Dit het my herinner aan my ma wat eendag vir my gesê het sy sou 'n dogter as kind verkies het. Dit is ontsettend wrede goed om vir 'n kind te sê, een wat onbeplan was en deur die NG Kerk verwerp is, buite die eg gebore is en altyd in die pad gevoel het. Soos 'n ongenooide gas. 'n Hoerkind.

Daardie gevoel van onwelkom wees, plek in beslag neem, in die pad wees, volg my my hele lewe lank. Tog was my ouers vol teenstrydighede.

Toe ek hulle op 'n slag vertel ek vermoed ek is gay, het hulle dit glad nie vreemd gevind nie en ook nie weer daaroor gepraat nie. Die gesprek was eenvoudig afgehandel.

Intussen kon Linda nie meer na my omsien nie, en ek moes koshuis toe. Sy het Windhoek toe getrek om so ver moontlik van alles weg te kom. Daar het sy die radioman Peter Merrill ontmoet. Hulle het 'n wonderlike huwelik gehad wat oor drie dekades tot met sy dood gestrek het.

In standerd agt, dus, is ek na die koshuis hoog teen die berg in Tamboerskloof. Dit het 'n nuwe fase in my lewe ingelui. Ek het geen idee gehad wat op my wag nie.

30

ANVANKLIK WAS EK SEERGEMAAK; DIT het vir my gevoel asof ek weggegooi word en teruggaan na die kinderhuis. 'n Heel ander wêreld het egter voor my ontvou. Ek was omring deur vriende.

Ek het nie besef hoe afgeslote my lewe as enigste kind was nie, selfs al het ek vriende gehad, al was hulle min. Die koshuiskamer het ek met drie ander seuns gedeel.

Sosiaal het ek gefloreer, want ek was nie meer in 'n situasie waar ek die donker atmosfeer by die huis moes absorbeer nie. Snags het ons lê en stories vertel. Vir die eerste keer het dit gevoel asof ek nie meer terneergedruk of bang hoef te wees nie.

Gereeld oor naweke en skoolvakansies is ek genooi na vriende se families, en hier het ek bande gesmee met mense met wie ek tot vandag toe in kontak is. Daar was die Oliviers, McGregors, Müllers, Davels en vele ander gesinne wat my soos hul eie kind verwelkom het.

Baie het ook by die skool gebeur. Daar was die drama- en debatsvereniging, die koor, en ek was deel van 'n klein groepie wat die skoolkoerant begin het. Hierdie koerant, *Onze Jan*, bestaan tot vandag toe.

Ek het aan elke moontlike debat deelgeneem, daar was kooruitvoerings, tussendeur swemkompetisies, en dan nog eisteddfods. Buiten dit, 'n wilde sosiale lewe wat geen perke geken het nie.

Maar in die tussentyd was daar 'n tipe geheime byvertoning in my lewe wat ek met min mense gedeel het: die pa van een van my beste vriende met wie ek 'n gekompliseerde "verhouding" sou hê.

31

COENIE SLABBER WAS DIE KUNSREDAKTEUR van *Rapport* toe ek hom die eerste keer ontmoet het. Ek was so 12 of 13. Ek spring vir 'n wyle terug na die begin van ons ontmoeting.

Ons het nog in Tuine gewoon en een van my beste vriende het in dieselfde straat, Uniestraat, as ons gebly. Ek en hy het 'n liefde vir skaak en lees gedeel, ook rolprente. Op 'n stadium het ons ook saam koerante afgelewer.

Hy was skugter, intelligent en het ook goed geswem, soos ek. Ons het gereeld by my plek in die agtermiddae saam gekuier en skaak gespeel, maar as my pa dronk en by die huis was, het ek hom maar weggehou.

Ek het meer gereeld by hom begin kuier as gevolg van my eie haglike omstandighede by die huis, soos wat Sammy se alkoholisme erger en erger geraak het. My vriend, wie se naam ek uit respek vir hom weerhou, se ma was 'n musiekonderwyser en 'n aangename, hoogs intelligente vrou. Sy was warmhartig en het 'n belangstelling in my getoon.

Een naweek nooi my vriend my uit om by sy pa se woonstel in Bloubergstrand te gaan kuier. Dit was in een van die heel eerste hoë blokke met 'n uitsig oor die see en die stad.

Ek het daarna uitgesien en dit was 'n kans om uit die beklemmende atmosfeer van ons woonstel te kom. Coenie was vriendelik en ek het dadelik by hom aanklank gevind.

Later het ek gereeld oor naweke daar gaan kuier. Omdat hy 'n joernalis was en baie skrywers geken het, was my jong gemoed beïndruk.

Sy musiek was ook vir my 'n nuwe ervaring. Hy het geluister na Melina Mercouri, Édith Piaf en Marlene Dietrich. Daar was baie boeke, ook kuns teen die mure.

Op mooi dae het ek en my vriend gaan visvang. Ons het ook mossels gepluk wat Coenie dan vir ons gaargemaak het.

Hy was gasvry en het ons ook uitgeneem vir ete. Saans is daar musiek geluister en ek kon my verlekker aan sy stories oor die teater en bekende akteurs.

Ek het groot agting vir hom ontwikkel. Mettertyd het ek hom sonder sy seun na die teater vergesel. Hy het ook 'n perskaart gehad waarmee hy ons verniet by al wat bioskoop was kon inkry.

Ek het ouer geword en die wegkom uit my huislike omstandighede was verfrissend. Hoe heerlik om aan al hierdie goed blootgestel te word. Daar was 'n ouderdomsverskil van 26 jaar tussen ons en hy het soos 'n betroubare mentor gevoel.

Een oggend staan ek voor die spieël in sy badkamer en borsel my tande. Ek was 13.

Toe staan hy agter my. Hy het sy hand voor by my broek ingedruk en styf teen my kom staan. Dit was 'n vreemde gevoel, ek het nie geweet hoe om daarop te reageer nie en het dit weggelag.

Dié dag het ons nie daaroor gepraat nie en ons het gemaak asof niks gebeur het nie. Teen die aand se kant het ons almal gesit en gesels. Coenie het vir ons pizzas gemaak.

Ek en my vriend het in die spaarkamer geslaap, daar was twee enkelbeddens. Teen 03:00 het ek wakker geword en gewaar dat Coenie langs my staan. Ek was bang. Wat vang hy aan?

Hy het sy hand onder my pajamabroek ingedruk en met my begin "speel". Dit het my ongemaklik laat voel, maar ek het wel 'n ereksie gekry.

My groot vrees was wat sou gebeur as my vriend wakker word. Hy slaap dan in die ander bed. In dieselfde kamer. Wat gaan aan? Wat doen Coenie? Hoe navigeer ek nou hierdie situasie?

Spring ek op en maak 'n drama? Baie gedagtes het deur my kop geflits. Ek het van Coenie gehou. Sy seun was een van my beste vriende. Ek het my naweke in Blouberg geniet. Die effek was 'n verlamming, ek het net daar gelê.

Dit het gevoel asof ek uit my liggaam beweeg en in die lug sweef. Hy het die laken opgetrek, sy kop daaronder gedruk en my fellatio gegee. Verkrag is die regte woord.

Ek het 'n orgasme bereik en hy is stil-stil die kamer uit. Dít terwyl sy eie kind in dieselfde kamer slaap.

32

DIE VOLGENDE DAG HET ONS gemaak asof niks gebeur het nie.
Ek het ook vir niemand vertel nie, maar het wel later vir 'n paar
van my naaste vriende. Maar wat moes ek maak? Hoe maak jy
sin daarvan?

Oor die jare het hierdie gedrag voortgegaan. Op 'n stadium het hy in
Johannesburg gaan werk.

Hy het my baie keer met die trein na Johannesburg laat kom. Hoekom
het ek nie nee gesê nie? Hoekom het ek nie vir hom in sy moer gestuur nie?

Omdat hy my op 'n agterbakse manier in sy web gevang het. As ek by
hom in Johannesburg gebly het, is ons elke aand na óf die bioskoop óf die
teater.

As hy in die Kaap was, het hy my uitgevat vir etes. Ek onthou veral een
aand by die Carousel in Seepunt, waar ons pizza geëet en Chateau Libertas
gedrink het.

My pa was nie 'n pa nie, alkohol het hom uitgehol. My ma was 'n spook
in Namakwaland. Coenie was pa, mentor, vriend, maar ook molesteerder.

Later, toe ek op 16 na die koshuis gaan, het hy nog meer gereeld kontak
gemaak. Daar was selfs 'n vakansie met sy twee seuns in die Wildernis.

Die molestering het aangehou, op elke plek waar ons geslaap het – in die
Wildernis, Johannesburg en sy woonstel in Bloubergstrand. Ek onthou 'n
keer toe ek en my vriend, sy seun, saam na Johannesburg gery het.

Hy het dit so bewimpel dat ek voor by hom sit. Ons het laat in die nag
gery en sy seun het op die agtersitplek aan die slaap geraak.

Of so het dit voorgekom. Coenie het met die een hand op die stuur gery
en met die ander een my gulp losgemaak en my gemasturbeer. Ek het gevries,
want my vriend was dan net agter ons.

Wat alles deur my gedagtes gegaan het, kan ek nie onthou nie; ek weet
net dit het verkeerd gevoel. Ek het vuil gevoel en ek was vas oortuig dit was
alles my skuld. Ek kon op 'n stadium sy kinders nie in die oë kyk nie.

Hulle was al drie saam met my op skool en uiteraard het ons verby mekaar
in die gange geloop. Ek en sy seun het aanhou swem, skaak gespeel en baie
by die Labia gaan fliek.

Op een besoek aan Johannesburg het ek soos 'n seksslaaf gevoel. Ons het in Bez Valley tuisgegaan en deur die dag was Coenie by die werk.

Hierdie huis het hy met 'n ander joernalis, 'n vrou, gedeel. Sy het glo aan depressie gely en die meeste van die tyd in haar kamer deurgebring.

Om haar die verleentheid te spaar, sal ek haar nie identifiseer nie. Maar sy moes tog geweet het ek slaap in Coenie se kamer en in sy bed. Waarom die stilswye?

Teen hierdie tyd was ek regtig soos iets wat hy besit het. Deur die dag moes ek maar gedwee by die huis sit totdat hy in die aande huis toe gekom het. Hy het nie vir my sakgeld gegee nie. Ek was nog 'n skoolkind. Die geld wat ek met die aflewering van koerante verdien het, het nie lank gehou nie.

Daar sit ek toe 'n paar weke lank in Johannesburg en saans moes ek my "plig" nakom. Die ergste was toe hy vir my vertel ek is te vet. 'n Paar aande in 'n ry is ek net 'n sny bruinbrood gevoer, met 'n paar dun skyfies komkommer uit die tuin.

Maar hy was bedrieglik met sy sjarme. Hy het my Sun City toe gevat om na Liberace te gaan kyk. Dit was 'n groot voorreg vir my.

Toe ons by Sun City aankom het Coenie gereël dat ons oorbly. Die opvoering was high camp, met Liberace wat in 'n groot limousine op die verhoog verskyn het. Sy aantreklike chauffeur, kaalbolyf en in 'n swart leerbroek, cowboyhoed op die kop, het die motordeur vir hom oopgemaak. Liberace het 'n pelsjas gedra en sy vingers was vol ringe.

Hy was die perfekte showman en die skare het histeries geraak. Hy het die klawers van die klavier so hard getokkel en geslaan, dit het gelyk of die groot, blink vleuelklavier in stukke sou breek.

Tussen uitvoerings het hy grappe vertel. Op 'n stadium het hy sy hande uitgesteek en vir die toeskouers al die groot knoetse aan sy vingers gewys.

"Hou julle daarvan?" het hy gevra.

"Ja," het die mense geskree.

"Nou maar dankie, skatties, want julle het daarvoor betaal!"

Hy is tien minute lank met 'n staande ovasie beloon. Dit was alles so swierig en wonderlik, weereens 'n ander wêreld weg van my pa en sy drank en Christie met sy geweer wat klap op Dassieshoek.

Ek het wel Coenie se venynige kant gesien by die partytjie ná die opvoering. Daar was 'n paar vrouejoernaliste van verskeie publikasies, en hy was openlik vyandig teenoor hulle. Ek onthou hoe seergemaak die een vrou was.

Hy was 'n pedofiel en klaarblyklik ook 'n vrouehater. En eintlik ook 'n homo-foob. Hy was in die kas en het homself as gay man verag.

Ná 'n dag en aand by Sun City het sy vriende, die Van der Lugts, met hul drie seuns by ons kom aansluit. Ek het dadelik by die een, Jozua, aanklank gevind. Ons het albei gehou van die teater. Belangriker nog, ek het uitgevind dat Coenie vir Jozua reeds van die ouderdom van nege molesteer.

Later in ons lewens sou ons gereeld daaroor praat en kon ons ons depres-sie en lusteloosheid herlei tot wat met ons gebeur het. Dit het mettertyd ons selfvertroue tot so 'n mate geknou dat dit 'n negatiewe uitwerking op ons loopbane en persoonlike verhoudings gehad het.

Ons het jare lank sin daarvan probeer maak. Met die hulp van Adriaan Basson van News24 en ná dekades van vuil en skuldig voel, het ons 'n klag by die polisie ingedien. Die derde slagoffer is die joernalis en skrywer Theunis Engelbrecht, wat ook deur Coenie gemolesteer is.

Ek is bewus van nog twee, maar hulle wil nie daaroor praat nie. Dus respekteer ek hul wense. Die een kan in ieder geval nie praat nie, hy het homself aan 'n boom opgehang.

Coenie het alles ontken en my tydens 'n onderhoud met News24 as wraaksugtig beskryf, iemand wat graag stories aandra en 'n ryk verbeel-ding het. Hy is in sy slaap dood op 82, kort voordat hy in hegtenis geneem sou word.

Ek het uitgevind die amptelike rede vir sy dood was natuurlike oorsake, wat so 'n breë en vae diagnose is dat dit enigiets kan beteken. Miskien was dit die stres van die openbare skande op sy naam, alhoewel 'n mens wonder tot watter mate 'n pedofiel skuldig kan voel.

Wat 'n tragiese einde vir 'n gesiene joernalis wat die kruin van sy lewe as kunsjoernalis bereik het. Daar het nog baie gebeur voordat ons die punt bereik het dat ons hom gekonfronteer het.

33

LATER HET COENIE WEER TYD in die Kaap deurgebring. Hy was uitgeslape en het geweet ek sou as snuiter beïndruk wees met die skrywers en akteurs aan wie hy my sou voorstel.

So het ek onder andere die gestorwe akteurs Siegfried Mynhardt en Roelf Laubscher deur hom ontmoet. Mynhardt was 'n fyn beskaafde man wat onderhoudend kon gesels.

Laubscher, bekend onder meer vir sy rol in die *Dingetjie*-rolprentfranchise, was iemand wat jou nie in die oë kon kyk nie. Ek is ook aan 'n string ander teaterlui voorgestel, mense wat uiteraard moes wonder wat aangaan. Wat maak 'n tiener met hierdie ouer man by soveel openingsaande?

Dit het ek myself ook afgevra, maar 'n pedofiel se webbe is fyn maar styf om jou gedraai. Dan is ek aan die skrywers Hennie Aucamp, André P. Brink en Louis Krüger voorgestel.

Aucamp het my aan die begin geïrriteer en in my jeugdige voortvarendheid het ek hom as 'n pompeuse ou queen afgemaak. Later sou ek hom met meer respek behandel, omdat hy regtig nie net 'n goeie skrywer was nie, maar ook 'n sagte hart gehad het. Never judge a banana by its peel.

Ek sou hom later in my lewe, toe ek volwasse was, gereeld raakloop by dieselfde cruise-plekke vir gay mans: die Kaapse stasie, die toilette by die Goue Akker en natuurlik die promenade.

Hennie het ook die gewoonte gehad om sy Volkswagen Kewer (geel, as ek reg onthou), wat hy dekades lank bestuur het, daar langs die Seepunt-promenade te parkeer. Dan het hy 'n kampstoeltjie uitgehaal en op die gras onder 'n boom gaan sit en uitkyk vir 'n stukkie geluk. Helder oordag.

Eendag sien ek terloops hoe 'n rowwe rent boy by sy kar saam met hom inklim. Later gaan ek na die Labia-bioskoop om te fliek. Daar kom Hennie en die rent boy uitgestap; hulle het so pas 'n kunsfliek uit Swede gesien.

Wat die rent boy, wat gelyk het asof hy vars uit die tronk vrygelaat is, daarvan moes dink, weet die Vader alleen, maar ek het lekker gelag.

Terloops, ek was saam met Brink se een kind in Jan van Riebeeck. Hier het hy my eendag vertel dat sy pa bitter min briewe aan hom skryf.

Coenie het my aan die jong digter Theunis Engelbrecht voorgestel, en ek en Theunis het in die dae van briewe gereeld gekorrespondeer. Hy het in Bethlehem gewoon.

Sy briewe was waardevol. Ek moes hulle gehou het, want elke een was soos 'n essay in die kleine. Ons het albei verskriklik met depressie gesukkel en gereeld daaroor geskryf.

Eendag het Coenie vir my, Jozua en Theunis almal saam na sy woonstel genooi. Terwyl ons daar was, het dit duidelik geword dat Coenie 'n orgie wou hê. Dit het uiteraard nie gebeur nie, omdat ons besluit het om regdeur die nag te gesels totdat Coenie druipstert bed toe is.

Ek was so 18 toe Coenie, slinks soos altyd, vir my "verras". Teen hierdie tyd het hy 'n ferm greep op my psige gehad. Hy wou my Spanje toe neem en sy seun, my vriend, sou ons vergesel. Ek was verbyster; dit sou my eerste reis oorsee wees.

34

ONS HET NA MADRID GEVLIEG. Ek was gemesmeriseer deur die pragtige argitektuur, die nou straatjies, kuns, kos en die laataande wanneer mense eers teen elfuur uitgaan om te gaan eet.

Ek het elke oomblik geniet en probeer om nie aan die aande te dink nie. Wanneer Coenie weer sy pond vleis wou hê. Ek was so vasgevang in die robuuste genot van Madrid, ek het probeer leef in elke oomblik. Ek wou nie aan die seks dink nie.

Moes ek nee gesê het? Is dit wat rent boys doen? het ek gedink. Het die hoerkind toe 'n hoer geword? Wat van sy seun? Wat het hy gedink as ek en Coenie 'n kamer gedeel het?

In Spanje was dit ook die eerste keer dat ek kon sien hoe alle rasse meng. Daar was geen apartheid nie en gemengde paartjies het hand aan hand deur die warm strate gewandel.

Ná Madrid is ons per bus na Sevilla, toe na Ronda, en later na Granada. Elke plek was natuurlik baie leersaam vir my. Ek wat 'n dronklap-pa by die huis het, 'n disfunksionele ma, en met 'n skoolvakansie wat ek moes omkry.

In die koshuis sou ek nie kon bly gedurende die vakansie nie. Watter tiener, watter mens van enige ouderdom, sal nee sê vir Spanje? Ek was regtig in hierdie man se mag. Alles het sy prys gehad.

By elke dorp het ons oorgeslaap en ou Slobber Slabber het my met sy dun lippe afgesuig. Elke keer het ek goor gevoel. Hoekom het ek dit toegelaat? Vra daardie vraag vir elke kind wat gemolesteer is.

Tydens ons laaste stop het ons in die kusdorp Torremolinos oorgebly waar ons dae op die strand gelê het. Coenie het steelfoto's van my geneem. Ek was jonk, maer en aantreklik, en het 'n goue swembroek gedra.

Terug in Kaapstad kon ek nie uitgepraat raak oor my avontuur nie, maar ek het ook verward, skuldig en smerig gevoel.

35

M Y SKOOLWERK HET BEGIN AGTERUITGAAN. Ek het gesukkel om daarop te konsentreer. By terugskouing besef ek dat alles waardeur ek is, wel 'n uitwerking op my akademiese prestasies gehad het. 'n Mens moet ten minste oplet in die klas en jou huiswerk doen. Ek kon nie. My punte het verswak.

My pa was te gesuip om om te gee, ook my ma, en dan het Coenie onvergeeflike speletjies met my gespeel. Dit is belangrik dat ek hierdie herinneringe moet herbesoek, sodat ek kan sin maak uit die gebeure van daardie tyd.

Maar op ander terreine was alles voortreflik. Ek is verkies tot voorsitter van die debats- en toneelvereniging, die koor, en was 'n stigterslid van die skoolkoerant en later die redakteur.

My sosiale lewe was wild en wakker. Ek het maklik vriende gemaak en was elke naweek aktief – partytjies, kuier, uitgaan, alles behalwe skoolwerk.

Oorkant die skool was 'n tipe teekamer wat koek, tee en koffie bedien het. Hier het ek daagliks met groepe vriende sit en lag en geselsies maak. Ek het ook hier oor die onderwerpe vir debatte besluit en die artikels vir *Onze Jan* beplan.

Dan was daar die eisteddfod waar ek verskeie trofees ingepalm het, redenaarskompetisies wat ek gewen het, die fotografieklub, buitemuurse blokfluit- en beuellesse, en die Afrikaans-olimpiade. En by etlike atletiekbyeenkomste is ek tot dirigent verkies.

Om sy houvas op my te verstewig het Coenie vir my buitemuurse dramaklasse by Babs Laker betaal. Dit was my droom om weer by haar te kon klas loop; ons het 'n hegte band gehad sedert my kleintyd.

Omdat ons koor gereeld pryse gewen het, en ek aan elke redenaarskompetisie moontlik deelgeneem het, was my gesig gereeld in die koerante. Ek spog nie, ek wil net wys dit was maar meestal smoke and mirrors; agter die skerms het ek geen selfvertroue gehad nie.

Die erkenning van hul ouers waarna elke kind smag, het ek nie gekry nie. Ek moes dit soek by vriende en in klein suksesse. Min gehelp.

My sentimentele gedigte is gepubliseer in ons jaarblaaie. Eendag is ek gekies om die eerste minister saam met 'n paar ander kinders te gaan ontmoet. Ons het geen idee gehad hoekom ons P.W. Botha moes besoek nie, maar ons het sy hand geskud en hy het met ons gesels, waaroor kan ek nou nie onthou nie.

Die volgende dag in *Die Burger* verskyn die foto met dié onderskrif: Jong Nasionaliste besoek die eerste minister, mnr. P.W. Botha, in sy kantoor.

Ek was stomgeslaan, want ek het as kommunis geïdentifiseer. Moenie vra nie, ek het net geweet die kommuniste wou die land bevry, maar het min van hul ideologieë geweet. Om as kommunis te identifiseer was ook om 'n middelvinger na een of ander onsigbare vyand te gooi.

Vir die skoolkoerant het ek self die stad ingevaar en adverteerders gaan soek, omdat die skool nie geld wou bydra nie. Waar ek aan die selfvertroue gekom het, weet ek nie, maar ek het die fondse ingesamel en ook 'n drukker gevind.

Die eerste uitgawe was 'n mengsel van profielonderhoude, sport, musiek, skinderstories, maar ook gedigte en mooi fotografie. Ek het selfs 'n brief van die destydse administrateur van die Kaapprovinsie (nou die Wes-Kaap), Gene Louw, ontvang. Hierin sê hy onder meer: "Die inhoud bied 'n interessante verskeidenheid aan en die tegniese versorging is uiters netjies en aantreklik nagekom."

Well, have you ever, maar agter die skerms was daar 'n groot ramp op hande.

36

E K HET MET GRANT DOIDGE, wat ook uit 'n gebroke huis gekom het,
vriende gemaak. Ons het dieselfde sin vir humor gehad en was rebels.
Hy was 'n uitstekende skilder. Ons het ook besef ons is gay, al het ek
"meisies" gehad vir wie ek graag gedigte geskryf het.

Een aand by 'n groot partytjie het ek selfs seks met 'n vriendin op die
badkamervloer van haar ouerhuis gehad, met 'n Jiffy bag as kondoom. Ons
was bulletproof, jonk, jags en mooi.

Ek het twee wêrelde bewoon: een waarin die seks vuil en vieslik gevoel
het, en 'n ander waar ek na hartelus in die bondel kon vry. Maar die eerste
wêreld, die een wat my my tienerjare ontneem het, sou 'n lang skaduwee
oor my lewe gooi.

Daar was 'n ander "vriendin" met wie se borste ek heerlik gespeel het,
maar ons het later net vriende geword. Tog was daar ook die aand toe ek en
sy lekker aan die vry geraak het in 'n klub genaamd Rita's.

Die tema daardie aand het 'n strandatmosfeer uitgebeeld. Hulle het see-
sand ingedra en alles was soos 'n mini-sandduin met musiek en sambrele.

Dan was daar die verhouding met 'n baie mooi meisie wat nooit fisies
van aard was nie. Tog was ons soos 'n paartjie en ek weet nie eintlik hoe hier-
die verhouding kon aangaan sonder dat ons mekaar eens gesoen het nie.

Eendag het 'n rooikopvriend vir my vertel dat mense met rooi hare se
onderarm- en pubiese hare na kerrie ruik. Hy het my laat ruik aan sy onge-
skeerde kieliebakke, en wraggies – pure kerrie.

'n Ander rooikopseun by die koshuis het dit beaam.

Deur Grant het ek betrokke geraak by 'n avant-garde kliek in die skool
– almal aanvallige jong vroue wat kunssinnig, sexy en rebels was. Hulle
was dié groep, met 'n sterk teenwoordigheid, 'n donker sin vir humor en 'n
houding wat vir niks geskrik het nie.

Ons het gereeld saam gerook, al was dit verbode, en na Nina Hagen
geluister, ook Klaus Nomi en sommer Maria Callas. Met Grant het ek na
kunsuitstallings in die stad begin gaan, waar daar altyd wyn en peusel-
happies was.

Hier het ons baie wyn gedrink, ook onwettig, en geflankeer met kunstenaars, modeontwerpers, rockers, joernaliste van ondergrondse publikasies, akteurs en gay mans en vroue.

Ons het swart vriende op Groentemarkplein gemaak en gou in agterkamers in Soutrivier dagga gerook en partytjie gehou saam met hulle. Saterdagaande het ek en Grant stilletjies by die koshuis uitgeglip en gaan dans by 'n klub op die boonste vloer van die ou Trust Bank-gebou.

Ons was jonk en mense het gereeld vir ons drankies gekoop en ons kon verniet by klubs ingaan. Dan het ons gedans tot so 05:00 en is ons terug koshuis toe om te gaan slaap.

In Seepunt was daar 'n nagklub by die ou President-hotel. Hier het ons ook gereeld gaan cha-cha-cha. Die vloere was deursigtig en van onder af het helderkleurige ligte boontoe geflits. Blink diskoballe het gerondomtalie.

Bedags by die skool was ek steeds in 'n waansinnige beswyming met 'n horde aktiwiteite, en vele naweke het ek by vriende gespandeer. Grant het in hierdie tyd 'n ouer man ontmoet. Bernard Sach was skatryk. Grant was reeds 18, baie meer wêreldwys as ek, en hy was terdeë bewus van waarmee hy besig was.

Ek is ook sommige naweke na hierdie man, 'n grootkop in die restaurantbedryf, se swierige woonstel net langs La Perla in Seepunt. Hy het ook 'n ander hoofstuk van die lewe aan ons bekendgestel: die gay-naglewe. Daar was iets van 'n parvenu aan hom; hy het 'n gewoonte gehad wat my geëmbarrasseer het. As die kelner na die tafel gekom het, het hy 'n R20-noot in twee geskeur. Dit was in daardie dae baie geld. Dan het hy gesê: "Vat die helfte, en as die diens goed is, gee ek jou die ander helfte."

Grant het duur smaak gehad en Bernard het vir hom alles gekoop wat sy hart begeer. Eendag sou liewe Grant tog wel 'n prys hiervoor betaal.

37

DIE EINDE VAN DIE JAAR se eksamen het aangebreek en ek is in standerd 9. Coenie figureer nog sterk, so ook alles behalwe my skoolwerk. Ek druip.

Ek sien hom gereeld, het woedeuitbarstings en voel verward oor waarheen my lewe op pad is. Verder ondervind ek probleme om grense te handhaaf en sê ek enigiets wat in my kop kom.

Ek raak onverskillig en drink baie oor naweke. In stede daarvan dat die skool my na 'n sielkundige verwys om uit te vind wat aangaan, neem hulle geen notisie nie. Ook nie my ma of pa nie.

Ek is aan myself oorgelaat. Dat niemand die gevaarligte raakgesien het nie, is onbegryplik, omdat my akademiese prestasie voorheen altyd goed was.

Ek besef vandag dit was die begin van 'n swaar, ongediagnoseerde depressie. Dat ek net op vriende kon staatmaak, en op geen ouers nie, het my ineens getref.

Tog het ek nie lank stilgestaan by daardie pap wiel nie. Ek het my tweede jaar in standerd 9 met drif aangepak en van krag tot krag gegaan. Partytjies, funksies, dramas, kunsuitstallings, klubs, koorkompetisies, alles behalwe skoolwerk.

By een eisteddfod het ek 'n gedig voorgedra en die beoordelaars was die akteur Jannie Gildenhuys en sy vriend, die digter Chris Lombard.

Ek het ná die tyd met hulle gaan gesels en onthou dat Jannie 'n goudgeel pak aangehad het. Ons het bevriend geraak en Jannie en Chris het vir my en 'n vriend uitgenooi om vir 'n naweek in Franschhoek by hulle te gaan kuier.

Ek onthou die kuier was feestelik en gesofistikeerd. Dit was koud, daar was 'n vuur en Jannie het sy wyn gedrink en dan 'n rou uiering saam daarmee geëet. Dit was vreemd, maar het glo die suur smaak van die goedkoop wyn versag.

Jare later het ek dit ook gereeld gedoen. Dié naweek het Jannie gereeld by die venster uitgegluur na die nat gras, plante en kaal bome, en dramaties verklaar: "Fabelagtig, absoluut fabelagtig."

By die skool het ek wel so met een oog in my boeke gekyk, maar 'n mens kan sê ek het meer uitgeblink in buitemuurse aktiwiteite. Die einde van daardie jaar is ek tot onderhoofseun van die skool en koshuis verkies. Hoe vreemd is dit?

Hierdie keer het ek geslaag. Maar dit was 'n groot terugslag dat ek vir my vriende met wie ek in matriek sou wees, moes totsiens sê. Hulle was altyd gasvry teenoor my oor naweke en vakansies. Ek is deur hul ouers verwelkom. Hegte bande is gesmee.

Daar was kuiers op plase, in voorstedelike huise, palazzo's en woonstelle. Hulle het my veilig laat voel. Met die matrieks wat vertrek, het dit gevoel asof ek 'n familie verloor.

Ek is tot voorsitter van die reëlingskomitee vir hul matriekafskeid verkies en moes toesien dat daar 'n tema was – en ek moes ook daardie aand 'n toespraak lewer.

Ons het besluit op 'n plesierboot-tema. Sambrele, dekstoele, tafels met skulpe, seekos en so aan. Ek het by iemand 'n skeepskapteinuniform geleen.

Dié aand was 'n groot sukses en ek onthou hoe ek aan my toespraak gewerk het en heel teatraal aangekondig het dat die matriekklas van daardie jaar op 'n metaforiese reis die wye see invaar. Daar sal storms wees, mooi dae, stil dae, terugslae, maar hulle moet hul skip op koers hou. As ek maar na my eie raad geluister het.

Ek het my so opgewerk dat ek 'n traan moes wegpink. Na afloop van die toespraak het een van die kinders se pa, regter Hannes Fagan, na my gekom om te sê ek het 'n puik toespraak gelewer.

38

M Y MATRIEKJAAR WAS 'N FIASKO. Ek het aan 'n verlammende vrees oor die toekoms gely en so verlang na my vriende wat die skool reeds verlaat het, dat ek net wou doodgaan. Hulle was almal weg, aan die gang met hul lewens. Twee van my vriende was uitruilstudente, die een in Amerika, die ander in Nederland.

Ander het aan die begin van hul tersiêre studies gestaan. Sommige is weermag toe. Alhoewel ek nuwe maters gemaak het, was my kamerade met wie ek van sub B af saam gekom het, skielik weg.

Ek het soos 'n weeskind gevoel. Eintlik onthou ek baie min van daardie jaar. Elke dag was 'n marteling. Net om soggens op te staan was moeite. Ek het klasse begin bank. Daarvoor is ek gereeld uitgevang en pak gegee.

My redding was dat my vriend Jozua van der Lugt en sy broer Pieter albei aan die Universiteit van Stellenbosch gestudeer het. Vir Jozua het ek gereeld oor naweke gaan kuier en sommer oorgebly waar ek kon.

Hy het drama geswot, so uiteraard was sy vriendekring meer geskakeerd as iemand wat byvoorbeeld teologie sou studeer.

Hier het ek die joernalis Murray La Vita ontmoet, en gereeld Tassenberg op partytjies met Koos Kombuis en sy groupies gedrink. Koos was in daardie dae bekend as André Letoit, sy skrywersnaam, en ook André le Roux du Toit.

Dit het my gefassineer om hom gereeld in Bakoven te sien sit en skryf. In daardie dae was Bakoven 'n koffiekroeg en 'n plek waar jy pasteie kon koop. Die Wimpy was ook een van sy uithangplekke waar hy gedigte, romans, kortverhale en tydskrifverhale sit en skryf het.

Die groot bymekaarkomplek op kampus was die Neelsie, waar jy goed-koop kon eet, koffie drink en baie rook. Stellenbosch was vir my 'n ontvlugting van die spanning wat ek by die skool en in die koshuis ervaar het.

Ek het by die skool meer rebels geword, weggebly en nog erger begin drink oor naweke. Eendag het 'n onderwyser my opstel vir die klas gelees en vir my gevra of ek dit geskryf het. Ek het my humeur verloor, opgestaan en die boek uit sy hande gepluk en dit opgeskeur. Hy was 'n groot man met 'n rooi gesig, 'n drinker wat ek al by die Oranje-hotel, een van my pa se uithangplekke, gewaar het.

Sy bynaam was Ou Pappa Ysbeer en op sy dag was hy 'n treindrywer. Nog op die stoomlokomotiewe. Tydens sy lang ritte het hy Grieks en Latyn geleer, tot so 'n mate dat hy Latyn vlot kon praat.

Hy was ook bekend as mnr. Driese. Mettertyd het hy graad gevang en een van die beste Afrikaans-onderwysers geword. Die probleem was sy permanente babelas, asook sy kort humeur.

Toe ek die boek uit sy hand ruk en opskeur, het hy besete geraak. Ek het weggehardloop omdat hy my met die vuiste wou bydam, tot by die hoof se kantoor.

My houding was uittartend en die skoolhoof, mnr. Van Rensburg, was glad nie beïndruk nie. Ek dink hy het my gehaat. Hy het as "Bees" bekendgestaan.

Ek moes onmiddellik my onderhoofseunwapens van die skool en die koshuis teruggee, en ek is al my ander titels ontneem. Nou het ek niks meer omgegee nie.

Met die volgende redenaarskompetisie het ek gemaak asof ek sou praat oor iets belagliks soos: "Moet die seuns en meisies tydens pouses saam speel?"

Min het hulle geweet ek gaan uit die kas klim en myself ook sommer 'n kommunis noem. Ek het gepraat oor homoseksualiteit wat nie 'n keuse of 'n siekte is nie.

Verder was kommunisme, soos ek dit op daardie stadium verstaan het, die enigste uitweg om die Natte te ontsetel. Ek is daar uit en toe ek in die gang afloop, wag Bees vir my.

Hy het my aan my baadjie na sy kantoor toe getrek en so hard op my gegil dat die hele skool dit kon hoor. Ek is dadelik geskors, ook uit die koshuis.

Ek kon wel my eindeksamen gaan skryf, maar ek is verbied om andersins weer my voete daar te sit. Die skorsing uit die koshuis was 'n gatslag, want waarheen moes ek gaan?

39

E K MOES VINNIG 'N PLAN maak. My ma se ou vriendin Griet van Biljon (die een met die blou Volla) en haar seun Ivan het in 'n groot ou dubbelverdiepinghuis in Hofmeyrstraat gewoon, net agter die skool.

Ek het by haar gaan aanklop en gevra of ek daar kan bly. Daar was baie kamers en ek het ingetrek. Dit het my goed gepas, maar die swart hond het my gery. Ek het sleg gevoel dat sy nou na my moes omsien.

Vriende het kom kuier en later het ek die gevoel van vryheid geniet. Geen haatdraende skoolhoof nie, geen rigiede reëls nie.

Op 'n dag spoor Coenie my daar op. Die telefoon lui en hy is aan die ander kant. Nee, sê hy, ek moet by sy eksvrou gaan intrek. My vriend, sy seun, is in die tussentyd na Wits.

Sy eksvrou is 'n onderwyser en dit sal vir my goed wees om daar te studeer vir my eksamens. O, hy was darem 'n slim jakkals. Ek was so verbaas dat ek sommer ja gesê het.

Die volgende dag groet ek vir Griet en trek by Coenie se eksvrou in, ook 'n klein entjie van die skool af. Hier het ek 'n ruim kamer gehad wat op die berg uitgekyk het.

Nou is dit ek en die lessenaar en my boeke. Ek word in die nag wakker en dink wat de hel het ek nou aangevang? Hoe kan ek by sy eksvrou intrek as hy my oor die afgelope jare gemolesteer het? Dit kan mos nie wees nie.

Ek sit met skuldgevoelens en ek wroeg oor alles. Tussendeur moet ek leer. Die werk is vervelig omdat dit papegaaiwerk is, geen uitdagings soos om probleme op te los nie. Ek kan eenvoudig nie stilsit voor die lessenaar nie, raak rusteloos, stap op en af.

Wanneer sy eksvrou uit is, spandeer ek my tyd met vriende op die telefoon en lees koerante en boeke. In die middae as sy by die huis kom, maak ek asof ek hard gewerk het. Naweke gaan ek stad toe en maak myself wys dat ek baie gestudeer het deur die week. Daar is 'n reservoir oorkant die pad en ek gaan stap ure om en om.

Die situasie is eenvoudig onuitstaanbaar. Ek kan mos nie so by haar leef nie. Die eksamen kom nader en al wat ek voel is 'n beklemming. Ek kan nie vorentoe nie. Die eerste dag van die eksamen gaan ek skool toe, en dit is 'n fiasko. Ek het absoluut niks voorberei nie, niks.

Daar is te veel storm en drang in my gemoed. Ek begin weer voel ek is Coenie se seksslaaf wat nou onder sy eksvrou se dak woon. Sy weet van niks.

Die eksamen kom en gaan, ek skryf net wat ek kan, en loop daagliks terug na die woonstel met 'n hart wat klop. So skryf ek die een vak ná die ander sonder om enigiets vooraf te leer. As ek vandag, ná baie terapie, daaraan terugdink, besef ek ek het aan posttraumatiese stresversteuring gely.

Hoe dan anders? Om van alles te vergeet, gaan kuier ek deur die dag vir die akteur Limpie Basson in Tamboerskloof, met wie ek bevriend geraak het. Deur Limpie het ek ook die fotograaf, sanger en skrywer Philip de Vos ontmoet, iemand met wie ek tot vandag toe bevriend is, al sien ons mekaar nie meer so gereeld nie. Philip het 'n goeie hart en is, soos ek, in 'n lewenslange stryd met depressie gewikkel.

Nog 'n akteur met wie ek kennis gemaak het, was Paul Malherbe, wat in Berghof gewoon het. Berghof (die naam van Adolf Hitler se vakansiehuis!) is die aftreeoord waar Elsa Joubert later sou woon en wat sy in *Spertyd* sou beskryf. Met Paul en Limpie kon ek oor die teater praat en vergeet van die gat waarin ek my bevind het.

Limpie het my een Saterdagaand Baxter toe gevat om na Pieter-Dirk Uys se satire met Evita Bezuidenhout as karakter te gaan kyk. Dit was 'n openbaring om 'n wit "vrou" te sien wat soos baie van ons tannies gelyk het, en wat die spot dryf met konserwatiewe politici.

Ná die vertoning is ons na Pieter-Dirk Uys se kleedkamer en is ek aan hom voorgestel. Hy was besig om Evita se grimering af te haal. Ek het dadelik van Pieter gehou en ons het van daardie dag af en toe oor die jare kontak behou.

Toe hy Darling toe trek het ek gereeld vir hom daar gaan kuier en hom leer ken as 'n filantroop, uitstekende akteur en iemand met 'n sagte hart. Hy het ontsettend hard gewerk en nie sy tyd gemors met koeterwaals nie.

Tussendeur skryf ek nog eksamen en ek weet voor my siel ek het geen idee wat aangaan nie. Ek kon my swartgalligheid goed wegsteek as ek tussen mense was, omdat ek dan soos 'n nar vir almal laat lag het en omdat die teenwoordigheid van mense my opgekikker het. Wanneer ek alleen was wou ek waansinnig word, maar saam met ander mense kon ek vergeet van die groot niet.

Die eksamen het tot 'n einde gekom.

Coenie, soos te verwagte, wou sy pond vleis hê. Ek moet die vakansie met die trein Johannesburg toe.

My plan was om drama aan die Universiteit van Kaapstad te studeer. Daarvoor moes ek 'n oudisie aflê, en ek kon dit ook in Johannesburg doen.

In Johannesburg is Coenie soos gewoonlik sy soetsappige self, 'n sissende slang wat snags wellustig aan my suig. Alles voel siek. Ek het so pas maande lank by sy eksvrou gebly, en nou weer dié.

Ek was moeg vir sleg voel, skuldig voel, donker voel. Moeg.

Ek gaan toe vir die oudisie, en wragtig, kort daarna hoor ek ek het dit geslaag. Net 'n handvol word gekeur uit 'n hele bondel aansoeke.

Coenie sê ons gaan Kaap toe ry. 'n Vriendin ry saam, goddank, anders het hy weer met my gespeel heelpad van Johannesburg af.

Min het ek geweet wat op my wag.

40

O NS HET MEESTAL IN STILTE gery; die vriendin agter het af en toe
geprat. Vir haar het ons gaan aflaai in Rosebank, Kaapstad.

Ek en Coenie is vort en ek het besef ek het nêrens om heen te gaan
nie. Hy het ook nie met my daaroor gepraat nie. Toe ek weer sien, stop sy
motor buite 'n huis in Buitenkantstraat, die nommer 110.

Hy maak die kattebak oop en sit my bagasie voor die voordeur. Op een
of ander manier het die joernalis in hom vasgestel waar my pa woon. Ek was
by sy kothuis.

Coenie het in sy motor geklim en weggery. Daarna het ons dekades lank
geen kontak gehad nie. My tienerjare verniel.

Dit was waarskynlik die beste ding wat kon gebeur. Dit het by my opge-
kom ek was op 18 te oud vir hom; hy het my verkies toe ek 13 was tot 18, en
dan so is dit genoeg.

Jy val dan buite die pedofiel se spel. Die afskeid het nie beteken dat die
sielkundige skade wat hy my berokken het skielik verdamp het nie. Dit sou
my vir die res van my lewe ry.

Ek het angstig aan die voordeur geklop. Sammy, dronk soos 'n lord, het die
deur oopgemaak. Ek is na binne en die hele plek het na drank en sigaret-
rook geruik. My pa het soos 'n hawelose gelyk.

Op skool is ek deur Jan van Riebeeck se welsynfonds geborg. Ek het 'n
klein bietjie sakgeld gehad. Daarvoor is ek hulle ewig dankbaar. Nou was
daar niks oor nie.

Die Universiteit van Kaapstad het nog nie geopen nie, en die matriekuit-
slae was nog nie bekendgemaak nie. Al wat ek weet, is ek het die oudisie
geslaag. Nou moes ek 'n plan beraam. Ek het 'n dak oor my kop, maar geld
was daar nie.

My een skoolvriend, Johann Müller, het teruggekeer uit Nederland waar
hy 'n uitruilstudent was. Hy wou ook ekstra geld maak en ons beplan toe om
by die Inn on the Square op Groentemarkplein om werk as kelners aansoek
te doen.

Die bestuurder wou ons eerder buite die kroegdeur as uitsmyters gebruik.

Ons was twee perdfris manne. My tweede werk ooit: 'n uitsmyter. My eerste was as gedwonge plaaswerker vir my stiefpa. Die kroeg was swierig en ons opdrag was om die nagblomme daar weg te hou. Ons het pakke gedra en heel spoggerig gelyk.

Alles het die eerste paar aande klopdisselboom geloop, maar spoedig het ek met die nagvroue bevriend geraak en hulle laat ingaan. Een aand betrap die bestuurder my en bied toe vir my 'n werk as kelner in hul restaurant aan.

Hier het ek darem ook meer geld verdien, maar toe ek een laatnag ná werk by die huis aankom, is Sammy smoordronk. Hy val my aan en steel al my geld.

Ek was woedend en het hom by die huis uitgegooi. Die deurslotte het ek laat verander.

My skoolvriendin Petro Davel het by my ingetrek om die huur te deel. Sy was 'n vrou met 'n bos rooi hare wat ook na kerrie geruik het, en sy was wild op die dansvloer van enige klub.

Oor naweke het baie van my vriende uit Stellenbosch daar aangekom en is ons laatnag na Rita's om te rinkink. Murray La Vita was voor in die koor en daar was altyd mense wat oorgebly het. Dit was goeie tye, al was die geld skraps.

Die seun van die digter Sheila Cussons, Jaume Saladrigas, het ook op 'n stadium daar ingetrek. Sheila het vir ons resepte gegee waarmee ons goedkoop maar smaaklike kos kon maak. Meestal met aartappels, uie en speserye as bestanddele.

Ongelukkig het my verhouding met Jaume versuur en hy is daar weg. Oor my spesiale verhouding met sy ma sal ek later vertel.

41

IN DIE TUSSENTYD HET MY matriekuitslae verskyn en dit was 'n tragiese storie. Ek het dit probeer onderspeel, maar eintlik was ek boos dat ek by Coenie se eksvrou moes gaan studeer; die atmosfeer daar was onhoudbaar.

Ek weet sy het goed bedoel, maar die skool moes my nie geskors het nie en Coenie moes my nooit soos sy hoer by haar laat intrek het nie. Dit was asof daar geen grense bestaan het nie, en dit het 'n duister uitwerking op my psige gehad.

Ek het sommer aan vriendinne se borste gegryp en later besef net omdat ek gay is, maak dit nie aanvaarbaar nie. Maar Coenie het met sy gebrek aan respek vir grense daardie proses begin. Watter voorbeeld was hy vir 'n kind?

Een aand by 'n ete het ek 'n wildvreemde man sommer tussen sy bene gegryp. Daar was geen seksuele motivering nie. Sy vrou het 'n glas rooiwyn in my gesig uitgegooi en dit was die einde van die aandete.

Ek vind ook dat ek nie 'n wag voor my mond het nie. Ook op sosiale media, waar ek goed kwytraak wat totaal absurd en buitensporig is. Daar is tog tye wanneer 'n mens eerder moet stilbly.

Moenie dink hierdie goed ry my nie; my gewete vreet my op en vererger die selfkastyding. My swak selfbeeld veroorsaak dat ek gereeld die nar in 'n geselskap word. Laat die mense lag, moet net nie agterkom hoe donker en lamgelê jy binne voel nie. Later op my eie, weg van mense af, het selfdoodgedagtes my meedoënloos gery.

Ten spyte van my swak matriekuitslae het ek ingeskryf by die Universiteit van Kaapstad. Per slot van rekening het ek die oudisie geslaag, iets wat nie almal beskore was nie.

Tydens die registrasie het ek vir prof. Robert Mohr ontmoet, hoof van die dramadepartement. Hy was 'n saggeaarde, hoogs beskaafde man.

My vriend Johann Müller het 'n klein ligblou 1984-Toyota gehad. Die kar se naam was Blikkies en ek onthou dit is waar ek vir Anna-Mart van der Merwe ontmoet het – op die agtersitplek.

Sy was ook by die dramaskool en het 'n geleentheid gekry van die hoofkampus na die Hiddingh-kampus net oorkant die Labia-bioskoop. Ek onthou duidelik hoe ons nog oor Vredendal gepraat het, omdat Lutzville net 26 km daarvandaan is.

Ongelukkig was my studie aan die Universiteit van Kaapstad van korte duur. Prof. Mohr het my ingeroep na sy kantoor. Hy het my laat sit en gesê ek het 'n wonderlike oudisie afgelê, maar om te kan aanbly sal ek twee van my matriekvakke moet oorskryf. Dit is die reëls.

Ek was aan die een kant verlig, maar ook diep teleurgesteld. Verlig omdat my kop nie op die regte plek was nie, ek kon nie fokus nie. Teleurgesteld omdat ek my nou in 'n liminale ruimte bevind het – soos 'n trein tussen stasies.

Daardie dag in sy kantoor onthou ek goed. Ek het hom van my lewe vertel. Hy was soos 'n sielkundige en het na alles geluister. Daarna het hy opgestaan en vir my 'n druk gegee.

Dit was 'n teer oomblik en ek sou hom 'n paar keer daarna sien, tot met sy skielike dood in 1984. Ek is by die dramakampus uit op pad terug na Buitenkantstraat 110 toe 'n hawelose man in die Kompanjiestuin na my toe aangestap kom. Hy was kaalvoet.

Dit was my pa. Hy het geld gevra. Omdat ek amper niks gehad het nie, kon ek hom niks gee nie.

Hy het my vertel hy woon by die Heilsleër. Ek het aangestap na my kothuis en hy het my agtervolg en gesmeek vir iets.

Toe ek die deur agter my toemaak, was dit die laaste keer dat ek hom ooit sou sien. Later het ek uitgevind hy dien tronkstraf uit weens bedrog.

Jare later lui my telefoon. Ek word meegedeel hy is dood nadat hy in 'n steakhouse in Port Elizabeth, van alle plekke, verstik het aan 'n stuk vleis.

Die ironie. Hy wat so van uiteet gehou het, sterf in 'n restaurant. Daar was gaste daardie aand by my aan huis en ek het voortgegaan asof niks gebeur het nie. Ons het gelag, wyn gedrink en geëet. Maar die volgende oggend het ek in die bad gaan sit en ek het hard geween.

Ek het gehuil oor 'n man wat sy lewe vermors het. Oor 'n slim man met sjarme, en oor my verlore kinderjare.

Dit was die einde van daardie hartseer hoofstuk. Of was dit?

42

IN DIE TUSSENTYD HET DIE restaurant waar ek gewerk het, toegemaak. Ek het by ander gaan werk soek, maar daar niks gekry nie.

My geld was op. Ek was honger. Petro, met wie ek eens op 'n tyd die huis gedeel het, het na haar eie plek getrek en 'n werk in 'n kunsgalery in Adderleystraat gekry. Haar lewe het vooruitbeweeg. Ek het soos 'n totale mislukking gevoel.

Vir die eerste keer het ek gedink, dalk moet ek 'n rent boy word. Groentemarkplein en omstreke was bekend vir manlike prostitute.

Ek kon nie glo dat so iets met my gebeur nie, maar ek moes, om den brode. Ek is toe die hele ent met Buitenkantstraat af tot by Groentemarkplein.

Dit was 'n warm somernag. Ek het teen 'n paal gaan staan.

'n Maer, dog aantreklike jong man het na my toe aangestap gekom. Hy het met 'n Duitse aksent gevra of ek met hom wil gaan eet.

Daar was 'n bekende eetplek daardie jare, genaamd Backstage. 'n Franse paartjie het dit besit en baie akteurs en interessante mense het daar bymekaargekom ná toneelopvoerings. 'n Vrou wat soos Marlene Dietrich lyk het gereeld met 'n rokerige stem Duitse kabaretliedere gesing. Amper soos Lady Peterson.

Ek en die man het gaan aansit en ek was rasend honger. Die kos was heerlik maar ek was paniekerig oor wat voorlê.

Net daar besluit ek om op te staan en weg te hardloop. Ek kon eenvoudig nie 'n rent boy word nie, dit het my te veel aan Coenie Slabber herinner.

Die huishuur moes betaal word, ek moes eet, sake het droewig gelyk. Ek het by die poskantoor in die stad om 'n werk gaan aansoek doen by ene mnr. Louw.

Ek is die volgende dag aangestel. Dit was in Adderleystraat in 'n gebou oorkant die OK Bazaars. My werk was om die telefoongids, wat baie dik was in daardie dae, deur te gaan vir spelfoute. Dit was 'n grys kantoor vol mense wat maar net werk vir 'n geldjie. Ek sal nou nie sê daar was baie ambisieuse mense nie.

Ná die derde dag het ek opgestaan, my baadjie aangetrek en uitgeloop. Ek is nooit weer terug nie.

Dit was nie mnr. Louw of my kollegas nie; ek was eenvoudig net te onstabiel om so iets aan te pak. En ek is jammer, maar om 'n telefoongids na te gaan vir foute sou my binne 'n week kranksinnig gemaak het.

Ek moes vinnig dink aan wat verder. Deur Coenie se eksvrou het ek 'n man ontmoet, Pieter Serfontein, wat op sy dag as joernalis by *Beeld* gewerk het, daarna 'n operasanger geword het, en toe 'n bôrdienghuis in Kloofstraat, een van die laastes wat nog oor was, bestuur het. Die naam was Ankerhof en talle dramastudente het daar gebly. Ek het by hom gaan aanklop en hy het vir my 'n kamer aangebied.

Oor geld sou ons later praat. Ek het uit Buitenkantstraat getrek met die paar besittings wat ek gehad het, en by Ankerhof ingetrek.

Vir my het dit op daardie stadium net oor oorlewing gegaan. Ek kon nie dink aan die toekoms nie, oor wat ek met my lewe wou aanvang nie. Niks.

43

PIETER SERFONTEIN WAS BAIE GOED vir my en het nie soos Coenie enigsins seks van my verwag nie. Ek vermoed hy het na geselskap gesmag.

Daar was een gas, Lilla Koen, met wie ek baie goed oor die weg gekom het. Sy was egter 'n gebroke voëltjie, maar sy kon die mooiste gedigte uit haar kop voordra. Dan het sy telkens in trane uitgebars.

Ek en Pieter het hegte vriende geword en hy het my baie oor opera geleer. Ons het ook gereeld gaan uiteet met die operasangers Wendy Fine en Marita Napier.

Op sy dag het Pieter onder die naam Christian Stern gesing. Ek onthou ons was eendag in die ou Nico Malan-skouburg omdat hy graag vir Mimi Coertse wou sien. Sy was besig met 'n repetisie maar het uitgekom om hom te groet. Wat my bybly is hoe lekker sy kon vloek; ek self swets dat dit klap, so ek het onmiddellik van haar gehou.

Ons het ons dae gespandeer deur na ou kunsflieks op VHS-kassette te kyk, en ek onthou een winkel in Tamboerskloof waar ons in die skrywer Abraham H. de Vries vasgeloop het. Pieter en hy het saam by *Beeld* gewerk. Hoe meer Pieter my oor sy operastories en die mense met wie hy gewerk het, vertel het, hoe meer aangrypend het ek sy lewe gevind.

In hierdie tyd het ek weer by die Akademie vir Dramakuns (ADK) ingeval vir aandklasse. Hier het ek 'n skugter jong vrou wat 'n Kewer gery het, ontmoet. Sy het kuns by Michaelis gestudeer en ek en sy het dadelik aan die gesels geraak.

Haar naam was Lien Botha. Ons het bevriend geraak, maar my paaie sou weer met hare kruis toe ek later na die ADK terugkeer. Want sake het skielik verander.

Eendag kom daar 'n brief van die weermag by Ankerhof aan. Ek word opgeroep, ek moet in Grahamstad aanmeld.

Dit is winter en die middel van die jaar. Ek weier volstrek omdat ek myself oor die politiek opgevoed het – tussendeur die partytjies destyds by Buitenkantstraat 110, opera en kunsflieks.

Die weermag was vir my boos, die bosoorlog 'n vermorsing van jong mense se lewens, en ek was nie baie lief vir die Nasionale Party nie. As ek my met 'n party kon vereenselwig, was dit die destydse ANC. Let wel, die "destydse".

Ek moes 'n plan maak en op vlug slaan, iewers skuil sodat die weermag my nie in die hande kon kry nie.

Vir 'n paar weke het Pieter my in 'n gastehuis net agter die Labia laat tuisgaan. Hy het uit sy goeie hart daarvoor betaal. Coenie se eksvrou het hiervan te hore gekom en daarop aangedring ek moet weermag toe.

Ek wou weghardloop, maar waarheen? Hoe sou ek oorleef?

Ons is in haar motor na 'n kapelaan in Panorama, 'n vaal ou mannetjie wat vir ons uit die Bybel voorgelees het en my "berading" gegee het oor hoe wonderlik die weermag is en die diens wat ek vir volk en vaderland moet doen.

Ek het voor my uitgestaar en my kop geskud. Toe ek my weer kom kry, is ek op 'n trein na Port Elizabeth.

'n Geheuebeeld wat my nooit ontglip nie, is die oggend toe ons Port Elizabeth stadig binnery, die geklik-klak van die wiele. Daar was 'n groot vlei en in dié vlei was daar honderde pienk flaminke wat op een been in die water gestaan het – amper soos 'n peloton soldate wat ons verwelkom.

44

GRAHAMSTAD WAS KOUD EN EK was sonder vriende. My barak was groot. Die vloere was blink en alles was bruin.

Soggens moes ons vroeg op, 04:00. 'n Sirene het ons wakker gemaak. Dan moes ons ons beddens perfek opmaak, die stewels moes blink, vloer moes skitter.

Die kos was soos iets uit 'n Charles Dickens-boek. Pap groente, smaaklose vleis, eiers wat blou getrek het. Oral was daar die reuk van steenkool, donker walms rook uit skoorstene en mans wat mekaar salueer.

Ons moes in die veld gaan oefen, ook met gewere; marsjeer, op ons knieë kruip onder doringdrade deur. Genoeg om te sê, it was a far cry from Maria Callas.

Die ergste was, as ek naby die omheining van doringdraad gaan staan het, kon ek die Monument-teater sien. Een aand was ek so terneergedruk, ek het by 'n medic gaan aanklop.

Hy was blond en vriendelik, dit is wat ek onthou. Die jong man het my moed ingepraat. Ek was honger vir iemand wat sag en vriendelik was.

In sy klein kamer het hy vir my 'n matras uit 'n slaapsak gemaak waarop ek kon lê. Die volgende oggend moes ek uit, die dag het begin.

Die hoof van die kamp, een of ander majoor, wou weet waar ek was. Ek het vir hom vertel oor hoe verlore ek gevoel het.

Hy wou weet of ek en dié soldaat saam geslaap het, soos in of ons seks gehad het. Nee, ons het nie, maar die kyk in die majoor se oë was vyandig.

Die dae het net kouer en erger geword. Om 'n geweer skoon te maak was eenvoudig onuitstaanbaar, maar ons moes.

Naweke het 'n ysige wind deur die basis gewaai, daar was niks om te doen nie. Ons het gewag op briewe.

Daar was 'n poskaart van Pieter-Dirk Uys, met Evita wat voor 'n limousine staan. Ek onthou nog die woorde: "Vir 'n linkse meneer, hou moed my skat. Alles sal regkom. Viva!"

Nou ja, klein goedjies soos dié het gehelp, maar ook nie genoeg nie. Ek wou weghardloop.

Een aand het ek met 'n ander troep gesit en ons het 'n volledige plan uit-gewerk vir hoe ons gaan vlug. Ons het die plan ure lank deeglik verfyn. Ons sou die volgende nag verdwyn.

Die quisling – hy het vir die majoor van ons planne vertel. Ek was woe-dend vir hom.

45

EEN NAG OM 23:00 IS ons almal wakker gemaak. Die groot lorries het gebulder.

Dit was nat dié nag, en die reuk van gevaar was in die lug. Ons moes vinnig ons uniforms aantrek en ons gewere vat.

Daarna moes ons op die lorries klim. Hulle het een ná die ander vertrek. Ons het geen idee gehad waarheen nie.

Ons was op pad townships toe. Daar was skerp ligte op die dakke van die lorries gemonteer wat op die township-huise geskyn het.

Buite het ek kinders, vroue, mans en bejaardes sien staan in die winter-nag. Die doel was duidelik, om die inwoners te intimideer en om hulle te waarsku: Ons is in beheer – gedra julle.

Die vrees in die inwoners se oë bly my tot vandag toe by. Die volgende dag het ek talle Panado's in die hande gekry en met 'n glas water afgesluk.

Ek het woes begin braak en net toe het iemand verby my geloop. Daar was 'n kliniek op die basis en ek is op 'n draagbaar soontoe geneem.

Daar moes ek 'n swart vloeistof drink wat my nog meer laat vomeer het. Hulle het my drie dae daar gehou.

Toe moes ek 'n sielkundige gaan sien.

46

DIE SIELKUNDIGE WAS BLOEDJONK. HY kon my glad nie help nie. Alles wat ek gesê het, het hom net sy kop laat knik. Later is ek die hele ent na Port Elizabeth om 'n ander een te sien.

Wat 'n vaal ou stad, maar ek dink ek het my innerlike neerslagtigheid op dié arme plek geprojekteer. By dié sielkundige moes ek weer alles oorvertel en dit was 'n gerepeteerde getjommel waarmee ons niks bereik het nie.

Mettertyd het ek besef ek moet uit Grahamstad wegkom. Ek sou 'n plan moes beraam. Een Sondag het ek gaan sit en op die ou briefpapier van daardie jare 'n artikel geskryf oor my ervaring van die weermag.

Ek het dit aan die hoof van die kamp gegee en ewe kordaat vir hom gevra of hy dit aan die destydse minister van verdediging, Magnus Malan, kan pos. Vir hom het ek vertel hulle sal my as joernalis beter kan gebruik as 'n troep.

Waar ek die skielike selfvertroue vandaan gekry het, weet ek nie, en ek het beslis nie gedink ek kan 'n joernalis wees nie. My hele lewe het bestaan uit óf absolute selfhaat en 'n diepgesetelde minderwaardigheidsgevoel, óf 'n tipe grandioosheid.

Of die hoof van die kamp die brief gestuur het, weet ek nie; dalk het hy dit self gelees, maar kort daarna is ek na sy kantoor geroep. Ek moes my goed pak, ek vertrek na die Kasteel in Kaapstad.

Daar sou ek in die media-afdeling as joernalis werk. Ek kon dit skaars glo.

Pieter Serfontein was baie gaaf en het my weer by Ankerhof in Kloofstraat laat intrek. Ek moes soggens 07:00 by die Kasteel aanmeld. Dan was daar 'n parade.

Ek het reeds 'n jaar van my lewe in standerd 9 verloor, nou nog dit.

Baie ou troepe sal sê dat ons die Rooi Gevaar moes stuit, maar vir my het dit nie so gevoel nie. Ek het die Rooi, Swart en Roomse Gevaar nie as vyande ervaar nie.

Ek sou wel later kommunisme verwerp. My werk was om artikels vir 'n verskeidenheid van die weermag se publikasies te skryf, wat eintlik op propaganda neergekom het. Ek het met 'n wonderlike fotograaf saamgewerk, die jong Guy Tillim.

Hy sou later wêreldberoemd word en ek het baie by hom geleer. Soos ek, was hy glad nie pro-weermag nie. Ons het baie dieselfde oor allerlei sake gedink.

Guy het my daarop attent gemaak dat ek aggressief oorkom wanneer ek met mense onderhoude voer; met 'n sagter aanslag sou ek meer kon bereik. Hy was reg.

Vir 'n ruk was ek ook redakteur van 'n koerant waarvan ek nie die naam kan onthou nie. Met die eerste uitgawe was ek nogal rammetjie-uitnek. Ek het sommer by Fred Mouton van *Die Burger* gaan aanklop en gevra of hy vir my 'n spotprent sal teken.

Hy het ook. Toe gaan ek na die *Cape Times* en praat met Willem Steenkamp. Hy was destyds die weermagverslaggewer. Hy het ingestem om vir my 'n artikel te skryf. Wat hulle van hierdie jong man in sy weermaguniform gedink het, weet ek nie. Dit het nogal chutzpah gevat.

47

VERDER HET MY INISIATIEF GEEN perke geken nie. Seker omdat Coenie Slabber nie meer deel van my lewe was nie. Ek hoef nie meer na sy afbrekende kritiek te geluister het nie. Dán was ek te vet, óf ek het soos 'n vrou na my naels gekyk. 'n Man kyk glo op 'n ander manier na sy naels. Ek het reeds gesê, nie net was hy 'n vrouehater en pedofiel nie, maar ook 'n homofoob. Hy het enige vorm van verwyfdheid verpes.

Iewers het ek gehoor Uys Krige was jare terug tydens die Tweede Wêreldoorlog 'n oorlogskorrespondent vir die Suid-Afrikaanse Weermag in Noord-Afrika. Hy was ook 'n krygsgevangene.

Ek het sy dogter Eulalia ontmoet by 'n kunsuitstalling van Marjorie Wallace in Kaapstad. Dit was 'n gewilde uitstalling en Pieter Serfontein het een van haar werke gekoop.

Dr. Sonnenberg, die man wat my as baba gevang het, het my eendag vertel dat, toe hy 'n jong dokter was, hy naby Marjorie en haar man, Jan Rabie, in Cheviot Place in Groenpunt gewoon het.

Hy onthou goed hoe sy kliphard met arme Jan geraas het, deure wat toeslaan, die hele buurt kon hoor. Maar hulle het altyd gou vrede gemaak en dan hand aan hand in die straat geloop.

Ek ontmoet dus vir Eulalia by Marjorie se uitstalling, en dit het heel toevallig uitgekom dat N.P. van Wyk Louw haar peetpa is, en Uys Krige haar pa. Ek onthou nog ek het vertel sy boek *Sol y Sombra* het my geleer hoe om na mense en gebeure uit 'n ander oogpunt te kyk. Om die randfigure raak te sien.

In hierdie tyd is 'n versamelbundel van Uys se werk uitgegee en ek het gedink ek moet met hom 'n onderhoud voer. Eulalia was gaaf genoeg om dit alles te bewerkstellig.

Uys is dus die eerste sogenaamde celebrity met wie ek ooit 'n onderhoud gevoer het. Ek was senuweeagtig om hom te ontmoet en moes na sy dogter se huis in Tamboerskloof gaan. Hy was wonderlik en Pieter Serfontein het ons in sy Kewer na Zerban's Cake & Coffee Shop in die Tuinesentrum geneem.

In daardie dae was dit dié plek om koffie te drink en koek te eet. Pieter het ons by die koffiewinkel afgelaai en ek het vir Uys laat bestel net wat hy wou hê. Hy het my op my gemak laat voel.

Ek het my vrae mooi uitgewerk gehad en hy het hulle perfek beantwoord. Later het ons oor *Sol y Sombra* gepraat. Dat hy uit sy pad gegaan het om met 'n snuiter in 'n weermaguniform te sit en praat, het iets van hom gesê. Voordat ons daar uit is, het die akteur Trix Pienaar na ons tafel gekom en vir Uys kom groet.

Hy was regtig bly om haar te sien en ek was oorweldig om dié beroemde akteur in lewende lywe te sien. Ai, dat 'n mens in jou jonkheid nou so deur roem uitgeboul kan wees.

Pieter het ons kom haal en ek het by Eulalia se huis 'n paar foto's van Uys en sy broer François geneem. Later, toe die artikel verskyn, was die klomp grootkoppe by die Kasteel heel ingenome. Dit het beteken hulle sou my uitlos. So het ek gedink.

Terloops, omdat ek in Ankerhof gewoon het, was ek vry oor naweke en in die aande, en hoef ek nie in die barak te gewoon het nie. Naweke het ek verskriklik rinkink en was die dansvloere van Rita's en vele ander klubs 'n ontvlugting.

Alhoewel ek baie vryheid gehad het, moes ek steeds parades bywoon, een keer 'n week wagstaan, en propaganda skryf.

Gedurende hierdie tyd het ek 'n vriendin, Belinda Voges, leer ken. Haar ma was een van die kampste mense wat ek ooit ontmoet het. Trix Voges het gereeld saam met ons by Rita's gaan kaperjol.

Deur Belinda het ek een aand die skrywer van die boek *Moffie*, André Carl van der Merwe, ontmoet. Op daardie stadium was hy net klaar met die weermag en hy het 'n stalletjie op Groentemarkplein gehad.

André was 'n puik modeontwerper en sou later groot naam vir homself op dié gebied maak. Eers later het hy die boek *Moffie* aangepak, wat mettertyd in 'n internasionaal erkende rolprent omskep is.

Ons is soms saam na Rita's, waar Trix die middelpunt van alle aandag was. Sy het 'n poedel gehad wat sy blou gekleur het. Met die hond op die passasiersitplek langs haar het sy gereeld by funksies opgedaag of gaan inkopies doen. Sy het wit katpakke gedra, met 'n goue gordel.

Haar blonde hare was in 'n byekorfstyl en haar naels was waatlemoenrooi. En sy het nie kak gevat van kabouters nie. Hierdie kleurryke vrou was goeie geselskap.

48

MY POLITIEKE ONTWAKING HET REEDS met my ma begin, maar my oortuigings was steeds onafgerond.

Ek was te jonk om te besef wat apartheid regtig aan mense se psiges en lewens gedoen het. Die shaming omdat jou velkleur anders is, om soos 'n minderwaardige behandel te word. Net wit mense kon die goeie werke kry, terwyl swart, bruin en Indiërs maar bakhand moes staan.

Dan die vrees. Ek het 'n kantelpunt bereik die nag toe ons met Casspirs en groot bruin militêre lorries die township buite Grahamstad ingevaar het. Met R4's.

Die skerp ligte op inwoners se gesigte – bang mense wat soos kriminele in hul eie land behandel word, bloot omdat hulle swart is. Ek het begin soek na oplossings.

Eendag het ek 'n plakkaat op 'n paal in die stad gesien. Dit was een van die End Conscription Campaign. Dit het 'n vergadering geadverteer. Ek het besluit om te gaan.

Ek het ook begin lees oor die United Democratic Front, 'n organisasie by wie se waardes ek aanklank gevind het.

By die ECC-byeenkoms was daar 'n man, dr. Ivan Toms, met wie ek later 'n vriendskap sou smee. 'n Hoogs intelligente, gay en godsdienstige man, wat 'n praktyk in die Crossroads-township gehad het.

Toms het teen die weermag en polisie gedraai toe hy sien hoe hulle die inwoners van Crossroads se huise gewelddadig afbreek. Hier het hy ook sy Aha-Erlebnis bereik, nes ek toe ek in Grahamstad was. Hy sou later vir drie weke op 'n eetstaking in die St. George-katedraal gaan om standpunt in te neem teen die regering se plan om Crossroads plat te slaan.

Hy is ook vir nege maande tronk toe gestuur omdat hy vir 'n maand lange kamp deur die weermag opgeroep is en geweier het om te gaan. Ivan was 'n goeie man wat dit nie verdien het nie.

Ek het later UDF-vergaderings begin bywoon, waar sprekers soos Cheryl Carolus, dr. Allan Boesak en 'n jong en vurige Trevor Manuel toesprake gehou het. By hierdie vreedsame byeenkomste was daar altyd velerlei polisielede teenwoordig.

'n Man wat 'n groot indruk op my gemaak het in hierdie tyd, was prof. Farid Esack, wat op 'n vergadering in Seepunt sy saak teen apartheid kom stel het. Hy het gepraat oor die effek wat apartheid op wit mense gehad het. Dit het hulle gevange gehou in hul eie parogiale kokon en hulle is plaaslike multikulturele invloede ontneem. Met hul voet pal op ander se nekke, sou hulle self nooit vry kon wees nie.

Alhoewel die politieke situasie vandag nie die tipe utopie is wat ons destyds gevisualiseer het nie, was stem dik maak teen die destydse regime 'n belangrike morele plig in die stryd teen apartheid.

Vandag is baie van ons ou lefties, asook die oorspronklike lede van die UDF wat nog leef, bitter teleurgesteld in en ontnugter oor hoe die ANC veral arm mense verder laat verarm het.

Dat die sogenaamde bevrydingsbeweging so voorspelbaar geword het, is droef.

49

ET MY POLITIEKE GEWETE WAT besig was om te begin pieker, het ek besluit ek wil by die ECC aansluit. Ivan Toms was om een of ander rede nie beskikbaar nie, want ek wou met hom praat oor hoe ek 'n lid kon word. Dit was vir my 'n saak van dringendheid.

Ek het op 'n dag pamflette van die ECC en UDF iewers in die hande gekry. Ek sien toe 'n nog relatief onbekende Trevor Manuel se naam onderaan een gedruk staan. Hy was die drukker en daar was ook 'n telefoonnommer by. Ek het die nommer geskakel en vir hom gevra of ek hom by die Inn on the Square kan ontmoet omdat ek by die ECC en die UDF wil aansluit.

Hy was huiwerig en toe hy my van hoor, het hy gevra of ek 'n polisieman is. 'n Mens kan verstaan dat aktiviste versigtig was, maar ek het ook later gesukkel om in ander politieke kringe aanvaar te word.

Mense was bang en wit mense is gereeld as spioene gebrandmerk. Ek het weer vir Ivan Toms in die hande probeer kry, maar hy was óf op vlug óf in die tronk. Ten spyte van alles het ek aangehou om vergaderings van groepe wat teen apartheid gekant was, by te woon.

Toe op 'n dag is daar 'n groot ECC-vergadering waar wit mans 'n dokument kon onderteken waarin hulle verklaar dat hulle teen die weermag se wrede optrede in die townships gekant is.

Ek het dit plegtig onderteken en op die trappe van die gebou waar die vergadering gehou is, die eerste keer vir Pierre de Vos ontmoet, toe net klaar met sy studies en besig met artikels skryf vir die "linkse" blad, *Die Suid-Afrikaan*. Die pers was daar en foto's van ons groep het die volgende dag in dagblaaie verskyn.

Een oggend het ek opgestaan en gaan stort. Dit was in Ankerhof, waar ek steeds gewoon het. My handdoek was nog om my lyf toe die voordeur oopgeskop word. Dit was van die troepe en 'n kaptein van die Kasteel. Ek moes aantrek en dadelik saamgaan.

Ek is in 'n voertuig gelaai en na die Kasteel gevat. Daar was 'n tipe dissiplinêre verhoor waar ek beskuldig is dat ek ge-AWOL het.

Mea culpa, sommige oggende het ek laat aangemeld. Toe die groot skok.

Hulle het foto's van my waar ek by 'n ECC-vergadering sit en hulle wou weet wat ek daar maak. Verder het hulle ander inligting gehad oor my teenwoordigheid by vergaderings van die UDF.

As joernalis in die weermag was ek deel van intelligensie en daar is verwag dat ek nie by die vyand moes vlerksleep nie. Ek is tot twee weke tronkstraf in die weermag se barak in Wynberg gevonnis.

Alles het so vinnig gebeur. Een oomblik stort ek nog in Ankerhof, en die volgende oomblik is ek agter in 'n vangwa op pad om toegesluit te word.

Die straf vir wat ek verkeerd gedoen het, was heeltemal buitensporig, om die minste te sê. Maar daar sou nog erger nuus op my wag.

50

TOE EK IN WYNBERG AANKOM, is ek in 'n enkelsel opgesluit. Ek moes 14 dae soos 'n krimineel in afsondering bly. Net as ek gaan stort het, is ek vir 'n kort rukkie uitgelaat.

Daar sien ek toe 'n vriend van my uit my kinderjare toe ons nog in Uniestraat, Tuine gewoon het. Ek wou nog met hom praat, toe word ek weggevat. Dit was iemand na wie ek wou uitreik, 'n betroubare persoon, 'n ou vriend. Ek sou hom nooit weer daarna sien nie.

Dit was uitmergelend. Ek het in 'n diep put van neerslagtigheid verval. My ou hond was terug.

Alles het na my toe teruggestroom: die kinderhuis, my ma op die plaas, my pa se afwesigheid, die verwerping by die skool, die dramastudie wat ek by die Universiteit van Kaapstad moes opskop, die verkragting oor jare deur Coenie. Tina Lategan en die gutter.

Ek het na my skoolvriende verlang en ontsettend eensaam gevoel, soos 'n groot mislukking. Nou nog die selle, toegesluit. Ná 'n week was ek waansinnig. 'n Verlossing kom egter toe hulle my vra om vir die oggend in die kombuis te gaan werk, iemand daar is siek. Ek moes aartappels skil.

Terwyl ek skil, kry ek 'n idee. Ek gaan my polse sny. Die mes is stomp, maar ek begin aan my linkerpols sny.

Ek sny en sny, maar niks wil gebeur nie. Skielik begin die bloed soos 'n fontein uitskiet. Net toe kom iemand daar aan en sien wat ek aangevang het. 'n Vadoek is om my pols gedraai en ek is dadelik na 2 Militêre Hospitaal in Wynberg geneem. Hier word ek by die operasiesaal ingejaag.

Weer sien ek iemand uit my kinderjare, 'n ou uit 'n arm huis by wie ek as skoolkind gaan kuier het. Niemand wou by hom speel nie, maar ek was mal oor sy ma. Iemand wat ek ken, iemand uit my verlede. Iemand met wie ek my angs kan deel.

Hier sien hy my nou so, met 'n pols wat gesny is. Sy gesig is bot. Kan hy dan nie sien wat met my gebeur het nie? Die dokter was glad nie beïndruk nie en het hardhandig te werk gegaan. Hy het so 'n slegte werk daarvan gemaak, ek is seker dit was aspris.

Jare lank het my hand bitter min gevoel gehad; die senings staan nog in 'n knop. Natuurlik my straf omdat ek as 'n swakkeling gesien is. Die ergste: Ek is deur die weermag aangekla van beskadiging van staatseiendom.

51

E K IS HIERNA DIREK NA hul psigiatriese eenheid oorgeplaas, waar ek weereens met 'n sielkundige moes praat wat bloedjonk was en geen lewenservaring gehad het nie. Dit kon ek vinnig agterkom uit die banaliteit van ons gesprekke.

Om een of ander rede is ek soos 'n tipe rara avis behandel en moes ek vreemde vrae beantwoord soos: Is ek die Herman in Koos du Plessis se lied "Herman"?

Watter absurde vraag in 'n nog meer bisarre milieu. Niks is so neerdrukkend soos 'n sanatorium in 'n militêre hospitaal nie. Die wit mure, wit plafon, wit gordyne, blinkwit vloere, alles wit.

Voor die TV was daar 'n paar manne wat op so baie medikasie was, hulle het net voor hulle uitgestaar. Ek moes ook met die hoof van die afdeling praat, ene kolonel Weideman, wat my vertel het sy broer is die skrywer George.

Hy was 'n aardige en vreesaanjaende man met dooie oë en 'n lewelose gesig. Die eerste keer dat ek by hom was, het hy 'n hele lêer oor my voor hom op sy lessenaar gehad.

Wat daarin was weet ek nie. Was dit nou nodig? Ek was nie deel van uMkhonto we Sizwe nie. Ek was 'n klein spartelende vissie.

Terwyl ek daar dae lank doelloos in my katel lê, raak ek smoorverlief op ene Helgard, 'n medic. Ek vermoed dit was die eerste keer dat ek so sterk aangetrokke tot 'n man gevoel het. Hy was my ouderdom, blond en het 'n breë glimlag gehad.

Dit was net so lagwekkend dat 'n mens in 'n sanatorium enigsins 'n crush kan ontwikkel. Dit gebeur mos net in outydse romans wat in 'n oorlog afspeel.

Helgard het sy nommer vir my op 'n stuk papier neergeskryf, sy landnommer (lank voor selfone). Hy was tuis in die barak op die gronde. 'n Tiekieboks se nommer. Ek sou later wel na daardie telefoon bel.

Ai tog, wat weet 'n mens van die liefde op daardie stadium? Hoe oud was ek? Pas 20 geword, as ek reg onthou.

Die ander blink kant van hierdie aardige situasie was dat die persoon in die bed langs myne 'n vlugkelner vir die ou SAL was. 'n "Koffiemoffie", soos hy homself genoem het.

Sy naam was Craig Oakley-Brown en hy het my aan die beste oorsese tydskrifte bekendgestel wat hy tydens vlugte na Londen en New York in die hande gekry het. Daar was die musiektydskrif *The Face* uit Londen, *Interview* uit New York, *Esquire* en *GQ*. Hy het 'n hele biblioteek van hierdie publikasies gehad en om die tyd te verwyl, het ek hulle almal deurgelees. Hul features en onderhoude was ver bo die peil van wat ek in Engels ter plaatse gelees het.

Ek het besef daar is 'n manier van dink en leef daar buite waarvan ek, as 'n produk van Christelik-nasionale opvoeding, geensins geweet het nie. Vir Craig sou ek nog 'n paar keer in my lewe raakloop en hy sou later van 'n gebou afspring en dit nie oorleef nie.

Ná twee weke is ek ontslaan, soos in heeltemal, uit die hospitaal en uit die weermag. Ek is beskou as 'n sekuriteitsrisiko, 'n onbetroubare persoon. In die ontslagbrief wat ek ontvang het, word onder meer genoem ek het 'n gebrekkige probleemoplossingsvermoë.

Alles in keurige Afrikaans. Nou ja toe.

52

PIETER SERFONTEIN VAN ANKERHOF HET my kom haal en ek is
terug na my ou kamer. Wat nou? Wat moes ek met my lewe aanvang?
Uit die bloute lui die tiekieboks onder en dit is die joernalis Theunis
Engelbrecht, wat ek deur Coenie ontmoet het en met wie ek steeds gekor-
respondeer het. Hy vra of hy en 'n gas vir 'n paar nagte in Ankerhof kan
oorbly.

Ek praat met Pieter en hy is fyn daarmee. 'n Paar dae later daag Theunis
daar op met Casper Schmidt – 'n psigiater van New York en ook 'n talentvolle
digter. Of hulle toe wel oorgebly het, kan ek nie onthou nie.

Ek hou dadelik van Casper. Hy is beskou as 'n "sewentiger"-digter en was
bevriend met skrywers soos Wilhelm Knobel en Phil du Plessis.

Casper het my op 'n dag na Llandudno gevat om Renée le Roux, die eks-
vrou van Etienne Leroux, te gaan ontmoet. Sy het voltyds in hul fabelagtige
vakansiehuis gewoon en was 'n kunstenaar uit eie reg. 'n Elegante vrou met
'n keurige, verfynde voorkoms.

Sy het, sou ek later uitvind, 'n groot rol gespeel in die lewe van die drama-
turg Pieter Fourie. Toe Pieter Fourie ná standerd agt uit die skool is, het hy
vir die poskantoor gaan werk. Een van die poskantore waar hy toe beland,
was die een in Koffiefontein.

Hier het hy vir Renée en haar destydse man Stephen ontmoet. Pieter het
skamerig vir haar van sy gedigte gewys en sy het dit weer vir Stephen gewys.
Hulle was beïndruk met dié jong man se talent en het hom na hul plaas
oorgenooi. Ná 'n paar besoeke het hulle hom omgepraat om sy matriek te
skryf en universiteit toe te gaan.

Was dit nie dat Pieter haar toevallig in Koffiefontein ontmoet het nie, won-
der 'n mens wat die trajek van sy lewe sou wees. Sou hy ooit die selfvertroue
gehad het om toneelstukke te skryf?

Casper het my oneindig gefassineer omdat hy alles vanuit 'n psigiatriese,
sielkundige en poëtiese perspektief waargeneem het. Iemand druk die knop-
pie by die verkeerslig en stap aan. Casper diagnoseer hom as 'n persoon wat
magteloos voel. Alles wat by sy mond uitgeborrel het was fassinerend.

Net voordat hy terug is New York toe, nooi hy vir my en Theunis uit na 'n partytjie aan huis van die digter en dokter, Phil du Plessis, wat in Kalk-baai gewoon het.

Hier sou ek my "ma", die digter Sheila Cussons, weer sien. Die partytjie was heel gesellig en Phil het vertel hoe Sheila, wat op daardie stadium by hom gebly het, gedigte teen die kleinhuisie se mure geskryf het.

53

MY BEWONDERING VIR SHEILA IS ewigdurend. Op skool, toe ek 15 was, het 'n onderwyser haar gedig "'n Kleindorpse fragment" voorgelees. Ek was geboei.

Die gedig handel oor verlies, die terugkeer na haar kinderjare, en die paadjies wat toegegroei het, die paadjies wat sy as kind ingehardloop het.

Daardie aand skryf ek vir haar 'n brief wat ek by St. Martini Gardens in Koningin Victoriastraat in haar posbus gaan aflewer het. Ek moes eenvoudig aan haar noem dat die gedig diep getref het – en waar ek dit gehoor het.

'n Week later roep die skoolhoof vir my oor die interkom. Eers dink ek ek het weer iets verkeerds gedoen, maar nee, daar is 'n telefoonoproep vir my.

Ek neem die gehoorbuis en 'n stem aan die ander kant noem my naam. Sy stel haarself voor as Sheila Cussons.

Ek is 15 en 'n groupie, dit kan mos nie waar wees nie. Sy stel toe voor dat ons by Zerban's Cake & Coffee Shop in die Tuinesentrum ontmoet. Dieselfde plek waarheen ek Uys Krige later vir 'n onderhoud geneem het.

My senuwees was vodde, want waaroor sou ons gesels? Dit was 'n Vrydagmiddag ná skool toe ek na die koffiewinkel loop.

Toe ek instap, sien ek haar sit. By haar is 'n vrou wat haarself aan my voorstel as Amanda Botha. Hierdie vroue het oor dekades heen 'n belangrike invloed op my lewe gehad. Ek het om hulle gekloek.

Soos die jare aangestap het, het ek besef hoe ek die geselskap van ouer mense in my lewe geniet het. Ook hoe baie hulle vir my geleer het. Al was my ouers afwesig, het dié vriende my gesamentlik gementor en bygestaan.

Die ontmoeting met Sheila was uiteraard ná haar gru-ongeluk toe 'n gasstoof ontplof het en haar erg vermink het. Sy het moeilik geloop omdat sy 'n prostese vir 'n been gehad het en sy het van haar vingers ook verloor.

Maar daardie dag het ek niks daarvan raakgesien nie, ek het net verwonderd na haar geluister. Ná daardie koffie-afspraak sou ons baie by die restaurant in die Tuine gaan kuier, asook by Cafe Mozart in die Kaapse middestad. Wat ek oor die jare onthou, is hoe mooi Amanda Botha na Sheila omgesien het.

Sheila het nie vervoer gehad nie en moes tog nou en dan uitkom. Sy het 'n klein en netjiese woonstel gehad, maar tussen vier mure kan geen mens of dier permanent lewe nie.

Amanda het vir Sheila amper alles gedoen. Rondgery, uitgevat, haar inkopies gedoen en as Sheila aan depressie gely het, was dit Amanda wat haar by die dokters gekry het.

Ek het Amanda nooit ooit hoor kla nie. Min mense is so onbaatsugtig soos sy en daar is sekere mense wat haar verkeerd lees. Vir hulle wil ek vra: Waar was julle toe Sheila julle nodig gehad het?

Oor die jare het ek ook vir Sheila inkopies gedoen, en ek wens vandag ek het haar notas en latere boodskappe op my antwoordmasjien behou. In haar woonstel het ek opgemerk daar was altyd 'n notaboek langs haar bed. Drome het 'n rol gespeel en hierin het sy sommige drome tot gedigte geformuleer. Oor en oor het sy daaraan geskaaf.

Ek en sy het gereeld gepraat oor die analise van drome, Carl Jung, haar liefde vir Spanje en Suid-Afrika. Al het ek op geen stadium gedink ek wou dig nie, het ons wel gereeld oor die digkuns gesels.

Oor haar ongeluk het ons nooit gepraat nie, ook nie oor haar verhouding met N.P. van Wyk Louw nie. Maar van hul mooiste liefdesgedigte is aan mekaar geskryf, gedigte wat Afrikaans as taal oneindig verryk het.

Amanda vertel my Sheila se laaste woorde was: "Dankie Here, vir die woorde." Geseënd is jy, Amanda Botha, wat tot aan die einde haar klein verminkte hand vasgehou het.

54

DAAR WAS DRIE OUER DIGTERS met wie ek in my tienerjare bevriend geraak het. Sheila was die een, en dan was daar Ina Rousseau en Barend Toerien. Ek sou op sommige dae sommer by al drie gaan aanklop, omdat hulle almal naby mekaar gewoon het.

Ina Rousseau was alreeds 'n tipe kluisenaar toe ek haar ontmoet het, en dit het vererger hoe ouer sy geword het. Maar voordat dit chronies geword het, het ek haar gereeld gesien.

Toe sy uit haar woonstel na haar huis in Hofstraat trek, het ek haar gehelp. My ander mentor, Babs Laker, sou later haar buurvrou word.

Hier het Ina 'n tuin gehad waar sy baie lief was om onder die boom te sit en skryf. Jare later het Elsa Joubert vir my vertel, omdat Ina so naby haar gewoon het, het sy probeer uitreik, maar Ina wou nie saam kuier nie.

Ina het ook nie van Barend gehou nie, wat nie moeilik was om te begryp nie. Hy kon baie knorrig voorkom, maar eintlik was hy saggeaard. Die eensaamheid het hom gery.

Ina het vir my in detail van haar verhouding met Peter Blum vertel. Kom ons sê maar net dit was 'n wilde verhouding wat mettertyd versuur het. Daar was baie seks en as sy oor naweke destyds uit Stellenbosch Kaap toe gekom het om by hom te kuier, kon hulle nie wag vir katelkaskenades nie.

Sy het Blum wel beskryf as 'n moeilike narcissis wat woedeuitbarstings gehad het. Hy kon heftig teen die wêreld uitvaar, veral teenoor Afrikaners, en selfs teenoor haar. Iemand het my eendag by die Woordfees vertel dat toe Peter Blum landuit is, hy die gewoonte gehad het om briewe op toiletpapier vir onder andere W.A. de Klerk te stuur.

Ina en Peter se paaie het geskei omdat, aldus haar, hy vir haar fisies onaantreklik geraak het. Hy het "harige borste" ontwikkel wat haar afgesit het.

Ina het ook nie met haar suster oor die weg gekom nie, 'n fyn vroutjie wat ek gereeld in die Tuinesentrum raakgeloop het. Tog was Ina net goed vir my en heelparty ander mense, soos Amanda Botha. Sy was 'n vrou vol teenstrydighede, seker soos ons almal maar.

Ina het ook 'n groot belangstelling in die werk van Carl Jung gehad. Sy het egter gedink Jung se tyd was merendeels verby en beide hy en Sigmund Freud was ietwat argaïes. As die sielkunde en psigiatrie nou nog 'n ophef oor hulle maak, het hulle nie juis ontwikkel nie.

Sy het haar ook verstom oor hoe sommige mense van haar gedigte geïnterpreteer het. Dit was bloot 'n gedig sonder enige rare simboliek, maar dan het literatore die vreemdste voorstellings daarin raakgelees.

Ina het ook rare gewoontes gehad. Die een was dat, voordat jy 'n groot besluit oor iets neem, jy 'n pendulum moes gebruik. As die pendulum in 'n sekere rigting beweeg, is die antwoord ja. Anders is dit nee.

Sy het sommer gare met 'n muntstuk onderaan as pendulum gebruik. Sy het vas daarin geglo. Verder het sy sekere vriende gehad met wie sy jare lank slegs oor die telefoon gepraat het, maar nooit gesien het nie. So iemand was die skilder Carl Büchner. Eendag wou sy 'n digbundel vir hom gee. Sy het my gevra of ek dit na hom sal neem.

So gaan ek toe die hele ent na Bantrybaai, daar na sy woonstel in Florentia, met mooi uitsigte oor die see. Carl was klein van postuur en reeds bejaard.

Hy was baie bly om die eksemplaar te ontvang, en in ruil vir my "moeite" het hy vir my 'n pragtige geraamde skildery van 'n seevaarder gegee. Hierdie skildery het my jare lank aan daardie dag laat dink, en my altyd na Ina laat verlang.

Ina sou later heeltemal 'n kluisenaar word en sy het niks weggegooi nie. Amanda Botha het eendag daar opgedaag en my vertel 'n mens kan skaars in Ina se plek loop, omdat daar so baie koerante en ander goed tot amper teen die dak opgestapel is.

Sy het erg verswak geraak en toe dit heeltemal onhoudbaar word, het Amanda die ambulans gebel. Toe Ina op die draagbaar uitgedra word, van die trappe af, tussendeur al die gemors, toe vra sy vir Amanda of die tyd aangebreek het.

Ja, dit het. Sy is kort daarna dood en Amanda was by haar.

Dan was daar Barend, liederlik misverstaan deur die meeste mense. Deur Barend het ek mettertyd die wêreld van die groot Amerikaanse skrywers leer ken, skrywers soos Saul Bellow, Norman Mailer, Truman Capote en vele ander.

Die Amerikaners het 'n tipe sentrum in die Kaapse middestad gehad waarheen hy my geneem het om die *New York Times* te lees. 'n Mens kon ook vir 'n uur elke Vrydag gaan kyk na die ware nuusgebeure in Suid-Afrika. In 'n vertrek het hulle verskeie TV-insetsels wat met die politieke situasie in Suid-Afrika verband hou, gewys. Alles goed wat ons nie hier op die SAUK se TV-nuus kon sien nie.

'n Mens vergeet hoe uitgeslape die Natte was in die manier waarop hulle wit mense se denke beheer het, nes die ANC vandag van politieke opportunisme en banale retoriek gebruik maak om met hul plattelandse kiesers se koppe te smokkel.

Barend het my gereeld gevoer as ek honger was. Sy kos was meestal eenvoudige groentes wat hy gestoom het. Dan met botter daarop, en sout en peper. Eenvoudig. Koningskos, niks daarmee verkeerd nie.

Ek het vir Gerrit Olivier, wat op daardie stadium klas gegee het by Wits, deur Barend ontmoet. Te danke aan Barend het ek en Gerrit goeie vriende geword omdat Gerrit 'n goeie hart en 'n ongelooflike kennis van die letterkunde het. Nog iemand by wie ek baie geleer het.

Later jare het Barend uit die Kaap na die Strand verhuis. Ek vermoed hier het hy nog meer vereensaam. Hy was verlief op Stella Branca (my ma se vriendin) vir 'n ruk, maar sy wou niks weet nie.

Barend het 'n stuitige sin vir humor gehad. Sy groot begeerte was om die letterkundige en sy goeie vriend, Helize van Vuuren, van kop tot tone te lek!

Drie weke voor sy dood het ek 'n voorgevoel gehad. Ek het uitgery na die Strand en hom op middagete getrakteer. Ek het een van sy digbundels by my gehad en hom gevra om dit te teken.

Hy was melankolies daardie dag en het baie oor die verlede gepraat. Drie weke later sien ek op die voorblad van *Die Burger* hy is dood.

Dit was die einde van 'n era vir my, hy was deel van my jeug. Om een of ander rede kon ek nie sy uitvaart bywoon nie, maar ek het wel na Ina s'n in 'n kerk in Kloofstraat gegaan. Haar saai seun het 'n toespraak gemaak wat geen indruk gelaat het nie. Hy het oorsee gewoon, waar weet ek nie, want sy het min oor hom gepraat.

Sheila se troosdiens in die Nazareth-huis se kapel was waardig en soos iets uit 'n kunsfilm. By haar begrafnis was kerse wat die plek verlig het. Die personeel, wat baie lief vir haar was, het vir haar gesing. Izak de Villiers het gepreek en die hele ondervinding sal my tot vandag bybly.

'n Mens het gevoel asof jy in die teenwoordigheid was van iemand wat 'n vol lewe gehad het, 'n lewe deurdrenk met liefde, verlies, mislukkings en suksesse.

Toe ek by die kapel uitstap, het ek opnuut gevoel 'n groot deel van my jeug is daarmee heen. Sheila was vir my 'n "ma". Danksy Amanda Botha brand Sheila se lig nog helder vir baie mense.

55

TERUG NA DIE AAND TOE ons by Phil du Plessis met Casper Schmidt en Theunis Engelbrecht vir Sheila Cussons gaan kuier het. Min het ek geweet hoe 'n terloopse ontmoeting met Casper my lewe in 'n ander rigting sou laat loop.

Ek was klaar met die weermag en my lewe moes nou koers kry. Ek was weer in 'n liminale ruimte sonder enige idee wat ek volgende moet aanpak.

Casper is skaars weg uit Suid-Afrika en terug in New York, toe my telefoon lui. Hy wil graag vir my die geleentheid gee om New York te ontdek.

Hy woon in die Upper West Side, 82nd Street, met 'n uitsig oor die Hudson-rivier. Ek kan as 'n faktotum kom werk by sy klein uitgewery, Ombondi-boeke.

Die kaartjie het presies R999 gekos. Hierdie besoek sou ook my hele uitkyk op die wêreld verander.

Ek was pas 21, ek het nog nie geweet of ek weer drama of dalk tale wil gaan studeer nie. Om weg te kom uit 'n parogiale land wat steeds onder 'n kulturele boikot deurgeloop het, sou my nog nuwe insigte gee.

Ek onthou hoe opgewonde ek was om op die vliegtuig te klim na hierdie tweede kans op 'n lewe. Casper was ook nie 'n seksuele reptiel nie. Hy het niks in ruil verwag nie.

Die vliegtuig het eers op Sal-eiland in Kaap Verde geland, omdat daar 'n boikot was teen waar die SAL se vliegtuie mag aandoen. Dit was die hoogtepunt van boikotte, onluste, P.W. Botha se vinger en Casspirs. 'n Noodtoestand is reeds in 1985 afgekondig.

Tussen Sal-eiland en New York het ek met verligting gedink aan hoe ek die weermag, Coenie en die konserwatisme van sommiges in Suid-Afrika agter my kon sit. Die klankbaan van my vlug was A-ha se "Take On Me".

Inderdaad, ek was jonk, koeëlvas, aan die begin van my grootmenslewe, so take me on. Ek is reg.

In New York het Casper vir my op die lughawe gewag. Weereens kon ek nie voorspel wat vir my voorlê nie. 'n Verrassingspakkie of 'n nagmerrie?

56

MY EERSTE INDRUKKE VAN NEW YORK was net soos ek dit verwag het. Geel taxi's, wolkekrabbers, duisende mense wat oral rondloop, sneeu.

Casper se woonstelblok was soos iets uit 'n Woody Allen-rolprent. Amerikaanse aksente oral op straat, stoom wat uit luikgate in die pad opslaan; alles was so bekend, tog ook so onwerklik.

'n Mens voel later soos 'n ekstra in 'n rolprent. Casper se woonstelblok het 'n hysbakoperateur gehad, nes baie van die meer swieriges in New York. Daar was ook 'n deftige portier.

Dat hy geld gemaak het as kinderpsigiater, was duidelik. Om na New York te verhuis was waarskynlik die beste besluit wat hy vir sy loopbaan kon maak.

Die eerste dag het ons besluit ek kan in sy studeerkamer slaap totdat ek 'n ander plek vind. Ek moes net eers akklimatiseer.

Daardie aand vat hy my na 'n soesjirestaurant wat besonder eksoties was. In Suid-Afrika was daar in die middeltagtigerjare min kennis van sulke kos. Daarna is ons na 'n gay-kroeg, waarvan daar baie in New York was. In Kaapstad was daar op daardie stadium weinig.

Ek het gemengde paartjies opgemerk, mense van verskillende kleure wat openlik hande vashou, en dit was onwettig in Suid-Afrika. Ek het gevoel asof kettings van my afval.

Die burgemeester van New York was Ed Koch, 'n gay man wat nog diep in die closet was. Baie gay mense was kwaad daaroor omdat hy nie die geleentheid om 'n positiewe rolmodel te kon wees aangegryp het nie.

Verder was dit die eerste keer dat ek regtig notisie begin neem het van vigs, omdat daar baie mense, veral in die kreatiewe industrieë, besig was om dood te gaan. In Suid-Afrika was daar nog min kennis van hierdie sogenaamde gay-kanker.

Mense het gevoel Koch se reaksie op die epidemie was halfhartig, omdat hy sy seksuele oriëntasie wou wegsteek en dus nie te veel aandag aan die kwessie wou gee nie.

In die John Cameron Mitchell-rolprent van 2006, *Shortbus*, is daar 'n karakter wat op Koch gebaseer is. Hy praat met 'n jonger gay man en vertel hom op 'n emosionele manier hoekom hy so huiwerig was om meer te doen vir die vigs-krisis: "People said I didn't do enough to prevent the AIDS crisis, because I was in the closet. That's not true," sê die karakter in die fliek. "I did the best I could. I was scared."

Een van Koch se grootste kritici was die hoëprofiel-dramaturg, Larry Kramer, wat ook die stigter van die gay-menseregtegroep ACT-UP was. Hy het selfs 'n toneelstuk geskryf, *The Normal Heart*, waarin 'n groep gay mans sonder sukses probeer om Ed Koch se aandag te vestig op die tragedie wat in sy stad afspeel.

Om dinge erger te maak, was Ronald Reagan die president, 'n homofoob wat in ontkenning was oor wat aan die gebeur was. Ek het vinnig met die politiek van die stad kennis gemaak en het gereeld na ACT-UP-vergaderings gegaan.

Die gay gemeenskap was woedend omdat Reagan en Koch nie wou insien daar is 'n ramp wat wag om te ontplof nie. Dit hét ook.

Op straat het ek ook al hoe meer mense gesien met Kaposi-sarkoomvlekke op hul velle, maer en uitgeteer. Die misdaadsyfer was ook hoog in die stad en soggens het 'n mens gereeld splinters van stukkende motorruite gesien.

Daar was motors met plakkers op hul vensters wat sê: Nothing To Steal. Verder het Reagan, mal soos 'n haas en so dom soos 'n goudvissie, al die skisofrene wat in staatsinrigtings was laat ontslaan.

Hulle kon nie na hulself kyk nie en het die strate vol geloop, meestal haweloos en luid in gesprek met hulself. Dit was hartseer om te sien.

New York was 'n stad vol lig, maar ook donkerte.

57

EK HET VIR 'N RUK by Casper in sy studeerkamer geslaap en bedags het ek vir hom verskeie take afgehandel. Goed vir hom gaan aflewer in die Bronx, Brooklyn, Manhattan, Queens, Staten Island, en so het ek die hele New York mettertyd leer ken.

Vir Ombondi-boeke, sy uitgewery, het hy my na verskeie manuskripte laat kyk, net vir 'n opinie. Ek moes onder meer 'n manuskrip van Hennie Aucamp, *Sjampanje vir ontbyt*, drie verwante eenbedrywe, uit Suid-Afrika vir hom saambring.

Ek het ook, voordat ek in Johannesburg op die vliegtuig geklim het, vir die toe jong digters, Joan Hambidge en Johann de Lange, in Pretoria ontmoet. Wat ek by hulle gekry het, ontgaan my. Ek vermoed dit was manuskripte wat na Casper geneem moes word. Joan het my nog in haar motor by die stasie gaan aflaai en ek onthou wel dat ek geweldig geïntimideer deur haar gevoel het. Heeltemal onnodig.

In die tussentyd het ek begin rondsoek na verblyf en ek kry toe 'n kamer in die West Side YMCA op 5 West 63rd Street. So in die hartjie van New York, naby die Lincoln-sentrum.

Casper het ná 'n paar weke snaaks begin optree. Hy het byvoorbeeld sy voordeur gesluit en die knip opgesit. Ek het 'n sleutel gehad om in te kom en in die aande te hoor wat hy wil hê ek die volgende dag moet aanpak. Hy het die knip aspris opgesit, omdat hy my probeer gaslight het. Gaslighting is as jy iemand laat voel asof hulle besig is om kêns te raak. Jy stel vir hulle 'n strik en dan dink hulle daar is fout met hulle.

As ek nie die deur kon oopsluit nie, het hy dit oopgeruk en gevra hoekom ek so sukkel. Dan het hy my begin analiseer. Ek het volgens hom kamma 'n onderbewuste vrees vir sy woonstel en sy rekenaar.

Dit is eintlik sy kat wat half mal was. Niemand behalwe Casper mag ooit aan ET geraak het nie. My hand is nerfaf gebyt toe ek die dier die eerste keer probeer streel het. Die arme ET was haar lewe lank in 'n woonstel vasgevang, al was dit 'n luukse een. Sy het dae lank deur die vensters na die voëls in die bome onder gestaar en na die Hudson-rivier met die bote wat daarop dryf.

Ek het mettertyd agtergekom Casper het vreemde gewoontes. Hy sou weke lank na een plaat luister, soos *Götterdämmerung*, oor en oor, totdat 'n mens wil gil. Nog 'n aardige karaktertrek was dat hy hierdie intellektueel was, maar hy kon in die aande nie genoeg kry van die TV-komedie *Who's the Boss?* nie.

Alles moes tot stilstand kom. Die gaslighting het aangehou. Hy het my begin stuur na plekke met pakkies of koeverte, en as ek dan daar aankom, weet die mense niks daarvan nie. Dan moes ek die hele ent teruggaan om te vra of hy vir my die regte adres gegee het.

Nee, hy het, dit is ek wat na die verkeerde plek gegaan het. Hy het begin "vergeet" om my betyds te betaal. As ek dan vir die geld vra, het hy my verbaas aangekyk asof ek hom wou indoen. Dan het hy verstom gevra of ek dan nie my eie geld uit Suid-Afrika gebring het nie. Ek het dadelik by 'n koffiekroeg in The Village werk gaan soek en onwettig daar ingeval op sekere oggende.

Casper was twee mense: die gawe intellektueel, en dan die wreedaard wat aspris met jou kop gesmokkel het. Hy het my eendag vertel toe ek die dag in New York aankom, wou hy my met 'n helikopter kom haal het. Huh?

Grootheidswaan, lugkastele, die lot. Ek onthou ek was in 'n taxi saam met hom, daardie groot ou geel motors. Ons het albei agter gesit. Toe sê hy uit die bloute hoe verskriklik dit vir hom is om lelik te wees. Hy bars toe in trane uit.

Hy het wel na 'n kruis tussen Woody Allen en Andy Warhol gelyk, maar hy was beslis nie lelik nie. Wat 'n vreemde ding om te sê.

58

STORIES UIT SUID-AFRIKA OOR CASPER moes seker die gevaarligte laat flikker het.

Ek het gehoor hy het op 'n slag doodsberigte oor vriende wat nog lewe, aan elkeen van hulle gestuur. Dit was 'n duister lawwigheid; die dood is nie juis 'n ligte onderwerp nie. Die vriende was geskok.

Dan was daar die keer toe hy knoffel aan die woonstelmure van die digter Wilhelm Knobel gesmeer het. Baie knoffel. Wilhelm was broos en psigies delikaat. Casper het dit geweet. Dit het Wilhelm heeltemal rasend gemaak omdat hy gedink het hy het finaal sy verstand verloor.

Met dit in gedagte het ek besef hy wil my laat voel daar is iets fout met my kop. Ek het rustig aangegaan en soveel uit New York getap as wat ek kon.

Ek het 'n vriend uit my weermagdae by die Kasteel, wat hom in New York gevestig het, gehad. Hy was reeds daar toe ek daar aankom. Irwin Weiner het kuns aan die Universiteit van Kaapstad gestudeer. Hy het na New York getrek om binnehuisversiering te studeer. Irwin het 'n woonstel gedeel met iemand en op die sofa geslaap.

Dit was algemeen in daardie jare dat jy jou woonstel met iemand deel wat dan op die sofa slaap, of 'n tipe bed wat opslaan. Irwin het hard gewerk en later een van New York se rykste en suksesvolste binnehuisversierders geword.

Maar toe ek in New York was, was ons albei arm. En toe onthou ek hoe ek my armoede kon verlig deur wat ek in die Kaap gedoen het.

Kunsuitstallings. Daar was altyd gratis wyn en kaas, en dan sien jy ook die nuutste kuns.

Ek het die ondergrondse koerant *The Village Voice* gereeld gelees. Hul kunsblaaie was van die heel beste in New York. Dié kontrakultuurkoerant, dik soos die geelbladsye elke week, se een stigterslid was die groot skrywer Norman Mailer. Bekende skrywers het oor die jare vir hulle geskryf, mense soos Ezra Pound, Henry Miller, Katherine Anne Porter, James Baldwin, E.E. Cummings, Allen Ginsberg en Tom Stoppard.

Toe het ek gereeld na kunsuitstallings gegaan, die een na die ander, maar meestal galerye wat die demi-monde en die avant-garde gelok het. Daar was sommiges in Harlem en ook in Greenwich Village.

As ek nie gestap het nie, het ek dikwels die moltreine geneem. New York se ondergrondse vervoerstelsel was 'n grootse ervaring. Die klank van die wiele op die spoorlyn, die reuk van die stasies, die deure wat oop en toe gaan, en die skares wat inklim en uitklim.

Die spoorwaens binne was altyd volgepak met 'n mengelmoes van fassinerende mense van alle kleure en nasionaliteite. Die gevoel van vryheid was vir my soet in die mond.

Dit was ook die tafereel van vele flirtasies met sexy vreemdelinge. Ek was jonk en hups en het met 'n smorgasbord van eendagsvlinders gekattemaai. Chinese, Indiërs, Japannese, Marokkane, Afro-Amerikaners en Italianers. Hulle was punks, kunstenaars, kelners, akteurs, skrywers, motorwerktuigkundiges en van elke denkbare geloof onder die son.

Mense het jou sommer ook maklik op straat aangegluur. Ek het gereeld 'n helderkleurige trui met Afrika-kleure gedra. Eendag stap ek by die akteur Molly Ringwald van *The Breakfast Club*-faam verby. Ek kon my oë nie glo nie. Toe sy verbystap, toe kyk sy en 'n vrou wat soos haar ma lyk, my reguit in die oë. Molly was soos 'n fleurige filmster aangetrek, pragtig.

Ek was toe net pas in Harlem waar ek vir 'n fopdosser gaan kuier het en hy het vir my 'n joint aangebied. Ek rook nie juis dagga nie, maar when in Rome ... Dit het my hard geslaan. Tot vandag toe weet ek dus nie of Molly 'n chimera was en of ek haar wel gesien het nie.

Maar dit was New York vir jou, jy het gereeld bekendes herken. Ek het byvoorbeeld by dieselfde supermark as Kevin Bacon inkopies gedoen. Dit was vreemd om die ster van *Quicksilver* en *Footloose* te sien toiletpapier en melk koop. Ek was mal oor Harlem, en veral die jazzklubs, nagklubs, die hele atmosfeer van die plek.

By die kunsuitstallings het ek amper elke aand by 'n ander galery wyn en kos gekry. Die mense was fassinerend en ek het 'n tipe stalker geword.

Die kunstenaar Andy Warhol was 'n bleek man, amper deursigtig. Dit was 1986, die jaar voor sy dood, en hy het reeds sleg gelyk. Hy was maar 58. Ek was veral 'n bewonderaar van sy tydskrif, *Interview*, wat hy gestig het.

In 1968 is hy deur iemand geskiet en sy gesondheid was nooit weer daarna dieselfde nie. Ek het hom by baie uitstallings gesien en ek het hom gereeld gevolg na sy ateljee, The Factory.

Dit was die bymekaarkomplek vir beroemde randeiers van alles wat kreatief was. Sy gesig was uitdrukkingloos en hy was meestal omring deur mense soos die graffitikunstenaar Keith Haring en Jean-Michel Basquiat, wat in die neo-ekspressionisme naam gemaak het.

Het ek met hulle gepraat? Nee, ek was te senuweeagtig. New York is nie Kaapstad nie.

Keith is in 1990 op 31 aan vigsverwante oorsake oorlede en Jean-Michel is in 1988 op 27 aan 'n dwelmoordosis dood. Hulle was soos rocksterre en die grond waarop hulle geloop het, is aanbid.

New York was 'n harde en ongenaakbare stad en baie mense wat presteer het, het 'n verskriklike prys daarvoor betaal.

Van die ander geleenthede wat ek aangegryp het, was die baie venues wat beskikbaar gestel is vir die voorlees van gedigte of kortverhale, ook publieke lesings oor aktuele en omstrede sake.

Susan Sontag het 'n lesing gehou oor haar boek wat reeds in 1978 verskyn het, *Illness as Metaphor*. 'n Formidabele vrou wat 'n gehoor kon hipnotiseer.

Ek was gelukkig om 'n poësievoorlesing van Charles Bukowski by te woon. Een aand het ek vir William Burroughs in 'n kroeg sien sit, maar weereens was ek te skaam om met hom te praat. Ugh!

'n Hoogtepunt was 'n meesterklas wat Norman Mailer aangebied het in kreatiewe niefiksie, waaruit ek lesse geleer het wat ek tot vandag toe saam met my dra. Mailer was natuurlik, behalwe 'n skrywer, ook 'n New Journalist. Verder is daar 'n verbintenis met Suid-Afrika – sy pa, Barney. was 'n reken-meester wat in Suid-Afrika gebore is.

Hy was veral ingenome met die joernalis Gay Talese se legendariese onderhoud getiteld "Frank Sinatra Has a Cold". In 1965 word Talese gestuur om 'n onderhoud met Sinatra te voer, maar Sinatra vermy hom en vertel hy het 'n verkoue.

Talese het met die mense na aan die ster begin onderhoude voer. So kon hy 'n karakterstudie van dié sanger skets. Hy het Sinatra ook gestalk en elke beweging en maniërisme fyn beskryf. In April 1966 verskyn dit in *Esquire* en word dit een van die beste voorbeelde van New Journalism.

59

I N DIE TUSSENTYD RAAK EK deur Casper se toedoen betrokke by 'n organisasie, The Association of Psychohistory. Hulle doel was om onder andere politici se kinderjare te bestudeer en dan uit te werk hoekom dié politici sekere besluite neem.

Hulle wou ook die emosionele oorsprong van die sosiale en politieke gedrag van groepe en nasies in die verlede en die hede uitlig. Vroeë kollektiewe trauma by kinders kan groot gevolge vir samelewings inhou en selfs tot oorloë lei.

Die stigter was Lloyd deMause en hy het boeke soos *Reagan's America*, *The Emotional Life of Nations* en *The Origins of War in Child Abuse* geskryf.

Dit was 'n aardige koterie van hiperintelligente bleeksiele wat alles en almal geanaliseer het, sommer mekaar ook. Hulle het hul eie TV-program gehad en dit is in 'n ateljee net 'n paar blokke weg van Casper se woonstel in Riverside Drive geskiet. Ek is gevra om te help met die stel – agter die kameras – en om dit ordentlik te laat lyk.

Ek moes Casper se besprekings uittik as hy verskyn het om nuusgebeure te analiseer. Ek het ook sommer hare, grimering en alles wat 'n faktotum moet doen, verrig. Dit was behoorlik prettig, maar die besprekings was soms erg esoteries.

Casper het ook elke tweede Vrydag 'n onthaal in sy woonstel gehou, waar peuselhappies en drankies voorgesit is. Die gaste was belese kunstenaars, akteurs, sielkundiges, psigiaters en akademici.

Hier het ek ook een aand die Suid-Afrikaner Marthe Muller ontmoet. Sy was die dogter van prof. Ampie Muller en het op daardie stadium in Bogotá, Colombia, gewoon. Daar het sy dokumentêre programme vervaardig. Ek sou haar jare later in die Kaap raakloop waar ons albei saamgestem het dat Casper 'n groot invloed op ons lewens gehad het.

Invloede, dit was die goue draad deur my lewe. 'n Ander vrou wat ek gereeld by Casper se partytjies raakgeloop het, was Flora Rheta Schreiber, skrywer van die boek *Sybil*, oor 'n vrou met 16 persoonlikhede. Hierdie boek is later in 'n TV-rolprent omskep met onder andere Sally Field en Brad

Davis as akteurs. Daar is ook 'n rolprent gemaak met Jessica Lange as die trekpleister. Flora moes baie geld uit *Sybil* gemaak het, omdat sy in 'n limousine by Riverside Drive 98 opgedaag het.

Sy het lang gesprekke met my oor Suid-Afrika gehad. Op hierdie stadium het ek 'n woonstel met iemand in Harlem gedeel en sy het graag vir my daaroor uitgevra.

Casper is ook na Washington genooi om namens die psychohistorians te gaan praat oor 'n artikel wat hy geskryf het vir 'n vaktydskrif. Dié artikel het wêreldwyd opslae gemaak. Die titel was "The Group-Fantasy Origins of AIDS" en daar was top-psigiaters wat dit beskryf het as van die verstommendste artikels wat verskyn het op die sielkunde- en psigiatrie-vakgebied.

Die waarheid is dat dit wel uitstekend was, maar Casper het homself hier as 'n vigs-ontkenner ontmasker. Hy het vigs toegeskryf aan gay mans se massahisterie oor die pandemie, hulle eie onverwerkte depressie en kollektiewe gevoel van verwerping. Die massahisterie het bygedra tot 'n tipe psigosomatiese pandemie.

Gay mense was besig om hulle dood te dink. Met hierdie siening van Casper in my gedagtes, vergesel ek hom na Washington op 'n sneltrein. Soos gewoonlik analiseer hy die mense om ons. Daar was 'n jong punk wat glo onopgeloste probleme uit sy kinderjare laat manifesteer het deur so aan te trek. Die moontlikheid dat dit 'n tipe oorgangsritueel op pad na volwassenheid was, soos vir baie jong mense, het nie by hom opgekom nie.

Washington was koud en vol sneeu. Ek het die Withuis gesien, maar die argitektuur en die hele atmosfeer was maar eentonig. Te veel politici en mense wat metafories net met hul linkerbreine dink.

Die psigiater by wie ons oorgebly het, het nes Casper eindelose snert kwytgeraak oor vigs wat kwansuis nie bestaan nie en ons is almal daar weg na waar hulle 'n konferensie van psigiaters toegespreek het oor hul teorieë.

Omdat Casper 'n genie was, was ek telkens verstom as ek so na hom geluister het. Daagliks was die koerante vol van bekende mense wat aan dié siekte dood is.

Later daardie aand is ons na Georgetown om te gaan eet in wat die studentebuurt was. Dit was nie gedurende die studente se vakansie nie, maar ek het geen gevoel gehad van jeugdige uitbundigheid nie. Die restaurant was ook gedemp, en as New York die son was, was Washington die donker kant van die maan.

Ek was later in my lewe in Boston, heeltemal 'n meer opgewekte atmos-feer as in Washington. Ná Washington het Casper obsessief geraak, manies, en aanhoudend oor sy vigs-teorieë aangegaan. Hy was ook 'n uitstekende kunstenaar en sy werk is sterk beïnvloed deur die digter en skrywer Wopko Jensma.

Hy het wild aan die werk gespring en 'n verskeidenheid van kunswerke geproduseer, en ook sy kortverhaalbundel getiteld *Kokende gô* uitgegee. Waar hy die tyd vir alles gekry het – om pasiënte te sien, te skilder, te skryf, met die psychohistorians te werk, 'n TV-program aan te bied – is 'n mirakel.

60

INTUSSEN HET EK OP *ESQUIRE* afgekom waar Rian Malan op die voorblad verskyn. Die woorde op die voorblad was "My Father, My Country". Binne staan daar: "After eight years of running away, an exile returns to face up to his country, his tribe, and his conscience." Hy dra 'n lapelwapen wat sê "Free South Africa".

Later sou ek vir Rian deur Barend Toerien ontmoet, maar op daardie stadium was ek onbewus van hierdie talentvolle, jong en aantreklike joernalis. Hy het my aan die fotograaf Guy Tillim herinner, wat saam met my in die weermag was.

Opeens het ek weer begin dink aan Suid-Afrika. New York het my horisonne tot so 'n mate verbreed, ek wou nie dink aan die konserwatiewe en parogiale politiek in Suid-Afrika nie.

Rian se skryfstyl was treffend en ek het gedink ek moet weer begin skryf. Nie net dit nie, ek moet sommer by die ANC aansluit terwyl ek in New York is.

Ai, weereens jeugdige naïwiteit, maar destyds was die saak oor die regte van swart mense. Niemand kon voorspel dat die ANC so rampspoedig sou uitdraai nie.

Ek het hul kantoor se nommer in die telefoonboek gekry en toe gebel. Die man wat opgetel het, was ene Solly Simelane.

Nee, dit is reg, ek kan vir hulle gaan sien. Hulle was in 'n gebou naby die Verenigde Nasies, as ek reg onthou. By die kantoor was daar twee mans, Solly en Neo Numzana, albei verteenwoordigers van die ANC in New York. Ek was baie opgewonde om regte lede van die ANC te ontmoet. Siestog.

Ons het lank gesels oor wat ek in New York maak, my betrokkenheid by die ECC en al die UDF-vergaderings wat ek bygewoon het. Hulle was heel gemoedelik en toe ek hulle vra hoe ek by die ANC kan aansluit, het hulle vorms uitgehaal wat ek kon invul.

Ek was verstom dat dit so maklik was, maar volgens hulle was ek nou lid van die ANC. As ek teruggaan na Suid-Afrika moet ek meer betrokke raak by die UDF, omdat hulle eendag by die ANC ingelyf sou word.

Min het ek geweet hulle sou die UDF ontbind, maar ek het nie 'n kristal-bal gehad nie. Tog het ek die gevoel gekry hulle het my nie vertrou nie.

Ek is op vriendskaplike terme daar weg, hoog in my skik omdat ek nou 'n lid van 'n revolusionêre vryheidsbeweging is.

Intussen het Casper my weer begin gaslight; hy het by die dag meer besete geword. Soos ek kon agterkom het hy skaars geslaap en net gewerk.

My werk vir hom met die TV-program het ook meer geword, en ek moes my betrekking by die restaurant opgee. Ek was dus van hom afhanklik.

Toe hou hy weer op om my te betaal. As ek hom vir die geld gevra het, het hy gesê volgens sy rekords hét hy my betaal.

Een oggend het ek wakker geword en my moer gestrip. Ek het die SAL-kantore gebel en gevra of daar 'n vlug daardie dag na Suid-Afrika is.

Hulle het ja geantwoord. Ek het geweet Casper sou daardie oggend uit-gaan na een of ander konferensie waar hy weer oor sy vreemde teorieë sou tjommel. Ek het my tas gepak en na sy woonstel gegaan. Daar was 'n laai waarin hy kontant gehou het. Ek het $400 daarin gesien, minder as wat hy my geskuld het, maar ek het dit gevat.

Ek is per taxi reguit na die lughawe. Omdat ek 'n jaar tevore met 'n retoer-kaartjie daar aangekom het, was dit nie nodig om een te koop nie.

Op die vliegtuig terug na Suid-Afrika het ek besef dat Casper goed vir my was, New York ook 'n ongelooflike ervaring vir iemand wat jonk was, maar dat ek vir my eie welsyn van hom af moes wegkom.

En ek moet bieg, ek het verlang na my land. Ek het geen idee gehad wat ek in Suid-Afrika sou doen nie, soos in niks, niks, niks nie. Op die lughawe in Johannesburg het ek vir Theunis Engelbrecht gebel, want hy het my in die eerste plek aan Casper voorgestel.

Ek was op pad Kaap toe, maar ek wou net vir hom vertel waardeur ek is. Hy het my gevra om nie dadelik Kaap toe te vlieg nie en het my genooi om vir so lank ek wil by hulle in Bethlehem te kom woon.

Alhoewel my vingers gejeuk het om weer rigting te kry, het ek gedink dit is die perfekte geleentheid om my kop skoon te kry en vir die toekoms te beplan. Hy het my by Jan Smuts kom haal. Op pad na hul huis vertel Theunis my Casper het vir baie digters en skrywers hier gebel en vertel ek het die geld by hom gesteel.

Tegnies ja, maar ek het gevat wat hy my skuld. Eintlik nog minder. Later sou Casper my in Kaapstad met 'n horde geskenke besoek en verskoning vra.

Theunis-hulle het in 'n tipies plattelandse huis gewoon, baie netjies buite en binne, en doodstil. Hier het ek en hy begin werk aan 'n kasset van Koekie Ziervogel, 'n karakter wat hy geskep het om die draak te steek met die literêre establishment.

Op die kasset was gedigte wat gekskeer, soos hierdie:

jou pieletjie is 'n wieletjie
wat vaart sit in my verflenterde sieletjie
hy's 'n bulletjie hy's 'n bobaasbielietjie
ek eet hom soos 'n vars pietersielietjie
in die kontrak van die liefde is jy net 'n klousuletjie
in die wetenskap van wellus net 'n formuletjie

Sy kassetspeler was foutief en as jy 'n opname gemaak het, het dit geklink asof die persoon helium ingeasem het en met 'n piepstem praat.

Ek het voorgelees en het later uitgevind die kasset het vinnig oor verskeie universiteitskampusse versprei. My eie kopie het ek nie meer nie.

Theunis het Koekie Ziervogel geskep en 'n paar van haar versies geskryf. Daarna het hy vir Johann de Lange ook gevra om saam te skryf. Vroeër het Casper ook die tydskrif *De Nieuwe Poes* uitgegee, onder redaksie van die einste Koekie Ziervogel.

Daarin het Theunis en Johann die meeste geskryf en Casper het hier en daar bygedra. *De Nieuwe Poes* is uitgegee net nadat *De Kat* uitgekom het en was bedoel as 'n alternatiewe *De Kat* vir gewone lesers, anders as hul hooggestemde lesers. Koekie Ziervogel was haar tyd vooruit en sy het baie hoogdrawende letterkundiges erg de moer in gemaak.

Op 'n dag het dit tyd geword om te gaan. Kaap toe. Ek is laatnag by die Bethlehem-stasie afgelaai. Daar was nie selfone nie, en langafstandoproepe was duur, dus het ek nog vir niemand laat weet ek kom Kaapstad toe nie. Op die Kaapse stasie het ek vanaf 'n tiekieboks my vriend Johann Müller gebel. Kon hy my met sy blou motortjie kom haal? Hy was altyd 'n staatmaker.

Maar waarheen nou?

61

EK HET GEEN PLEK GEHAD om te bly nie. Vir eers het ek besluit om by die YMCA in Koningin Victoria-straat te gaan woon. Ek moes die $400 gaan ruil vir rande. Hoe lank dit my sou hou, het ek nie geweet nie.

Ek het solank by restaurante gaan aanklop om 'n werk as kelner, maar kon niks kry nie. Weereens was ek die spoor byster.

Depressie het my oorrompel en ek was soos 'n sneeuman gevries en kon nie beweeg nie. Gou het die dag aangebreek dat ek nie 'n sent op my naam gehad het nie. Niks. Ek was honger en gelukkig het Barend Toerien my soms gevoer.

Maar ek kon nie by hom intrek nie. Sy woonstel was piepklein en hy was 'n pensionaris. 'n Vriend het sy woonstel in Seepunt aangebied; hy sou vir drie weke oorsee gaan. Ek kon dit vir hom oppas.

Die swart hond, nou al 'n cliché, het geblaf. In my vriend se medisynekas het ek Valiums ontdek en dit begin drink. Ek het ook die elmboog baie gelig. Die vriend het vir my geld gelos wat ek vinnig bestee het. Ek was desperaat vir drank en het die mees onbesonne ding in my lewe aangevang.

My kop was beneweld, maar dit was geen verskoning nie. Ek het my vriend se mikrogolf verkoop. Daardie geld het ook nie lank gehou nie.

Uit desperaatheid wou ek 'n bank in Seepunt beroof. Ek het met 'n ou skoolvriendin kontak gemaak en haar gevra of sy vir my 'n geweer kan reël.

Hoekom ek gedink het sy sou een hê, weet die hemele alleen. Wys jou waar my kop was. Toe my vriend terugkom, was hy diep geskok oor die verdwyning van die mikrogolf. Hy wou uiteraard by my hoor wat gebeur het. Ek het nie geweet wat om te sê nie.

Kort daarna moes ek by die Seepunt-polisiestasie aanmeld waar 'n speurder my ondervra het. Ek het erken ek het die mikrogolf verkoop.

'n Klag van diefstal is teen my ingedien. Later verskyn ek in die landdroshof in die Kaap. Ek word skuldig bevind en kry 'n opgeskorte vonnis. Nou het ek 'n kriminele rekord weens diefstal.

Tina Lategan: Die gutter. Hoeveel laer kon my lewe nou gaan?

Veel laer, natuurlik.

62

EK HET MY OP STRAAT bevind. Drie nagte het ek op die bankies in die Tuine geslaap. Ek moes myself herinner waardeur ek al was en dat ek dit alles oorleef het. Hierdie moeilikheid gaan ek ook oorwin; ek sal opstaan uit my vodde en my vuil. Ek het gaan aanklop by 'n vrou teenoor wie ek oneindig dankbaar sou wees.

Shirley van Jaarsveld se dogter Lise was saam met my op skool. Haar eksman is Johan van Jaarsveld, die draaiboekskrywer en filmvervaardiger. Vir Shirley het ek deur haar dogter ontmoet.

Ná 'n ruk op straat het ek laatnag aan haar deur gaan klop en gevra of ek daardie nag kan oorbly. Haar dogter was oorsee, besig om sang te studeer. Ek het in haar kamer ingetrek en Shirley het my gevoer en gesorg dat ek 'n dak oor my kop het.

Stadig het ek weer mens begin voel. Kersfees het sy my saamgenooi met Johan, haar eksman, en sy familie, en toe het ons in Gordonsbaai gaan bly in sy vakansiehuis.

Ek het so verlate in my hart gevoel.

In dieselfde woonstel het Isadora Verwey gewoon, wat op daardie stadium drama aan die Universiteit van Kaapstad gestudeer het. Anna-Mart van der Merwe was 'n groot vriend van haar en het soms met varsgebakte brood daar aangekom.

Ek het by die Kaapse Tafel-restaurant ingeval en danksy Shirley, wat ook by die Akademie vir Dramakuns klas gegee het, weer by die ADK ingekom. Daar het ek weer kontak gemaak met Babs Laker, wat my liefde vir klank en ritme in taal altoos aangespoor het.

Die lewe het weer sinvol begin word. Later sou ek ook by Rita Maas klas loop, 'n vreeslik verwaande Engelse vrou wat met 'n Britse aksent gepraat het. Sy en haar kollege het ook dramaklasse aangebied en was verbonde aan Unisa en die Royal Academy of Dramatic Art in Londen.

Sy het daarop aangedring dat ek my Afrikaanse aksent moet verloor om soos 'n Brit te klink. Jare daarna het ek nog 'n hang-up gehad oor hoe ek Engels praat en ek het my bes probeer om soos iemand uit Constantia te klink.

Te ghrênd. Gelukkig het ek daardie belaglike minderwaardigheidskompleks mettertyd laat vaar. Margie Fischer, wat 'n teaterpraktisyn was, het met asemhalingsoefeninge gehelp.

Verder het ek aangesluit by die Community Arts Project (CAP), wat ook dramaklasse aangebied het. Dit was 'n gepolitiseerde groep wat op die aftakeling van apartheid gefokus het.

Ongelukkig het hulle my op 'n dag ingeroep. Die hoof was 'n wit man, ene Derek Joubert. 'n Vaal mannetjie met 'n dik bril.

Hy het vir my gesê ek moet gaan, want hulle wil nie wit mense daar hê nie, veral nie die larger-than-life-tipe wit persoon nie. Ek het hom daarna gereeld op die Seepunt-promenade gesien en hy kon my nooit in die oë kyk nie.

Hoe ek by al die studies en aktiwiteite uitgekom het, weet ek nie; ek was soos Casper Schmidt: manies. Ook maar honger vir nuwe ervarings. By die ADK het ek steeds al hoe meer by Babs oor poësie geleer.

Rita Maas het my weer op beweging en Engelse toneel laat fokus. Ek was nogal weldoenerig in my jeug en het aangebied om gratis bande vir blindes te lees. Die organisasie was bekend as Tape Aids for the Blind.

In dieselfde gebou, net langs die Groote Kerk in Kaapstad, was 'n organisasie vir die beskerming van kinders, genaamd Molo Songololo. Hulle het 'n progressiewe tydskrif gepubliseer en ek het aangebied om dit in Afrikaans vir hulle te vertaal. Verniet.

Dit het ook op 'n dag geboemerang omdat daar 'n kunsstudent was wat haar as 'n puriteinse strugglelista voorgedoen het, ene Vanessa Solomon. Sy vra my toe hoekom ek met Lien Botha bevriend is.

Ietwat uit die veld geslaan wou ek toe weet waarom sy vra. Vanessa het op daardie stadium kuns saam met Lien aan Michaelis gestudeer.

Sy sê toe, hoe kan hulle seker wees dat ek nie op hulle spioeneer nie, omdat Lien Botha se pa Pik is. Dit was die eerste keer dat ek dit hoor; ek het nie eens geweet nie.

Dit sou niks aan my vriendskap met Lien doen nie; Pik mag haar pa wees, you can't choose your parents. Boonop was Pik die enigste kabinetsminister wat in die openbaar gesê het hy sal nie omgee om onder 'n swart president te dien nie.

Be that as it may, ek het behoorlik my moer gestrip en ek is daar weg. Ek het nooit vir Pik ontmoet nie, maar hy was later jare vir my 'n groot bron van inligting as ek oor internasionale politieke figure geskryf het.

Ek het hom later "dial-a-quote" genoem omdat hy 'n ongelooflike geheue vir detail gehad het en dit 'n helse verlies was toe hy doodgaan. Uiteraard nie net vir sy familie nie, maar omdat iemand met so 'n grondige kennis van die internasionale politiek met al daardie inligting graf toe is.

Nou ja, toe ek nou weet wie Lien se pa is, het ek Lien se ma, Helena, wel 'n paar keer by Newlands House ontmoet. Sy was 'n vrou wat my tot vandag toe bybly, saggeaard en fyn beskaafd, met 'n stuitige sin vir humor.

My pogings tot welsynswerk soos met Molo Songolo wou maar net nie uitwerk nie. 'n Nuwe vrou het oorgeneem by die Tape Aids for the Blind. Sy was heeltemal anders as die vorige een, wat ietwat van 'n hippie van Noordhoek was.

Sy het ook 'n pragtige man wat elke dag kaalvoet van Houtbaai af geloop het, bande laat voorlees. Hy het 'n bos pikswart krulhare gehad en die mooiste persoonlikheid.

Ons drie het eendag in die stad aan 'n betoging deelgeneem en toe ons weer sien, spuit hulle ons almal met pers water daar op Groentemarkplein. Later was daar graffiti oor die stad se mure geskryf: "The Purple Shall Govern!"

Ons het ook eendag buite die parlement betoog. Die polisie het sambokke gehad en honde op ons losgelaat, en ons moes vinnig hardloop. Die kaalvoet krulkop is deur een van die honde op sy boud gehap. Ek het die piets van 'n sambok op myne gevoel.

Een vrou wat saam met ons weggehardloop het, obviously 'n kugel van Seepunt, se hoëhakskoene het met die gehol na veiligheid ingegee. "My shoes, my expensive shoes!" het sy geskree. Sy het in trane uitgebars en die polisie het haar maar gelos daar waar sy op 'n hopie in die straat gesit en oor haar skoene geween het.

Dus is daardie wonderlike vrou van Tape Aids for the Blind daar weg, ek vermoed in die pad gesteek. Die nuwe vrou was nors en het dadelik vir my en die krulkop laat gaan, glo omdat ons leeswerk nie op standaard was nie.

Arme Shirley het geen sent van my vir verblyf ontvang nie en daarvoor is ek haar ewig dankbaar. Die geld wat ek tussendeur al my aktiwiteite by die restaurant verdien het, is op my studies gespandeer.

Ek wou bydra maar sy kon sien ek sukkel. Gelukkig het Antoinette Kellermann vir my oorklankingswerk aangebied, waarvoor ek betaal is, maar ek moet erken ek was nie baie goed nie. Ek vermoed sy het my jammer gekry en wou my 'n kans gee, iets waarvoor ek dankbaar was, en steeds is.

Margot Luyt het my 'n toets vir rolle in radiodramas laat aflê, wat ek toe ook geslaag het. Ek onthou hoe vies Paul Malherbe was toe hy my die eerste keer by die ateljees in Seepunt sien.

Ek het gedink hy was 'n vriend van my, maar as mede-akteur het ek agtergekom hy was 'n jaloerse en venynige kollega. Hy het my ook nooit weer genooi om te kom kuier nie. Nie 'n groot verlies nie. Paul was 'n treurige ou man wat in weelde in Berghof teen die hange van Tafelberg gewoon het en nooit iets vir ander wou doen nie. Nota aan myself: Daar is niks erger as 'n bitter ou queen nie.

Die radiowerk het my begin verveel – ek vermoed omdat ek maar 'n middelmatige akteur was. Die aanbiedings vir rolle het ook opgedroog, maar dit was geen verlies nie.

I can cut my losses and move on. Ek het tog aangehou met my dramaklasse en die plek waar ek die gelukkigste was, was die ADK. Babs Laker het my aanhou en aanhou mentor.

Ek het genoem ek het Lien Botha tydens my vorige studies by die ADK ontmoet, op daardie stadium 'n kunsstudent. Lien het by tye in my lewe belangrike en onbaatsugtige bystand verleen – emosioneel en soms finansieel. Ons sou ook later saam aan verskeie tydskrifartikels werk.

Dit klink so asof ek met name te koop loop, maar ek is tog trots om te sê ek was saam met 'n paar talentvolle en goeie mense in my laaste tydperk by die ADK. Mense wat 'n groot sukses van hul loopbane gemaak het.

Marita van der Vyver was toe nog 'n joernalis by *Sarie*, maar het reeds talent getoon as kinderboekskrywer en sy was 'n uitstekende akteur. Deon Lotz het vroeg reeds sy slag op die verhoog gewys en was op daardie stadium in die hotelwese.

Terrance April sou later by die radio en TV betrokke raak, en ek is seker sy opleiding by die ADK het hom in sy suksesvolle loopbaan gehelp.

Dan was daar die digter-dominee Patrick Petersen vir wie ek die grootste agting gehad het. Hy het 'n aura van vreedsaamheid oor hom gehad en ek het hom gereeld gevra om van sy gedigte aan my voor te lees.

Patrick sou later in 'n motorongeluk sterf; wat 'n verlies vir sy gemeente en vir Afrikaans. Wat 'n besonderse ervaring om met almal te kon saamwerk.

En Shirley van Jaarsveld het my van die strate gered. Ek was geseënd.

63

ALHOEWEL DIE SWARTGALLIGHEID MY STEEDS gehap het, het ek maar vorentoe gebeur. Die wieldoppe was af, maar die wiel het bly draai.

'n Nuwe ondergrondse tydskrif het verskyn, genaamd *Vula*. Die stigtingsdatum ontgaan my, maar dit kon so rondom 1985 gewees het. Ek het later so nou en dan vir hulle begin vryskutwerk doen. Hulle was geneë om positiewe artikels oor die ECC, die Kaapse demi-monde en buitebeentjies te publiseer.

Daar was geen soortgelyke tydskrif in Suid-Afrika nie; hulle het later jare mense soos Nataniël aan wie geen hoofstroompublikasie wou raak nie, publisiteit gegee. Vir hom het ek een aand ontmoet toe hy aan die begin van sy loopbaan was. Hy het in 'n woonstel in Vredehoek gewoon wat hy met die kabaretsanger Danièle Pascal gedeel het.

Sy het soms kaal rondgeloop. Nataniël was altyd 'n goeie storieverteller en ek onthou een aand het ons op kussings langs 'n tafel gesit en almal het aan sy lippe gehang. Hy was in 'n Barbra Streisand-fase en dié het saggies op die agtergrond gesing.

Op daardie stadium was hy besig om 'n vertoning vir die ou Nico Malanskouburg bymekaar te sit. Nog iemand wat sy tyd ver vooruit was. Aan die begin van sy loopbaan in die midtagtigerjare het nog bitter min mense die tipe shows wat hy op die planke gebring het, gesien of waardeer.

Vir die een vertoning het ek aangebied om hom te help met publisiteit, nogal ewe kordaat van my. Hy het vir my foto's gegee en ek het so 'n kort persverklaring geskryf met al die nodige inligting.

So kies ek toe koers na die ou Nasionale Pers-gebou op die Foreshore met my koeverte vol foto's en informasie. Ek kry dit reg om by 'n joernalis van *Rapport* uit te kom.

Wie dit was kan ek nie onthou nie, maar dit was 'n grys ou mannetjie met 'n snor. Die snor het 'n nikotienvlek opgehad. Toe ek hom die foto's van Nataniël wys, val hy amper van sy stoel af. Hy het in sy bekrompe wêreldjie nog nooit sulke foto's van 'n sanger gesien nie.

Met die foto's was daar niks verkeerd nie, dit was professioneel geskiet en

Nataniël het wonderlik gelyk. Nou nie soos Groep Twee of Gé Korsten nie: nee, anders, nuut, vars.

Ek het besef hoe kleinburgerlik van die mense en publikasies in die land was en het verskriklik begin verlang na New York. Daar sou hulle so iemand met ope arms verwelkom.

By *Die Burger* was die kunsredaksie almal uit op stories, maar ek het 'n joernalis met 'n baard en 'n krom rug gesien. Hy het die foto's een kyk gegee en my nie eens geantwoord nie.

Daarna is ek na die *Cape Argus* omdat ek die kunsredakteur, Derek Wilson, verlangs geken het. Hy was 'n knorpot wat baie onbeskof kon wees en het ook geen belangstelling getoon nie.

Vula het wel daarin belanggestel. Presies watter jaar dit was kan ek nie onthou nie. My herinneringe spring rond, maar soos genoem, vermoed ek midtagtigerjare.

Ek verwonder my vandag aan hoe baie publisiteit Nataniël vandag kry, and quite rightly so, en as die mense maar weet hoe ek daardie dag moes sukkel om die pers se belangstelling te wek.

Goed so, Nataniël, welgedaan. Hy het as een van ons land se topkunstenaars ontpop en sy stories bly steeds briljant – as ek sy boeke lees of na 'n vertoning gaan kyk, dink ek gereeld aan daardie aande langs sy tafel op die kussings, en die bottels Tassenberg.

Ek het ook daar uitgevind dat Marion Holm, Isadora Verwey en Nataniël almal van Kuilsrivier afkomstig was. Later sou ek hoor dat ook Esmaré Weideman, voormalige hoof- uitvoerende beampte van Media24, ook van daar kom.

Vula was belangrik vir my sprong na die joernalistiek omdat ek vir hulle oor 'n tydperk 'n paar vryskutstories begin skryf het, sonder vergoeding. Toe het dit nie saak gemaak nie, ek wou 'n portefeulje opbou.

Een storie wat uitstaan was toe ek met dr. Ivan Toms 'n onderhoud gevoer het oor sy rol in die End Conscription Campaign. Hy het gepraat oor die feit dat die ANC ontban moet word.

Dit moes gebeur, maar ek wonder wat Ivan nou van die ANC sou dink as hy nog gelewe het. Ek het lank aan die storie geskryf. Dit was voor die Internet, as ek reg onthou. Dus moes ek die artikel met die hand gaan aflewer.

Ek het naby die parlement in 'n koffiekroeg gaan sit. Ek wou net my dors les voordat ek na *Vula* se kantore gaan. Die artikel was in 'n koevert op die toonbank voor my.

Die TV was op die agtergrond aan. F.W. de Klerk het op die TV verskyn en hy het die verbod op die ANC, PAC en SAKP gelig. Die hele plek, wat stampvol was, het stil geword. Dit was 2 Februarie 1990.

Ek het na my ou koevertjie gekyk en besef dit is binne een minuut na die annale van die geskiedenis gepos. Later is Ivan, wat meningitis gehad het, op 55 dood in sy huis aangetref.

In 2008 was daar 'n groot begrafnis vir hom by die St George-katedraal. Die hele plek was vol. Aartsbiskop Desmond Tutu het die begrafnisrede gelewer en toe die kis stadig uitgedra word, het 'n blouduif van buite af by die kerk ingevlieg.

Intussen het ek met my dramaklasse volgehou, maar ek het besluit dit is nie wat ek wil doen nie. Die teater was 'n groot liefde, maar die joernalistiek het my geïnteresseer. Ek het al wat 'n publikasie was verslind. Later het ek vir plaaslike koerante in Tuine en Groenpunt artikels geskryf en elke een gehou. As iemand doodgegaan of 100 geword het, enige onderwerp onder die son.

Omdat ek basies verniet by Shirley gewoon het, moes ek 'n werk vind wat my meer sou betaal sodat ek kon begin bydra tot kos en verblyf. Toe Anna-Mart eendag weer met 'n varsgebakte brood vir Isadora aankom, kon ek die brood ruik. Isadora het dit in die kombuis gaan sit en is vort na die sitkamer. Ek was rasend honger en het 'n dik sny van die brood afgesny en vinnig teruggehol na my kamer.

O, dit was goddelik. Tot vandag toe weet ek nie of Isadora gedink het Anna-Mart het die brood so daar aangebring nie, en of sy vermoed het ek het 'n dik stuk gegaps nie.

Eendag het die joernalis Rian Malan, wat ek intussen deur Barend Toerien ontmoet het, onverwags daar opgedaag. Dit was voor die tyd van selfone, jy daag sommer op. Rian het so 'n ou lang slap Mercedes gery.

Hy het vir my kom vertel hy het uitgevind 'n swart man se hart is in 'n wit man s'n oorgeplant – en die ironie daarvan. Onthou, apartheid was nog vars in die geheue, al was dit tot niet verklaar.

Ek was bly om hom te sien, Isadora en Anna-Mart ook. Rian was 'n hoogs aantreklike man. Hulle was gaande oor hom, maar ek het gewaarsku 'n mooi man is almal se man. Ons het maar net gelag.

Kort daarna sou my lewe 'n ander wending neem.

64

EK HET AANSOEK GEDOEN OM 'n werk in Seepunt, by 'n roomyswinkel, Carvelle. Die plek was gewild en ek is aangestel as die bestuurder. By die Kaapse Tafel is ek weg, die skofte was te min.

'n Vriend het sy woonstel vir 'n onbepaalde tydperk aan my beskikbaar gestel, omdat hy oorsee gaan werk het. Die roomyswerk kon ek nou ook by my lys van vreemde betrekkings voeg. Dit was baie jollie omdat ek die musiek kliphard gespeel het. En toe begin die moeilikheid.

Ek en die personeel het wild gedans terwyl ons die roomyse verkoop. Van die roomyse het ek verniet begin weggee. Eendag kom die sanger Sipho "Hotstix" Mabuse daar aan, en ek is so oorweldig, ek gee sommer vir hom twee roomyse verniet.

Die aktivis Farid Esack het ook daar opgedaag. Ek het 'n groot crush op hom gehad en vir hom het ek ook roomyse verniet gegee. Eers wou hy dit nie aanvaar nie, maar ek het daarop aangedring.

Dan het ek die hawelose kinders jammer gekry en ook vir hulle roomyse begin uitdeel. Net om die draai was 'n kroeg genaamd The Drag Store. Saans as ek klaar was, het ek daar gaan uithang met fopdossers en nagblomme. Die een eienaar was beeldskoon en het beweer sy was Mej. Israel op 'n stadium.

Hier het die voggies gevloei en ek het baie geld uitgegee op drank en Valiums, waaraan ek stadig besig was om verslaaf te raak. As ek beneweld was, het ek sommer my geld begin weggee as iemand gelyk het of hulle dit nodig het.

Iets was besig om skeef te loop. Een aand toe ek af was, het Lien Botha vir my kom kuier met haar Volksie. Met die kombinasie van pille en drank het ek uiteraard aan erge gemoedskommelinge gely. Daardie aand is ek so depressief dat ons verwoed aan die drink gaan.

Ek stel toe voor ons moet 'n nuwe lewe in Windhoek begin. Lien stem sommer in, sy is reg vir 'n vars begin. Ek vat nog 'n handvol pille en ek gee vir haar een.

Ons is daar weg. Ek het die voordeur styf toegemaak, en nie eens klere saamgevat nie. Reguit van daar af sou ons Windhoek toe, heelpad kuslangs in die Volla.

By die verkeersirkel in Groenpunt is daar 'n padblokkade. Wat nou? Lien maak die venster oop en hulle skyn 'n lig op ons. Net daar bars ons albei in trane uit en vertel snikkend vir die polisie ons is klaar met alles en op pad na Windhoek, ons kan nie meer nie.

Daar laat gaan hulle ons en net toe ons in die middestad kom, noem Lien daar is 'n partytjie by Michaelis, ons loer net eers daar in. Toe ons daar aankom, is die kunsstudente besig om so te rinkink dat die vloer skud.

Ek is later op 'n tafel aan die dans met 'n bottel whisky wat ek nie weet waar ek dit gekry het nie. Ek sluk ook sommer nog 'n Valium.

Toe ek die volgende oggend wakker word, is ek in 'n Kombi met 'n klomp jong mense in Vishoek. Maar waar het hulle my gekry, het ek gevra.

Ek het glo op De Waal-pad geryloop. Toe gaan ek maar saam Vishoek toe. Ek het die dag af gehad en besluit om Sandy Bay toe te gaan, die nudiste-strand. Met my handdoek en sonbrandolie het ek weer heelpad soontoe geryloop.

Dit was 'n lieflike dag en ek het kort tevore, op 4 November, 22 geword. Die dag op die strand was 30 Desember 1986. Daardie jaar was vir my 'n belangrike een, baie het gebeur: Ek het as kelner gewerk, New York toe gegaan, vir tydskrifte en koerante vryskutwerk gedoen en boonop by 'n roomyswinkel gewerk.

Ek het 'n vriendin raakgeloop en by haar gaan sit. 'n Jong man het nader geloop. Hy het haar geken.

Ons is aan mekaar voorgestel. En weer is ek by 'n kantelpunt in my lewe.

65

Hy stel hom as graham Sonnenberg voor. Ek sou later uitvind hy is 26 en doen sy twee jaar as kandidaatprokureur by die firma wat sy oupa begin het, Sonnenberg Hoffmann & Galombik.

Toe ek hom vra of sy pa dr. John Sonnenberg is, antwoord hy ja. Ek was verstom omdat sy pa, soos reeds genoem, my as baba gevang het.

Later sou ek uitvind my ma het hom gevra of sy 'n aborsie moet kry omdat dit so 'n skande is om 'n buite-egtelike kind te hê. Dr. Sonnenberg het gesê sy moet mooi daaroor dink, dit is haar liggaam, sy moet self besluit.

Maar 'n mens weet nooit hoe die kind gaan uitdraai nie, het hy genoem. Sy het besluit om my te hou.

Ek en Graham het goed oor die weg gekom. Min het ons geweet dat ons meer as 35 jaar later nog deel van mekaar se lewens sou wees. Ons is daar weg in sy blou 1982-Opel Kadett. By die Carousel in Seepunt het ons drankies gaan drink en dit was somer en alles was mooi.

Die volgende dag het ek by sy woonstel in Groenpunt ingetrek met my enigste besittings – tekkies, 'n langbroek, 'n swembroek, twee onderbroeke en twee T-hemde. Ons woon nog steeds daar.

Graham was ook arm omdat hy as kandidaatprokureur maar R650 per maand verdien het. My werk by die roomyswinkel het tot 'n einde gekom omdat ek te veel van die roomyse weggegee het.

Ek het sleg daaroor gevoel en vir hulle gesê hulle hoef my nie uit te betaal nie. Dadelik moes ek 'n ander werk kry omdat ek nog my dramaklasse bygewoon het en daarvoor moes betaal. Ek het by 'n toprestaurant in Kloofstraat begin werk en van my gelukkigste jong jare daar gehad.

My eerste ryding was 'n fiets. My kollegas was ook almal studente en ons het ná elke skof enigiets van die spyskaart bestel en wyn gedrink. Verniet. Ná al die jare is ek nog met baie van hulle in kontak.

By die restaurant het 'n mens 'n paar waardevolle lesse geleer. Hoe om met moeilike klante te werk, hoe om met verskillende mense oor die weg te kom, en soveel moontlik oor kos en wyn.

Dit was 'n swierige plek wat deur Winnie Mandela, Bantu Holomisa, die akteur Joanna Lumley, die redakteur van *Leadership*-tydskrif, Hugh Murray, regter Leonora van den Heever en haar vriend, die joernalis Madeleine van Biljon, besoek is. Dié twee kon lank en lekker kuier. Die plek was gewild en altyd vol.

By die huis het ons egter van spaghetti en bevrore groente geleef, omdat geld maar skaars was. Daardie probleem het ek vinnig oorkom deur ensemble-etes te hou.

Ons nooi agt mense uit en elkeen moet iets saambring. Dan is daar hope kos en ons kap net uie en knoffel, en voila! Tassenberg was die wyn van keuse, bloot omdat dit so goedkoop was.

Ek het aanhou skryf vir klein plaaslike koerante en my portefeulje opgebou. Later kon ek 'n tweedehandse poegie koop.

Ons was jonk en vrolik en op baie mense se partytjiegastelys. Wat die politiek betref het ek elke week die *Weekly Mail* gelees; later sou *Vrye Weekblad* my denke verder ontwikkel.

Dit was moeilik om ten volle betrokke te raak by die ANC, omdat mense my nie vertrou het nie. Ek het tog kontak behou met dr. Ivan Toms (voor sy afsterwe) en gereeld met hom gepraat oor die politiek.

Ek het eenkeer 'n aandete gehou waar ek hom en Pieter-Dirk Uys aan mekaar voorgestel het. Dit was goed om twee ingeligte en progressiewe wit mense se gesprekke aan te hoor, en nie die gewone rassistiese koeterwaals waarna 'n mens so gereeld moes luister nie.

Een aand het ek 'n Free Nelson Mandela-badge na die opening van 'n rolprent in Seepunt gedra. Ná die rolprent, toe ek buitentoe loop, sien 'n vreemde man dit en storm op my af. "Are you supporting a fucking terrorist?" skree hy toe op my. 'n Klein skare suurgesigte het na my gegluur.

Ek herhaal myself, maar as ek sien wat vandag van ons land geword het, is dit jammer dat ek destyds hierdie bevrydingsbeweging baie naïef ondersteun het. Op daardie stadium het ek regtig gedink dit gaan oor die afskaffing van apartheid en oor menseregte.

Min het ek geweet hoe boos die ANC sou word, met sy genadelose ideoloë wat sy ondersteuners laat verarm en hulle hul kanse om hul volle potensiaal te ontgin, ontneem het.

Toe *Vrye Weekblad* in 1988 gestig is, het ek vryskutbydraes op die kunsteblaaie gelewer. My eerste onderhoud was met die operasanger Marita Napier.

Ek het haar in 'n groot huis in Bantrybaai gaan sien, 'n plek waar sy vir 'n ruk by vriende gebly het. Ek was so geïntimideer deur die blote idee om oor haar te skryf, dat, as ek reg onthou, ek dit toe nooit gedoen het nie. Hierdie gebrek aan selfvertroue ry my tot vandag toe.

As daar maar 'n pil vir selfvertroue was wat 'n mens kon sluk, maar helaas nie. Ek het ook met die balletdanser Eduard Greyling 'n onderhoud gevoer. Daarna het ek hom gereeld by verskeie funksies gesien en hom altyd as nederig en opreg ervaar.

Ek het in daardie dae my artikels vir *Vrye Weekblad* gewoonlik met die hand geskryf en dan per faks na Johannesburg gestuur. Vir *Vula* en die *Sunday Times* het ek dit persoonlik gaan aflewer. Hoe vinnig het alles nie verander nie.

Eendag het ek 'n brief met 'n politieke strekking vir *Vrye Weekblad* geskryf. Kort daarna, een aand, is ek in die kombuis toe daar 'n klop aan die agterdeur is. Vier polisiemanne staan toe daar en wil met my praat oor dié brief. Graham was uit, maar gelukkig het hy gou daarna daar opgedaag. Hy het hom voorgestel as 'n prokureur, wat hy ook was, en hulle het hulle uit die voete gemaak. Tot vandag toe weet ek nie wat hul besware was nie. Intimidasie?

Die man wat *De Kat* begin het, Johan van Rooyen, het 'n nuwe publikasie, *Tuinhuis*, van stapel gestuur en my gevra om vir hulle te skryf. Ek en Lien Botha het saam begin werk aan stories oor huise en by *Tuinhuis* is ek die eerste keer in my lewe betaal vir my skryfwerk. Goed, dit was nou nie *Time Magazine* nie, maar ons het lekker saam gewerk.

Ongelukkig het die tydskrif gevou. Ek vermoed Johan het baie geld verloor en sy gesondheid het ingegee. Daar was baie gerugte dat, toe Johan by die *Cape Times* gewerk het, hy Karel Schoeman se minnaar was.

Daar was ander tydskrifte vir wie ek en Lien ook stories begin doen het, soos die agterbladartikels van *Insig* en fotoartikels vir *Sarie*, *Sawubona* en ander.

Net soos ek gedink het die sake gaan goed en ek vorder, so kon dit oornag verander. Ek het so depressief geraak, ek kon net-net deur elke dag wankel. Soms kon ek nie opstaan nie.

Gedurende hierdie tye het my vriend Gerrit Olivier af en toe by ons oorgebly. Ek onthou eendag hoe ene Mark Behr by die woonstel opgedaag en 'n manuskrip aan Gerrit oorhandig het. Dit was *Die reuk van appels*, toe nog ongepubliseer. Ons het bevriend geraak met Mark en daarna gereeld gaan klub.

Hy het een aand beweer dat, terwyl ons by die klub was, die bande van sy motor gesny is. Dit was nog voordat hy erken het dat hy as student 'n spioen vir die veiligheidspolisie was. Baie braaf van hom, want daar was ander spioene van wie ek weet wat tjoepstil gebly het.

Gerrit het ook soms die letterkundige Ernst Lindenberg se huis in Yzerfontein opgepas. Daar het ons op die stoep gesit en drink en klets. So het ek en Graham vir Koos Prinsloo ontmoet. Koos en Gerrit kon onderhoudend oor die letterkunde praat en hul geselskap was altyd prikkelend.

Terwyl ons op 'n keer daar gesit het, het ons iemand gesien wat vir Rykie van Reenen in 'n rolstoel verbystoot. Rykie het 'n swart rok gedra, een soos koningin Victoria s'n nadat haar man dood is.

Later het Koos in die Kaap kom kuier. Hy en sy vriend Andrew het in 'n B&B naby ons in Groenpunt gewoon. Ons het 'n paar keer uitgegaan. Hy het sy kenmerkende ronde bril gedra, sag gepraat en was broos.

Toe ons hulle aan die einde van hul besoek na die lughawe neem, het Koos gesê hy is spyt dat hy ons nóú eers in sy lewe ontmoet.

Ek het nie geweet wat hy daarmee bedoel het nie, maar later sou dit duidelik word.

66

Vigs was besig om verwoesting in die gay gemeenskap te saai. Ek en Graham was nog albei in ons twintigs en die virus het onder ons vriende begin maai.

Die dood was oral. Ons een vriend, Peter Moon, wat 'n butch skeepskaptein was, het skielik van sy duur wyne vir my begin weggee.

Sy aandetes was altyd vrolik en sy kos was verskriklik. Maar ons het baie gelag.

Peter het in die hospitaal beland, waar hy in pyn gesterf het. Ek onthou sy maer uitgeteerde lyf en hoe hy gehuil het – hy wou nie doodgaan nie. Hy was maar 38.

Later is Helmie Muller, 'n top-modeontwerper, ook daaraan dood. Helmie het 'n huis in Clifton teen die strand gehad. Daar is baie gekaperjol en hy was talentvol. Hy sou later in 'n rolstoel beland en aan lang en uitmergelende siektes sterf.

In 1994 is Koos Prinsloo daaraan dood, en so ook Casper Schmidt. Van laasgenoemde se afsterwe verneem ek eendag in Pick n Pay by Renée le Roux.

Die een ná die ander van ons vriende is uitgewis. Ons was so te sê elke derde week by 'n begrafnis.

Vanuit die kerke en die heteroseksuele gemeenskappe was daar merendeels 'n dawerende stilte. Die stigma wat aan vigs gekleef het, was verskriklik, omdat dit 'n seksueel oordraagbare siekte is.

Dit was glo God se manier om gay mense te straf. Wat ek wel onthou, is hoe die lesbiërgemeenskap onomwonde ingespring het en siek gay mans help versorg het toe niemand aan hulle wou vat nie.

Om op 'n jong ouderdom aan soveel sterftes blootgestel te word, sou ons dekades later nog geskok laat. Ek en Graham vra gereeld deesdae: Maar het dit regtig gebeur? Hoe gebeur dit dat amper 'n hele vriendekring uitgewis word? Kon dit wees? Hoekom het óns oorleef?

Ja, dit was so, en vandag se jong gay mense het min insig in watter kollektiewe trauma ons destyds deur is. Ek het my in hierdie tyd gewip vir veral die NG Kerk. Ek het meestal Engels begin praat met my vriende en daaraan gewerk om so min as moontlik met Afrikaners te make te hê.

Hierdie radikale splitsing tussen groepe en mense het my sielkundig geaffekteer en ek moes later lank met terapeute daaraan werk. Ek het heeltemal ophou skryf in Afrikaans en slegs 'n handvol Afrikaanse vriende oorgehou. Ek was ook klaar met my dramastudies en het net Engelse vryskutartikels geskryf.

By terugskouing was dit baie kinderagtig, maar ek het toe nog nie genoeg insig in my psige gehad nie. Ek wou nie die joernalistiek formeel betree nie, maar dit sou met 'n ompad gebeur.

In die *Cape Times* sien ek eendag 'n advertensie van Seeff Financial Services wat na 'n publisiteitskrywer soek. Dit was in die dae toe Seeff meer as net eiendomme verkoop het; daar was 'n groot aantal finansiële dienste wat hulle aangebied het. Maar dit het skryfwerk behels en ek het nie omgegee watter skryfwerk nie.

Ek het aansoek gedoen en moes 'n toets aflê sodat hulle kon sien of ek kan skryf. Daar slaag ek die toets en so begin ek elke dag in 'n pak klere werk toe ry in my 1967-Volvo 144S.

Ek het 'n kantoor gedeel met Adele Shevel, wat op dieselfde dag as ek daar begin werk het. Adele sou later 'n gerekende finansiële joernalis by die *Sunday Times* word.

Maar ons was jonk en alles was 'n grap. In elke vergadering waar stug mans en vroue in ontwerpersklere sit en geld praat het, het ons aan die lag geraak.

Daar is besluit ons moet liefs op die eiendomsafdeling fokus en persverklarings oor huise en woonbuurte skryf. Ek was gou ongeïnteresseerd en het tussendeur aan vryskutartikels gewerk.

Eendag sien ek die media-doyenne Jane Raphaely gaan 'n nuwe tydskrif met Sumien Brink as die redakteur begin. Die naam daarvan was *House and Leisure* en ek het gereken as ek daagliks persverklarings oor huise skryf, kan ek artikels vir hulle skryf. Ek het aansoek gedoen maar niks gehoor nie.

Jirre, ek was hartseer daaroor en ek kon dit net nie meer by Seeff uithou nie. 'n Jaar was genoeg. My telefoon lui eendag en dit is Sumien Brink wat my vra om vir 'n onderhoud na hulle kantore net oorkant die Tuinesentrum te kom. My spanningsvlakke was hoog, maar ek het gegaan en gemaak asof ek selfversekerd is.

Ek het vir Sumien ontmoet en ook die formidabele JR (Jane Raphaely) vir wie ek so bang was dat ek vir haar gesê het my senuwees is op. Sy het gesê ek moet maar ontspan. Hulle het my gevra om 'n artikel te skryf om te sien of dit in my sit.

Dit het egter niks te make gehad met 'n huis of leefstyl nie; ek moes 'n onderhoud met die modeontwerper Jenni Button vir *Cosmo Fashion* voer. Dit doen ek toe en word op grond daarvan aangestel as artikelskrywer vir *House and Leisure*.

Die gebou waarin Associated Magazines was, was sjiek. Daar was drie vloere en Jane het soos 'n helikopter heeldag tussen haar tydskrifte beweeg. Daar was *Cosmopolitan, Cosmo Man, Cosmo Fashion, Cosmo Health, Femina* en die nuwe een, *House and Leisure*.

Manne wat oor die politiek, motors en sport skryf, beskou leefstyljoernalistiek as minderwaardig.

Nee wat, dit slyp jou vermoëns om met siel te skryf, met humor of patos. Die uitdaging is om van enigiets wat soos 'n cliché klink weg te bly. Dit is nie maklike skryfwerk nie, behalwe as jy lui is en jy nie omgee of alles holrug gery klink nie.

'n Nuwe lewe het op my gewag. Ek was jeugdig en het my eerste voltydse werk by 'n glanstydskrif gekry. En ek het nie sommer vir enige hierjy-baas gewerk nie, maar vir die vrou met flair en kennis oor hoe dit suksesvol gedoen moet word – Jane Raphaely.

By Seeff hoef ek toe nie eens te bedank nie; 'n afdankingsbrief het op my lessenaar gewag. Geen rede is verskaf nie. Later het ek gehoor my baas, wat op kontrak vir Seeff gewerk het, het uitgevind ek is gay. Vir hom was dit die laaste strooi.

Dit was nie die enigste keer dat ek afgedank is omdat ek gay is nie. Ek het vroeg in my lewe ook by 'n koffiewinkel, Plaizier, in die middestad gewerk. Dié plek was 'n gewilde uithangplek vir gay mans, maar toe die nuwe eienaar, 'n knorrige Hollander, oorneem, wou hy van hulle ontslae raak.

Ongelukkig vir hom het baie van my gay vriende, akteurs, kunstenaars en boheme vir my daar kom kuier. Hy moes tog dankbaar wees die plek word deur iemand ondersteun?

Hy was woedend en het met my daaroor gepraat. Wat kon ek doen? Toe begin hy met my skofte lol en vra my om elke oggend eers te bel om te hoor óf daar 'n skof beskikbaar is.

Dit is die tipe nonsens waaraan baie van ons blootgestel is. Dit het nie daar geëindig nie. As ons in 'n groep saam gaan uiteet het, is ons dikwels by restaurante weggewys, al kon ons sien daar was leë tafels.

Eendag is ek in 'n restaurant met 'n ouer vriend, Jan Cilliers, wat op daardie stadium een van die land se top-stemkunstenaars was. Dit was Blues in Kampsbaai. 'n Paartjie langs ons het ons aangegluur, totdat Jan met sy dramatiese stem na hulle omgedraai het en vir hulle bulderend vra: "Is our presence bothering you?"

The straight gaze. Toe kyk hulle weg. Gay mans en vroue wat maak asof daar nie teen hulle gediskrimineer is nie, praat loutere bollie. Dit is net omdat hulle hulle heteronormatief gedra het. Hulle het hulle met hul voorkoms en liggaamstaal probeer kamoefleer om aanvaar te word.

Ek onthou ook hoe die polisie in die middeltagtigerjare klopjagte op gay-klubs uitgevoer het. Hulle het met honde, sambokke en skerp flitse opgedaag. Die pers (skaam julle!) was gewoonlik saam om foto's van die "freaks" te neem, wat dan die volgende dag op voorblaaie sou pryk. Baie mense het hul werk as gevolg daarvan verloor. Gesinne en families is verskeur. Mans het hul eie lewens geneem.

67

BY *HOUSE AND LEISURE* KON ek myself wees en daar is nooit teen my gediskrimineer nie. Ek was gelukkig om Jane, Sumien en Annelize Visser, my artikelredakteur, as mentors te hê. Hulle was die hoekstene vir my toekoms as joernalis, en natuurlik Graham, sonder wie se bystand ek heeltemal in my moer sou wees.

My heel eerste onderhoud vir dié tydskrif was met die kunstenaar Tyrone Appollis wat op die Kaapse Vlakte gewoon het. Hy was nogal 'n uitdaging, want 'n gesprek met hom kon rondspring. Op dieselfde dag is ons na die woonstel van 'n deftige queen in Seepunt. Sy dakwoonstel was so swierig, dit het soos iets uit New York gelyk. Van die Kaapse Vlakte na "New York" in een dag. Die verskille hemelsbreed. Ek het Tyrone se huis en sy kuns verkies; hy kon iets uit niks maak. Die spoggerige woonstel was te pastiche.

Daar is van my verwag om onderhoude te doen, oor huise te skryf, en ek het twee rubrieke gehad. Die rubrieke was meer visueel van aard, met lang pittige onderskrifte.

"Food News" was die een en daar was "Art News". Ek moes na amper elke opening van 'n restaurant gaan en ook kunsuitstallings bywoon.

Jane het my toegang tot 'n kredietkaart gegee. Ek moes ook die publisiteit van die nuwe tydskrif behartig. Vrydae wou sy hê ek moet mense in die media vir middagete uitneem. Verder het sy gesê dat van die beste stories soms uit 'n noenmaal gebore word.

Dit was net 'n jaar of wat voor 1994, en die land was in ekstase oor die toekoms. Dit was 'n bloeitydperk van kunsuitstallings en nuwe eetplekke. Vrydagmiddae het ek by Blues in Kampsbaai gaan eet en een van die eerste mense wat ek uitgeneem het, was die akteur Christo Gerlach. Hy was besig om TV-insetsels vir verskeie leefstylprogramme te vervaardig.

Ons het goed oor die weg gekom en gereeld saamgewerk aan stories wat in die tydskrif verskyn het, en wat hy dan verfilm en daardie maand uitgesaai het. So kry hy inhoud en ons kry verniet publisiteit.

Ek het met radiostasies, TV en ook ander publikasies onderhandel. Omdat so baie restaurante regoor die land oopgemaak het, is ek soms vir 'n dag opgevlieg na Johannesburg om 'n funksie by te woon.

O, die weelde. Die land was in euforie. Vandag is dit onmoontlik om te dink daar was so baie geld beskikbaar vir rondvlieg en uiteet. Tussendeur het ek die boeke van James Baldwin, Graham Greene en Ernest Hemingway herlees.

In die kantore was daar 'n biblioteek met tydskrifte van regoor die wêreld: *New Yorker, Esquire, Time, Interview, The Face, Details*. Dit was 'n droom vir 'n magazine junky soos ek.

Die bibliotekaris was Petra Mason, 'n aweregse vrou, jonk en funky, wat al die beste tydskrifte vir my eenkant gehou het. Sy was die dogter van die kunstenaar Judith Mason, en so het ek haar ma leer ken en gereeld telefonies met haar kontak gemaak.

Sumien was sekerlik van die beste redakteurs om mee saam te werk – omdat sy oopkop was en mense goed behandel het. Die hele span was uitstaande en die tydskrif het puik verkoop.

Ek het ook geleer oor stilering en moes gereeld vir my restaurantrubriek met 'n fotograaf uitgaan en kos skiet. Van die verskeidenheid mense met wie ek oor die jare onderhoude gevoer het, staan onder andere Carrol Boyes vir my uit.

Sy was nog onbekend en ek moes 'n storie oor haar nuwe tafelgerei, wat van piouter gemaak is, skryf. Gaap, het ek gedink, hoe vervelig.

Ek is na haar huis naby Sandy Bay. Onder die huis was 'n klein ateljee. Ek het dadelik by haar aanklank gevind en my verstom aan hoe deeglik en lank sy aan elke stuk gewerk het. Sy het vir my alles gewys: hoe om byvoorbeeld 'n lepel te maak van begin tot einde.

Die hele dag het ek met haar gespandeer en noukeurig neergeskryf wat ek gesien het. Ek onthou nog die opskrif van die artikel: "Sculptures that You can Touch."

Een aand hoor ek 'n geklop aan die agterdeur. Ek maak oop, en daar staan Carrol met 'n stel eetgerei wat sy gemaak het, net vir my. Ek was die eerste joernalis wat oor haar geskryf het en haar loopbaan het later, danksy haar ongelooflike talent, internasionaal die ruimte ingeskiet. Van haar ateljee onder haar huis is sy na 'n groter een in Groenpunt, en daarna was daar geen keer aan haar nie.

Hierdie joernalistieke werk was alles van onskatbare waarde en elke dag was 'n ondervinding wat my in die toekoms sou help. Om vir Jane Raphaely te werk en na haar te luister as sy kritiek lewer op iets, was soos om 'n meestersgraad in joernalistiek te doen. Om aan die voete van 'n ghoeroe te leer – wat 'n voorreg.

Ek het hier waardevolle vriendskappe gesmee met Marianne Thamm, wat vir *Femina* gewerk het, Melinda Shaw, wat vorentoe in die redaksies van verskeie tydskrifte gedien het, en die nou ontslape Andrea Vinassa, wat ook vir *Femina* gewerk het.

Marianne, Andrea en ek is een aand uitgenooi na die huis van die kunstenaar Beezy Bailey in Higgovale. David Bowie en sy vrou, Iman, was daar. Dit was 'n galageleentheid waarheen net 'n handvol mense uitgenooi is.

Toe ons daar kom, was baie van hulle hoog in die takke, jy kon skaars met hulle praat. Ek het toe maar aan die drink gegaan. Vir Bowie-hulle het ek nie gesien nie, maar hulle was wel daar.

Ek het aan die gesels geraak met Marilyn Keegan, 'n joernalis van die *Cape Times*, wat getroud was met die burgemeester van Kaapstad, Clive Keegan. Sy het my vertel hoe sy eenkeer in die amptelike burgemeestersmotor op De Waal-pad moes stop om buite op te gooi.

Die volgende oomblik rol ek en sy albei teen 'n steil grasheuwel af. Wat toe van haar geword het, weet ek nie, want ek het eers die volgende oggend in my bed wakker geword en geen idee gehad hoe ek daar gekom het nie.

Marilyn sou later ophou drink en is tot vandag toe nie meer bevriend met die drankduiwel nie.

Iewers gedurende hierdie tydperk het ek bevriend geraak met Suzaan Steyn, wat op daardie stadium eers vir *Sarie* en toe vir *Huisgenoot* gewerk het.

Later sou sy vir RSG werk en ook die nuus in Afrikaans lees op SABC2. Ons het amper elke middag ná 17:00 by Café Paradiso in Kloofstraat ontmoet.

Dieselfde tafel, nommer 5; dieselfde wyn, Buitenverwachting Buiten Blanc. Sy sou my van haar dag vertel en ek vir haar oor myne. Sy het 'n huis gedeel met die uithalersjef Rayne Stroebel, wat graag Vrydag laatmiddag ietsie op die kole gegooi het.

Ek was soms daar en so het ek vir die eerste keer die digter Daniel Hugo en sy destydse lewensmaat, Riana Scheepers, ontmoet. Albei uitstekende skrywers en jolige geselskap.

Tog, tog was alles nie net maanskyn en rose nie. Ek moes hard werk, Jane was 'n streng leermeester. Artikels is teruggestuur as hulle nie op standaard was nie. Haar een sêding was om met elke artikel of onderskrif die naam van die hond te kry. Dus: The devil is in the detail.

Iewers op die agtergrond het my hart weer swart en swaar geklop.

68

OEIE TYDING HET EENDAG MY kant toe gekom. Ek is gevra om na Australië te gaan vir 'n artikel. Dit was my eerste reisverhaal. Ek was gespanne omdat ek gewonder het of ek dit sou kon doen. 'n Reisartikel kan maklik na 'n brosjure klink, vol clichés.

Enige opdrag vir 'n artikel het met 'n ondraaglike gevoel van selftwyfel gepaard gegaan. Ek het gereeld aan Tina Lategan se woorde gedink, ook aan die keer toe my ma my by die kinderhuis gaan aflaai het, en toe sy my agtergelos het by my alkoholis-pa, vir 'n man wat haar vernietig het.

Ook my pa se latere afwesigheid het 'n gevoel van verwerping by my gewek. Ek was nooit goed genoeg nie, ek was 'n indringer. Selfs al het ek as tiener in iets uitgeblink, het ek nooit erkenning van my ouers gekry nie. Hulle was nie geïnteresseerd nie, die bottel was belangriker.

Die gevolg was dat wanneer ek later in my lewe wel pryse of waardering gekry het, dit my met 'n gevoel van verlatenheid gelaat het. Bedrog. Indringer-sindroom.

Ook die Peggy Lee-sindroom. Lee was die sanger van die lied "Is That All There Is?" Dit is 'n verskriklike gevoel wat nooit weggaan nie, en dit ry jou tot in jou drome.

Hoeveel keer het ek ook nie gedroom ek is 'n akteur op 'n verhoog en dat ek my woorde vergeet nie. Dan jou die skare my uit.

Seks het my laat vuil voel (dankie, Coenie), vir dae ná die tyd. Ek het gereeld daaraan gedink om my eie lewe te neem. Hoe gereeld het ek nie na wolkekrabbers gekyk en gedink daardie is die gebou waar ek moet afspring nie.

Twee goed het gebeur net voordat ek na Australië vertrek het. Een: Daar was 'n boodskap op ons antwoordmasjien van my eks-stiefma, Linda. Dit was 'n aand en daar was gaste wat kom kuier het.

Sy vertel my my pa is dood, hy het verstik aan 'n stuk biefstuk in 'n restaurant in Port Elizabeth. Hy was pas uit die tronk waar hy vir 'n ruk moes sit weens bedrog.

Nadat ek die nuus gehoor het, het ek net met die aand voortgegaan asof niks gebeur het nie. My vriendin Suzy Brokensha, later die redakteur van *Fairlady*, was een van die gaste by ons bring-en-eet-aand.

Eers die volgende oggend het ek alleen in die bad gesit en oor ou Sammy gehuil. Hard en lank, en oor die foute wat hy gemaak het, wat ék gemaak het, en hoe alles uitmekaar geval het vir hom, en by tye vir my.

Ek het gedink aan hoe paniekbevange hy moes gewees het toe hy verstik, sy tyd in die tronk, op straat, sy suksesse en hoe droef alles geëindig het. Arme Sammy, ook maar mens gewees. Dood op 47.

Die tweede oproep, 'n paar dae later, was van die Tygerberg-hospitaal. Iemand laat weet my my ma is daar. Dit was jare laas dat ons gepraat of mekaar gesien het.

Ek het besluit om haar te besoek. Sy was opgeneem vir keelkanker en het erg verouderd en verswak gelyk, ver van die vrou van my kinderjare. Verniel deur 'n man en te swak om terug te baklei. Toe die dokter daar aankom, was hy verstom om te verneem sy het 'n seun.

Hy het 'n klomp ander goed van haar geweet, maar nie dít nie. Jirre tog, ek was kwaad. Al die ou wonde van verwerping is weer oopgekrap.

Die dokter vra my toe om asseblief saam met hom te kom. Ons stap in die lang wit gange af met die neonligte wat bleek flikker. Daarna vat hy my na 'n kamer met 'n bord waarop X-straalplate is: Dit is van twee breine.

Hy wys vir my die groter een en vertel my dit is die normale grootte van 'n vrou se brein. Die tweede is 'n kleiner brein. Hy druk sy vinger op die kleiner brein en vertel my dit is my ma se brein. Hy het in sy lewe nog nooit enige vrou se brein so sien krimp nie.

Toe vra hy of sy 'n alkoholis is en ek antwoord toe ja. Daarna is ek bedroef na haar bed, waar ek kon sien hoe onsamehangend sy was.

'n Woede het by my opgekom toe sy vra of ek vir haar 'n pakkie sigarette kan gaan koop. In 'n hospitaal? Met keelkanker?

Hoekom het sy nie vir die dokter van my vertel nie? Ek was seergemaak en het vir haar gesê ek sal 'n pakkie gaan koop.

Toe het ek deur die gange geloop tot by die uitgang waar ek in my motor geklim en weggery het. Ek het gedink aan die nagte toe ek op 'n bankie in die Kompanjietuin moes slaap, hoe ek honger gely het en by tye deur Barend Toerien gevoer is.

Hoe Sheila Cussons, wat dit nie breed gehad het nie, vir my moes geld leen sodat ek kon eet. Ek het haar darem terugbetaal.

Dan was daar Pieter Serfontein en Shirley van Jaarsveld wat my van die strate af gered het. Ek het aan Coenie Slabber gedink en besef: As beide my ouers gedurende my tienerjare enige werklike belangstelling in my wel en wee gehad het, sou hulle my teen Coenie se verkragtings beskerm het.

Ek het ook gedink aan al die ander mense wat weggekyk het gedurende die Coenie-sage. In my tienerjare en my twintigs het ek nooit 'n sent van een van my ouers ontvang nie. Ek moes op ander mense se goedheid staatmaak.

En sy vra my om 'n pakkie sigarette te gaan koop? Op daardie stadium het ek besluit ek onterf haar. Metafories. Sy is dood vir my.

Ek plaas haar in 'n boksie wat ek eenkant sit en nooit weer na sal kyk nie. Dit is verby. Sy is later uit die hospitaal ontslaan en terug na daardie man en sy plaas.

69

G ELUKKIG HET MY REIS NA Australië voorgelê. Tyd om morbied oor die verlede te wees was daar nie.

Ek het vooraf alles nagelees oor Sydney, Kangaroe-eiland, Adelaide, Hunter Valley en ook McLaren Vale. Dit is een aspek van die joernalistiek wat ek altyd geniet: die navorsing. Soms doen ek te veel daarvan omdat ek die skryfwerk so vreesaanjaend vind.

Die rede vir die besoek was om al die top-eetplekke in daardie areas te besoek en 'n artikel daaroor te skryf. Dit was om reisigers na Australië bewus te maak daar is meer as net kangaroes aan dié land.

Ek moet erken, ek het ook nie Australië as 'n kulinêre mekka beskou nie, en ek was skepties oor hoe interessant dié land aan die gatkant van die wêreld gaan wees. Ek het ook oor hul politiek nagelees en gegaap. Daar was wel glanstydskrifte soos *Gourmet Traveller* wat ek gereeld gelees het, maar dit het meer soos internasionale kos gelyk, nie juis tipies van Australië nie.

Die dag van die vlug neem Graham my na die lughawe. Dit sou die eerste keer in jare wees dat ek sonder hom gaan wees. Op pad soontoe besef ek hoe goed hy vir my is, en ek wonder hoe my lewe sonder hom sou uitgedraai het.

Ek was diep bedroef, maar hy het my getroos dit gaan net twee weke wees. Omdat ek eersteklas gevlieg het, kon ek na hartelus die beste wyn bestel met my maaltye.

Van haweloos slaap op bankies tot hier in weelde in die lug – ek moes myself knyp. Die lewe het 'n sin vir humor.

In Sydney is ek opgelaai deur 'n drywer en na 'n weelderige hotel geneem wat oor die Royal Botanic Garden uitgekyk het. Ek was doodmoeg maar moes myself vinnig regkry vir die eerste ontbyt by 'n plek met die naam Bathers' Pavilion. Van daai dag af was dit net die een wonderlike maaltyd ná die ander.

O wee, het ek weer gedink. Witbrood en koffie as kind, kinderhuis, haweloos, kyk nou. O Tina, Tina, hierdie gutters blink.

Ek het spyskaarte by elke plek gekry vir die slag as ek nou moes gaan sit en skryf. Ook baie foto's geneem van die een fabelagtige restaurant ná die ander. Boeke vol notas geskryf, talle onderhoude gevoer en nog tyd ingeruim om 'n gay-kroeg te besoek. Om elke oggend die *Sydney Morning Herald* te lees was 'n plesier.

Die argitektuur was pragtig. Van die vreemde kosse wat ek geëet het, was kangaroe en ook saggekookte duif. Die Sydney-operahuis was nog meer imposant as die foto's en ek was ook op 'n tipe trein wat feitlik in die lug gesweef het.

Ek het vinnig agtergekom dat 'n gevloekery nie geduld word nie en ek my moes gedra. Die inwoners van Sydney is nie juis luidrugtig en emosioneel van aard nie, en ek moes suutjies trap.

Wat ek van die kos opgelet het, was die sterk Oosterse invloede, omdat Australië so naby die Ooste is en daar heelparty immigrante uit daardie geweste is.

Ek was sommer rammetjie-uitnek en het 'n afspraak met die redakteur van *Gourmet Traveller* gemaak en 'n *House and Leisure* vir haar geneem. Sy was heel vriendelik, maar ek kon sien, ietwat uit die veld geslaan.

Daardie tipe openhartige konneksies is seker nie die regte etiket nie, ek weet nie, maar dit het tog heel glad verloop. Die mense daar is ook vreeslik gedissiplineerd en as die verkeerslig vir voetgangers rooi is, bly staan jy, al is daar nie 'n kar in sig nie. Selfs al is dit tweeuur in die oggend.

'n Ander interessantheid was dat hulle 'n ontsettend dinamiese tydskrifmark gehad het, veel meer as in Suid-Afrika. Groot internasionale titels was oral te koop en sirkulasiesyfers was hoog.

70

NÁ SYDNEY IS ONS PER vliegtuig na Adelaide, wat glo die kos-
koninkryk van Australië is. Dit was maar 'n vaal ondervinding in
vergelyking met die polsende Sydney. 'n Voorstedelike atmosfeer
sonder enige edge. Hoe J.M. Coetzee dit daar uithou, weet ek nie.

Daarna is ons per veerboot op 'n woeste en koue see na Kangaroe-eiland,
wat glo vir sy pragtige natuurskoon bekend is. Hier het ons onder bloekom-
bome gesit en luister na die geskree en gegrom van die koalabeertjies daar
hoog in die takke.

Ons het na seeleeus gekyk en ook na kangaroes wat al springend rondge-
speel het. Of ek op so 'n eiland sou wou bly of vakansie hou, het ek betwyfel.
Een aand toe ons gaan uiteet, vra die restauranteienaar vir my waar ek
vandaan kom.

O, vertel hy, hy ken iemand met die naam so-en-so. Ken ek daardie per-
soon? Ek vra toe waar dié persoon woon en hy sê in Malawi.

Ek het maar net my oë gerol. Die twee joernaliste van Japan wat deel van
my groep was, twee jong vroue, het heeltyd Japannees met mekaar gepraat
en ek het soos 'n onwelkome gas gevoel. Een aand was net ons drie aan ta-
fel en hulle het nie 'n woord Engels met my gepraat nie. Toe ek belangstelling
toon in hul lewens, was hulle heel bot daaroor.

Ek is na my kamer waar ek na buite gekyk het na bome wat in 'n woeste
wind waai. 'n Somberheid wat my laat voel het soos Virginia Woolf net voor-
dat sy die rivier in geloop het, het van my besit geneem. Daar is darem iets
ongenaakbaars aan 'n eiland in die middel van nêrens met 'n aandwind wat
triestig waai.

Die volgende dag is ons per vliegtuig oor die onstuimige water terug
na die vasteland, hierdie keer na Hunter Valley, een van die land se grootste
wynboudistrikte.

Die wyn was heerlik en ek kon sien my luide Suid-Afrikaanse uitbundig-
heid was ietwat skokkend. Vloek, my derde taal, was ook buite die kwessie.
My ma kon so lekker swets en ek het dit van haar oorgeërf.

Dat ek daar 'n mede-Suid-Afrikaner ontmoet het, het nie eens gehelp nie.

Clare O'Donoghue was 'n joernalis by *Marie Claire* in Australië, maar sy was van plan om weer terug te kom na Suid-Afrika, waar sy later die redakteur van verskeie tydskrifte geword het.

Vreeslike ghrênd Engelse aksent, pragtige blonde hare, maar heeltemal plat op die aarde. Ek en sy het luid gelag en gepraat. Dit is toe dat ek opmerk die tafel in die restaurant word stil en ek besef ek is mal oor Australië, maar ek kan nie myself daar wees nie.

Van Hunter Valley is ek weer vort in 'n klein vliegtuigie wat gevaarlik na aan berge gevlieg het, tot in Sydney. Van Sydney na Perth. Van Perth na Harare, waar ons weer moes afklim en ek oral, selfs agter op die toilet se deur, foto's van Robert Mugabe gesien het.

Ek het gewonder of ek 'n fout gemaak het om terug te keer na Afrika. Dalk moes ek onwettig aangebly het in Sydney, want ek het skoon die ritteltits gekry toe ek sien hoe Mugabe na my kyk terwyl ek op die troon sit.

Van Harare is ons na Johannesburg en toe na die Kaap. By terugskouing was dit eintlik van die beste reise wat ek al gehad het.

71

TERUG IN DIE KAAP WAS dit weer skouer aan die wiel sit en uithaal en wys. Ek het ook so baie ander werk gehad omdat ek weg was, ek moes wikkel. Gelukkig was al die onnodige gewroeg verniet, omdat alles goed afgeloop het.

In hierdie tyd het ek nog gereeld kontak met my ou skoolvriend Grant Doidge gehad, wat intussen as kunstenaar ontpop het. Ongelukkig het hy in 'n diep neerslagtigheid verval.

Eendag het hy kaal in Noordhoek in gietende reën aan mense se voordeure geklop, heeltemal in 'n waas. Die woonstel in Vredehoek wat hy met 'n vriend gedeel het, het hy aan die brand gesteek. Dit het afgebrand en hulle moes uittrek.

Toe het hy my begin vertel hoe hy vir Oprah Winfrey 'n faks gestuur het en aanbeveel het ek moet praat oor die skandale wat by die Verenigde Nasies aangaan, omdat ek die hoëpriester van geheime inligting is. Hy wag net op haar antwoord. Die antwoordmasjien het 'n boodskap opgehad toe ek en Graham een middag laat by die huis aankom. Dit was sy woonstelmaat, ek moet bel.

Grant het van 'n hoë gebou in Hillbrow afgespring. In die kamer waar hy gebly het, het hy met 'n rooi lipstiffie op die spieël geskryf: "If you took a tiny stone from Table Mountain, would you miss it?"

Dit was 'n groot verlies van 'n goeie vriend en ek het regtig nooit geweet hoe om hom by te staan nie. Gedurende die herinneringspartytjies wat ons vir hom gehou het, het ek 'n ou skoolvriendin, Veronique Malherbe, weer gesien. Sy was en is 'n pragtige vrou, met hoë wangbene en swart hare.

Ek onthou sy het eenkeer by 'n partytjie, jare voor ek haar weer gesien het, opgedaag in haar ma se trourok. Haar ma was reeds oorlede, maar die dra van die uitrusting was besonder aangrypend en aandoenlik.

Veronique is ook 'n kunstenaar en het gevra of ek wil deelneem aan 'n uitstalling waaraan sy werk. Dit word by 'n galery in die Kaapse middestad gehou.

Min het ek geweet wat voorlê, maar ek is lief vir eksperimenteer. Vir

Veronique se installasie moes 100 mans in proefbuise (apart) masturbeer. Die sperm het deel uitgemaak van 'n spermligkrans wat van die dak van die galery gehang het.

Verder was daar sjokolade, gemaak van Veronique se eie borsmelk; sy het pas geboorte geskenk aan 'n seun. Die naam van die sjokolade was Breastlay. Met die openingsaand was daar pandemonium, omdat die TV, radio en gedrukte media daarvan te hore gekom het.

Kaapstad se opponerende kreatiewe faksies was almal daar, asook 'n hawelose man wat in 'n rolstoel opgedaag het, aangetrek as 'n fopdosser. Hy het 'n groot wit rok aangehad, met lang rooi naels en 'n blommekrans op sy kop.

Die plek het geruk van die massas wat wou kom kyk, en vir weke daarna het die uitstalling opslae gemaak. Mal daaroor, sal dit nooit vergeet nie. Hoekom? Omdat daar niks voorspelbaars aan was nie en omdat dit nooit voorheen in Suid-Afrika toegelaat sou word nie.

Ek onthou hoe my vriend Louis Jansen van Vuuren 'n skildery by die Association of Visual Arts uitgestal het. Dit was tydens die hoogtepunt van die polisie se wreedheid toe hulle met honde, sambokke, traangas en rubberkoeëls teen medeburgers opgetree het. Die skildery was van 'n varkkop met 'n Suid-Afrikaanse Polisie-pet op.

Louis het nog by Michaelis klas gegee toe die galery hom bel en sê dat hy dringend na die AVA-galery moet kom. Hy was ook die voorsitter van die galery.

Daar aangekom, vind hy 'n klein buksie van 'n mannetjie wat die hoof van die Wes-Kaapse polisie was. Die polisieman was eers heuningsoet, maar toe hy Louis se verduideliking hoor, dat die kunswerk 'n huldeblyk aan Steve Biko is, het hy sy pet op 'n tafel gegooi en gesê: "Ek is trots op my kêps en waarvoor dit staan!"

Hy het gesê die skildery moet verwyder word, maar die galery se komitee het eenparig besluit dat dit gaan bly hang.

Ná jare van belaglike sensuur het die kunswêreld geblom en is allerlei eksperimentele projekte aangepak. Die land se opbloei in kreatiwiteit het my aan New York laat dink.

Ook in die teaterwêreld. Ek was by die openingsaand toe Sandra Prinsloo en John Kani mekaar in Strindberg se *Miss Julie* in die Baxter gesoen het.

Dit was die middeltagtigs en die spanning in die land was onuithoudbaar. Dié aand onthou ek hoe veiligheidspolisiemanne buite die Baxter saamgedrom het. Die teater was vol. Toe dit by die soen kom, snak die gehoor na hul asem.

Die volgende dag was die herrie los. Die pers was vol daarvan en lede van die publiek en politici was woedend dat 'n swart man 'n wit vrou so in die openbaar kon soen.

In hierdie tyd by *House and Leisure* het ek weer met Pieter-Dirk Uys kontak gemaak. Hy het 'n artikel oor sy reis na Berlyn geskryf. Ek en Graham het by hom en sy destydse lewensmaat, Daniel Dercksen, ook 'n joernalis, begin kuier. Hulle het in Maynardstraat, Vredehoek, gewoon.

Daar het hy reeds entoesiasties begin praat oor Evita se Perron en sy planne vir Darling. Nadat Pieter-Dirk en Daniel Darling toe getrek het, was die hele projek 'n groot geslaagdheid. Ons het baie keer vir 'n dag deurgery en buite langs die swembad gesit en fuif, alhoewel Pieter-Dirk ontsettend gefokus was op sy werk.

As hy moes optree by die Perron, het hy vir 'n ruk verdwyn en dan eers 'n glas wyn of wat gedrink. Eenkeer was daar 'n lang tafel vol mense omdat sy suster, Tessa, uit Londen kom kuier het – 'n imposante vrou wat my aan 'n karakter uit 'n Berlynse kabaret laat dink het. Sy is 'n pianis en haar pragtige, elegante hande sal my altyd bybly. Dit is immers die hande wat in die rolprent *Madame Sousatzka*, vertolk deur Shirley MacLaine, verfilm is.

Pieter-Dirk het elke dag se koerante regdeur gelees om op hoogte te bly van wat aangaan, en dit het in sy fyn en soms burleske draakstekery met politici gewys. Ek het ook eenkeer sy pa in hul huis in Pinelands ontmoet, 'n gawe man wat ons een aand na 'n restaurant in Seepunt vergesel het.

Daar aangekom, laai Pieter-Dirk sy pa op die promenade af. Ek het nie gevra hoekom nie, maar ek het gedink dalk wou hy maar na al die mooi mense kyk. Toe ons klaar geëet het, het ons hom gaan haal en weer in Pinelands gaan aflaai.

Een aand in Darling staan uit. Daar was 'n groot makietie by Pieter-Dirk se huis en ons is genooi om te kom oorbly. Trix Pienaar was daar en ook Amanda Strydom. Daar was 'n klomp mense wat ek nie geken het nie, maar die wyn het gevloei en alles was jolig.

Toe is daar konsert gehou. Ons is van die grasperk buite na die groot binnekamer waar Trix Pienaar in haar unieke aksent vir ons stories vertel het.

Daarna het Pieter-Dirk ingekom, as Evita Bezuidenhout, en almal vermaak met sy satire en wilde grappe oor politici. Amanda Strydom het gevra of daar 'n pianis is.

Graham kan die klavier tokkel, meestal nommers uit musiekblyspele. Daar gaan sit hy toe en begelei vir Amanda wat die een lied ná die ander sing. Dit was soos 'n groot plattelandse huiskonsert, maar dit was the real deal.

72

H IERDIE TYE WAS 'N MENGELMOES van hard werk en hard speel. Graham was in sy vroeë dertigs en ek in my laat twintigs. Fiks en gesond en gewild op die sosiale kringloop.

Ek het steeds wit mense moerig gemaak met my pro-ANC-retoriek by dinees, noenmale en partytjies. Kyk ek daarop terug, besef ek watter gek ek van myself gemaak het. Dit doen ek steeds; lyk my ek leer nie maklik nie.

Ons het die modeontwerper Errol Arendz leer ken en by hom aan huis in Clifton gaan kuier. Steil trappe op deur 'n pragtige tuin. Hy het reeds hier gewoon toe die groepsgebiedewet nog geldig was, en die storie loop dit was omdat hy so baie van die ou Natte se vroue se klere ontwerp het. Errol het in Elsiesrivier grootgeword en in Parys en Londen modeontwerp gaan studeer.

In sy twintigs het hy sukses behaal toe hy klere vir Barbara Barnard by sy huis ontwerp en met sy Bernina-naaimasjien aanmekaargestik het. Dit verskyn in 1978 in *Fairlady* en sy loopbaan was gemaak. In sy twintigs maak hy sy eie salon oop en hy ontwerp later klere vir onder andere Joan Collins en Priscilla Presley.

Het dit na sy kop gegaan? Nooit gesien nie. Hy was en is nederig.

Wat wel na mý kop toe gegaan het, was as hy my vir 'n spin in sy wit Porsche gevat het. As ons by verkeersligte stop, het die mense gekyk, en ek het soos 'n rolprentster gevoel. Hoe laf, maar nou ja.

Errol was 'n puik storieverteller. Jy kon ure sit en luister na sy verhale.

Hy het 'n butler gehad en as jy vir ete genooi is, het Errol drie keer met sy voet op die vloer gestamp. Dit het beteken die butler kan maar kom en die kos opdien.

Een storie wat ek onthou wat Errol vertel het, was hoe hy een aand moeg by die huis aangekom het en aan die slaap geraak het. Toe hy wakker word, was daar 'n groep mans wat rondom hom gedans het, almal met rooi truie aan waarin Kersfeesliggies vonkel. Toe hy wil vra wat aangaan, verdwyn almal in 'n ry al dansend by die trap af.

Dan was daar die keer toe hy met 'n man uitgegaan het vir ete, en toe hulle aansit by die tafel en die wyn geskink is, sê hy: "Gloria (Errol se suster) my darling, I've always wanted to meet you!"

73

PHILIPPE-JOSEPH SALAZAR, 'N VRIEND WAT in Melkbosstrand gewoon het, was 'n filosoof en lektor in retoriek aan die Universiteit van Kaapstad. Alhoewel hy onder bekende filosowe soos Roland Barthes gestudeer het, was hy nog 'n voorbeeld van iemand wat suksesvol was maar nie soos 'n parvenu aan grootheidswaan gely het nie.

Sy huis in Melkbos was argitektonies so ongewoon, vol helder kleure en vreemde boustrukture, dat gesinne op Sondae daar verbygery het om dit gade te slaan. Ons het ons doodgelag as ons Sondae daar kuier en die mense buite sien verbyry en oopmond na die huis kyk.

Dit het my herinner aan my kuier by Theunis Engelbrecht in Bethlehem, waar van die inwoners Sondae met 'n teefles en toebroodjies by die motor-hawe hul motors só parkeer het dat hulle na die verbygaande verkeer kon kyk. Vir vermaak.

Philippe was 'n puik kok. Hy het 'n verskeidenheid vriende gehad, onder andere Stuart en Anita Saunders. Stuart was die visekanselier van die Univer-siteit van Kaapstad en 'n mens sou verwag hy en sy vrou sou stug wees, maar hulle was bokke vir 'n lekker paartie.

Een aand het Philippe 'n Marokkaanse aand gehou; hy is in Casablanca gebore. Die kos was geïnspireer deur sy geboorteland en daar was iets soos sewe disse, bedien met Franse wyn. Tussen elke gang het Philippe sy versky-ning gemaak in 'n nuwe rok en spykerskoene. Die rooi rok en bypassende rooi skoene met 'n blonde pruik, rooi lippe en swart maskara was 'n wenner.

Die Saunders-egpaar didn't bat an eyelid. Die agtergrondmusiek was Maria Callas.

Jare later het Philippe ons vertel hy het vir Callas geken. Toe sy in 1977 dood is, het die linkse Franse tydskrif *Libération* (gestig deur Jean-Paul Sartre) hom gevra om die huldeblyk te skryf.

Callas is nie, soos die meeste mediahuise berig het, aan 'n gebroke hart dood nadat sy en Ari Onassis uitmekaar is nie. Nee, iets veel meer banaal.

Sy was in die bad besig om haar hare met 'n droër te blaas, toe dit in die water val en sy doodgeskok is. Ja, haar hart het gaan staan, maar nie oor Onassis nie.

74

EK HET AL GENOEM EK het met Marianne Thamm by Jane Raphaely se Associated Magazines gewerk en dit was 'n fees. Sy lees wyd, is nuuskierig, vertel 'n goeie storie en het 'n aweregse blik op alles en almal.

Ek en Graham het ook haar lewensmaat, Glynis Ponton, 'n sielkundige, ontmoet. Daar is gereeld oor en weer gekuier. Hulle het in 'n Art Deco-woonstelblok in Kloofstraat gewoon.

Ek onthou Marianne se kantoor by *Femina*, waar sy altyd hard sit en werk en lees het, en sy het ook vir my kom kuier twee vloere ondertoe. Die dag toe haar ma dood is, het sy gekom om ons te vertel en sy het hard gehuil. Dit was hartseer; Marianne het baie jare mooi na haar ma gekyk.

Sy het 'n beroerte gehad en Marianne het gereeld en getrou vir haar gaan kuier. Haar pa was 'n ander storie, hul verhouding was gespanne en sy het 'n boek daaroor geskryf: *Hitler, Verwoerd, Mandela and me – A memoir of sorts*.

Jare later het ons albei besluit om vryskutte te word en vir onsself te werk. Dit was 'n moeilike sprong en onsekere tye en ons het mekaar daagliks oor die telefoon moed ingepraat.

Eendag gaan kuier ons by haar en Glynis, en daar is 'n stil en teruggetrokke jong man wat by hulle is. Hy woon in dieselfde woonstelblok en hy en Glynis het op 'n stadium saam gewerk.

Hy en Graham praat oor musiek en hy vertel hy gaan 'n vertoning hou by die Coffee Lounge in die Kaapse middestad, 'n avant-garde laataandteater. Hy het gehoor Graham tokkel die klavier.

Kan Graham hom nie begelei nie? vra Marianne toe. Graham sê hy sal daaroor dink.

Die volgende keer kom kuier hulle by ons en Graham en die jong man toets 'n lied of twee en sy stem is wonderlik. Die ou is baie skaam en praat min. Maar as hy sing, verander sy hele persoonlikheid. Met Marianne se aansporing kom repeteer hy by ons aan huis. Maar gou kom Graham agter hy kan nie die begeleiding doen nie. Die ou is uitstekend maar Graham se aanslag is meer musiekblyspel, minder kabaret en humor, met 'n titsel honky-tonk.

Hy besluit om hom liewer te onttrek; hy het nie die selfvertroue om die tipe klaviermusiek te speel wat by die vertoning sal pas nie.

Marianne se vriend kry toe op die laaste nippertjie iemand anders om hom te begelei. Ons gaan na die openingsaand en dit is een moerse triomf. Van daardie aand af het dié jong man se lewenstrajek heeltemal verander. Sy naam is Marc Lottering.

75

'N ANDER MENS VAN GEHALTE WAT ek in hierdie tye ontmoet, is Nic de Jager. Ek het hom deur die stemkunstenaar Jan Cilliers en die radioman Leslie McKenzie leer ken. Al drie van hulle het in 'n woonstelblok, Villa Capri, in Mouillepunt gewoon, met glanstydskrif-uitsigte oor see en stad.

Jan se woonstel het 'n groot wit balkon gehad waar ons in die somer buite kon sit en goue dae beleef. Ek onthou een aand, net ná Nic se 50ste verjaarsdag, hoe droefgeestig hy oor sy 50ste was. Die tyd op aarde raak minder.

Volgens hom was dit nou klaar. Later het hy 80 geword en sedert die dae in Mouillepunt sekerlik van die produktiefste jare in sy lewe gehad. Hy is 'n inspirasie vir baie mense.

Ek herhaal, ek was gelukkig om ouer vriende van hierdie gehalte in my lewe te hê; hulle het my gevorm.

76

IN DIE TUSSENTYD HET VAN ons bure in Groenpunt ons aandag begin trek. 'n Oudredakteur van *Fairlady* wat in ons straat gewoon het, het eenvoudig oornag met haar kind na Nieu-Seeland verdwyn. Mooi huis waarin regter Pat Gamble vandag woon.

Dié naamlose redakteur, 'n sosiale vlinder en roemryk op haar dag, was ook suinig. Ek onthou toe ek nog as jongeling by Rozenhof-restaurant gewerk het, het sy nooit 'n fooitjie gelos nie. Ook nie die joernalis Barry Ronge nie.

Dan was daar die aand toe ek braaivleis ruik, maar dit was 'n aardige reuk. Ek sê nog vir Graham hoe vreemd, min mense braai in dié omgewing, veral in die winter, én dit was boonop middernag. Toe hoor ek 'n gegil.

Die reuk het sterker geword en begin ruik soos 'n gebou wat brand. Ek het op die balkon uitgehardloop en gesien hoe die kothuis agter ons bure se huis in ligte laaie staan.

Nadat die brandweer en die polisie gekom het, het ek gesien hoe iemand op 'n draagbaar by die laning langs die huis weggedra word, bedek deur 'n blink lyksak.

Die volgende oggend vind ek by die bure uit dat die manlike loseerder aan brandwonde beswyk het. Sy minnares het die hasepad gekies. Die voorlopige ondersoek het daarop gedui dat sy petrol oor hom gegooi en hom aan die brand gesteek het.

Later het ons met 'n ompad gehoor hy was ontrou aan haar. Sy het na Rio gevlug en niemand het ooit weer van haar gehoor nie. Ek onthou hulle as 'n aantreklike jong paartjie wat altyd verlief gelyk het.

Ook in ons buurt sou 'n bekende prokureur, Pete Mihalik, in sy motor deur 'n bendelid doodgeskiet word. Hy was besig om sy seun by die spogskool Reddam, 'n straatblok van ons af, af te laai.

Daar was die keer toe ek geweerskote hoor klap het, bande hoor skree het, en toe een groot slag. Ek het uitgehardloop en 'n motor hang toe oor die tuinmuur van die ouduitgewer Alida Potgieter se huis.

Vier mense was in die kar vasgeknel. Dit het gewieg en kon enige oomblik reg in die agterplaas val. Die polisie het die mense veilig uit die motor gekry en in die pad laat platlê. Kapers. Die motor is later veilig aan die eienaar terugbesorg.

Alida is nie die enigste persoon in ons buurt wat verbonde is aan die letterkunde nie. Net oorkant die pad van ons woon die gawe en skugter skrywer Damon Galgut.

Hy is baie privaat en dit het lank gevat om met hom te begin gesels. Maar hy het mettertyd ontpop, bly steeds eenkant, en het 'n baie goeie hart. Toe hy in 2021 die Booker-prys wen, het die straat mal gegaan.

Maar die vrou langs ons was heel geskok. "Ek het gedog hy's die opsigter!" het sy geskree. Sy is nie 'n leser nie en omdat Damon baie in die tuin werk en die dromme uitstoot op vullisdag, het sy daardie afleiding gemaak. Toe ek hom dit vertel, het hy beaam: "Ja jong, ek is die opsigter. Sy is heeltemal reg."

Die vrou in die woonstel onder hom is 'n storie op haar eie. Sy kom bedags skaars uit, maar as jy haar wel in die dag sien, lyk sy wild. Haar oë is groot en sy het 'n helse boskaas swart hare wat soos 'n Kalahari-tolbos lyk. Die hare staan regop in alle rigtings.

Maar sy is 'n aandmens en as jy haar twee honde, so groot soos twee vet rotte, snags sien, is dit soos iets uit 'n rolprent. Sy het halsbande om hul nekke met klein kleurvolle liggies wat skitter. As die krag afgaan en die hele straat is donker, sien jy net twee halsbandjies wat flikker. Jy kan dit nie opmaak nie. Soms speel sy die klavier laataand en jy hoor haar huil.

Een nag klop iemand aan ons agterdeur en 'n bleek man vra of ek asseblief saam met hom boontoe kan kom. Ek sluit die hek oop en loop agter hom aan.

In die boonste woonstel het 'n jong man gebly met 'n klein straatbrakkie. Hy en die hond was onafskeidbaar. Hy was 'n DJ by verskillende klubs in die stad en het tot laat gewerk. Ek is saam met die man by sy voordeur in, en daar sit hy toe in sy stoel. Dood.

Dit was 'n skok. Hy kon nie ouer as 25 wees nie. Sy hond het op sy skouers gestaan en sy gesig gelek, met sy stert wat waai. Hy wou sy oubasie wakker maak, maar hy sou nooit weer wakker word nie.

Die man by my was sy broer en hy was te geskok om enigiets te doen. Ek het vir hom gesê 'n dokter sou moes kom, die polisie en die lykswa. Hy sal ook hul ma moet bel.

Ek sal nooit vergeet hoe diep uit haar maag sy ma gegil het toe sy haar dooie seun sien nie. Sy het met haar hande teen die muur gedruk en toe inmekaar gesak.

77

D IT WAS 1994 EN MY 30ste verjaarsdag was op die horison. As 'n geskenk het Graham vir ons kaartjies na Londen en New York gekoop. Dit sou my eerste keer in Londen wees en my tweede keer in New York.

Casper Schmidt is reeds in Mei daardie jaar aan vigsverwante oorsake dood. Dit was tog jammer, ek sou hom graag wou sien.

Graham het gereël dat ons in beide stede by vriende oorbly. Ek was nie juis lus vir Londen nie; die Britte het op daardie stadium met hul hogere houding en aksente vir my 'n gatkramp gegee.

Maar dit was 'n geskenk en ons sou net een week daar vertoef. Die ander twee weke sou ons in Manhattan bly. Dit was 'n wonderlike present waarvoor ek Graham ewig dankbaar sal wees.

Die oomblik toe ons land, het ek dadelik van Londen gehou. Op die Heathrow-lughawe het ek toevallig in Hendrik du Toit vasgeloop, wat saam met my op skool was. Hy was toe 'n grootkop by Investec en het gereeld tussen Suid-Afrika en Londen gevlieg. Hendrik was altyd fiks en 'n kranige drawwer, en ek kon sien hy het steeds mooi na homself gekyk. Hy is vandag die hoof van die finansiële beleggingsmaatskappy Ninety One.

Ons is per moltrein na ons vriend Brian Reinker, 'n argitek wat ons in Kaapstad leer ken het. Hy het 'n groot woonstel in die hart van Londen gehad, in Grape Street naby Covent Garden en Soho.

Tydens die treinrit na Brian het ons verby voorstedelike huise gery met skoorstene waaruit rook geborrel het. Dit het bekend gelyk omdat ek daardie tipe argitektuur gereeld in rolprente gesien het.

Brian se woonstelblok was in 'n dekoratiewe vroeë Edwardiaanse styl. Die trap boontoe was ietwat somber, maar die interieur was modern met blink houtvloere en liggroen en wit mure.

Ons het skaars ons tasse neergesit, toe sê Brian ons moet na 'n kroeg net om die draai gaan. Bar Ramba was ook 'n bekende dansplek in daardie jare.

Buite was daar 'n groot TV-skerm en ek onthou duidelik die popgroep D:Ream met sy hoofsanger Peter Cunnah wat "Things Can Only Get Better" gesing het. Dit was inderdaad so.

Af met trappe en skielik was daar 'n trillende dansvloer met ligte wat flits en mooi mense oral. Dit was ook net-net die begin van die rave-kultuur.

Brian het vir ons elkeen 'n wit pil gegee. "Take this," het hy gesê, "you'll never be the same again."

En ons was ook nie. Dit was die eerste keer dat ek die dwelm Ecstasy geneem het. Toe die pille inskop het alles verander in 'n mallemeule van warm liggame, en drukke en soene met vreemdelinge. Buite was dit nog daglig, binne was ons in 'n sone waar tyd nie bestaan het nie.

Die pille het ons alle inhibisies ontneem en ons het gesprekke met wild-vreemde mense aangeknoop en musiek gehoor wat ons nog nooit voorheen teëgekom het nie. Om jonk en op daardie stadium in Londen te wees, was goddelik.

Op die voorblad van *Vanity Fair* 'n ruk later was daar op die voorblad: "London Swings! Again!" En binne: "As it was in the mid-60s, the British capital is a cultural trailblazer, teeming with new and youthful icons of art, pop music, fashion, food, and film. Even its politicians are cool. Or, well, coolish."

Noel Gallagher van Oasis was op die voorblad. In die tydskrif staan die volgende:

"Gallagher has been nonchalant about his frequent cocaine use, and he's not atypical. Young Londoners have a casual, positive attitude toward drugs that even Timothy Leary might not have countenanced; the American notion of drug taking as a sickness to be cured is utterly alien. 'There's a heroin addict, a cocaine addict, and a marijuana addict on my staff,' says James Brown, editor of *Loaded* magazine, more on which later. 'Sometimes it's difficult. Sometimes it's great fun.'"

En ons was deel van daardie atmosfeer. Deur die dag het ons Londen te voet verken en oral vir tipies Engelse kroegetes ingeval. Kunsuitstallings, argitektuur-wandelinge, museums, en dan Soho vir al sy gay-kroeë.

Snags is ons uit klubs toe. Heaven was om die draai en een van Londen se oudste klubs. 'n Enorme ruimte met balkonne en van die mooiste mense van oral in die wêreld. Die Ecstasy het ons ekstra woema gegee en ons het gedans totdat die son opkom.

Eendag sit ek en Graham in Balans Soho Society, 'n gay-restaurant, toe ons iemand van die Kaap sien. In die Kaap was hy maar 'n vaal seun wat snags as fopdosser gewerk het. Maar in Londen het hy heeltemal anders gelyk: groot gespierde arms, fikse liggaam, en 'n sexy gesig.

Hy het nie oogkontak met ons gemaak nie. Later het ons teen een van daardie rooi telefoonhokkies 'n groot plakkaat van hom gesien. Hy was 'n rent boy en nie sommer 'n hierjy een nie; een van die duurste in die stad.

Een aand is ons na The Fridge in Brixton, een van die wêreld se mees cutting-edge klubs. Popgroepe soos die Pet Shop Boys, Frankie Goes to Hollywood en Eurythmics het daar opgetree. Wêreldberoemde DJ's soos Armin van Buuren en Carl Cox het ook hier (en in nagklubs regoor Londen) gespeel. In een vertrek was 'n groot skerm waarop gay-pornografie vertoon is.

Daar sien ons toe die fopdosser van Kaapstad wat nou een van die duurste rent boys in Londen is, in sy volle glorie. In die groepwoeps op die skerm is dit nie net hy nie, maar ook twee ander jong mans van Kaapstad. Ek let toe op dat daar ook 'n regte orgie rondom ons plaasvind, en nie lank nie of een kêrel gryp my van agter en ruk my broek af. Londen is nie Koekenaap nie, dit is vir seker.

Later op die dansvloer merk ek op dat daar 'n vertrek is met medics, toegerus met al die apparate vir 'n noodgeval. Hoe gesofistikeerd. Jy gaan nie mense keer om dwelms te neem nie, maar jy kan sorg dat as hulle 'n oordosis vat, jy hul lewe kan red.

Terwyl ons dit op die dansvloer uitgekap het, het ek niemand anders nie as Grace Jones en Boy George sien dans. Die imposante Grace het bo almal uitgetroon. Ek was al jare lank 'n aanhanger van haar, sedert die dae toe ek in New York gewoon het.

In die donker het dit gelyk asof sy kaal dans, maar of ek hoog was en my dit verbeel het of nie, dit was asemrowend.

'n Terloopse storie oor Grace Jones: Sy is deur 'n Suid-Afrikaanse vrou "ontdek". In die vroeë sewentigerjare het 'n bloedjong Esti Mellet, oorspronklik van Brakpan, in Parys gewoon. Hier het sy begin modelwerk doen, maar aan die begin was dit swoeg vir min geld.

In die goedkoop hotel waar sy met ander modelle gewoon het, was daar drie ander wat ook aan die begin van hul loopbane gestaan het. Niemand anders nie as Grace Jones, die model Jerry Hall en die akteur Jessica Lange.

Saans voordat hulle uitgegaan het, het Grace opgewarm deur 'n paar liedjies te sing, sommer vir die pret. Esti het op daardie stadium met 'n man in die musiekbedryf uitgegaan wat nuwe talent gesoek het.

Sy het hom aan Grace voorgestel, maar Grace wou van niks weet nie.

Hulle oorreed haar toe, en hy boek haar net daar om die volgende dag na sy ateljee te gaan. Die res, soos die Engelse sê, is history. Dat iemand van Brakpan wragtig 'n invloed op Grace Jones se loopbaan gehad het, is absurd.

Ons tyd in Londen het amper tot 'n einde gekom, maar daar was nog een groot geleentheid. Op 4 November 1994 het ek 30 geword en Brian het vir my 'n partytjie in sy woonstel gereël.

Die aand van my verjaarsdag het ons heelparty van ons vriende in Londen uitgenooi. Die kos was soos iets uit die Amerikaanse tydskrif *Bon Appétit*: kaviaar, kreef, soesji, krap, eend, foie gras. Die sjampanje was Frans en dié het gevloei. Op 'n silwer skinkbord is daar hope kokaïen bedien.

Dit was die eerste keer dat ek kokaïen snuif en die effek was onmiddellik. Ek het gevoel asof ek hope selfvertroue het en ek het ontpop as 'n "politieke kenner". My gebabbel was oor die wondere van die ANC, Suid-Afrika se oorgang na demokrasie en Nelson Mandela.

Hoe meer lyne ek gesnuif het en hoe meer sjampanje ek in my keelgat afgegooi het, hoe heftiger het ek geraak. 'n Klein skare het om my vergader en ek het so meegevoer geraak, ek was half in 'n beswyming. Ek het skoon hoendervel gekry.

Toe ons weer sien, is dit al amper 03:00. Ons is toe uit na 'n klub waar ons Ecstasy gevat het.

Die vlug na New York was omtrent 11:00. Daar was geen tyd vir slaap nie, ons moes inpak en by die lughawe uitkom.

78

O P DIE VLIEGTUIG WAS ONS op 'n buzz en het ons nog sjampanje bestel. Dit was 'n kort vlug van sewe uur, en ons moes probeer slaap. Ons het elk twee slaappille gesluk. Toe die lugwaardin ons wakker skud, het ons reeds in New York geland.

Ons is per geel taxi na Irwin Weiner se woonstel in Upper West Side. Hy was die Suid-Afrikaanse binnehuisversierder wat ek geken het toe ek die eerste keer op Casper Schmidt se uitnodiging New York toe is. Sy woonstel was groot genoeg vir ons om daar te slaap, en omdat hy teen hierdie tyd 'n gevestigde naam in New York was, was dit gemaklik en aanskoulik.

Soos Londen in 1994, was New York op die kruin van alles wat hip and happening was. Ons het eers al die tipiese toerismegoed aangepak, die Guggenheim-museum besoek, daarna die Empire State Building, en natuurlik ook die Algonquin Hotel, wat vir ons van literêre waarde was omdat bekende skrywers in die 1920's as deel van die groep The Round Table hier vergader het.

Dorothy Parker het daar gesit en haar gedigte en kortverhale voorgelees – wat 'n ondervinding moes dit nie gewees het nie. Ons het ook 'n dop gaan drink by The Russian Tearoom, een van New York se oudste en bekendste restaurante.

Bekende rolprente soos *Manhattan*, *When Harry Met Sally* en *Tootsie* is hier verfilm. New York was vir my tydens die tweede besoek meer sensasioneel en amper oorweldigend, omdat ek ouer was en (relatief!) meer geld tot my beskikking gehad het.

Daar was 'n uitstalling van die groot kunstenaar Willem de Kooning wat ons in die Metropolitan Museum of Art bygewoon het, 'n ervaring wat jou verryk. New York was steeds die plek waar jy sommer in verskeie mense vasloop of hulle raaksien.

Ingrid Bernstein, wat in my jeug saam met my by Rozenhof-restaurant gewerk het, het skielik verby my geloop op 5th Avenue. Ons kon dit nie glo nie, in 'n groot stad soos New York.

Ons het 'n bottel wyn bestel by 'n restaurant en sy het my vertel van haar nuwe lewe as kopieskrywer vir 'n groot advertensiemaatskappy. Om daar te woon en om daar vakansie te hou, is twee wêrelde, het sy vertel. As jy daar werk, werk jy jou oor 'n mik, ses dae 'n week en lang ure. Jy kry skaars tyd vir uitgaan, behalwe as jy skatryk is.

Terwyl ons buite die restaurant sit, kom Woody Allen en sy vrou, Soon-Yi Previn, hand aan hand verbygestap. Hulle het baie verlief gelyk en om amper drie dekades saam te wees, sê iets oor hul verhouding en liefde vir mekaar.

79

ONS HET ELKE AAND NA 'n toneelstuk of musiekblyspel gaan kyk. Wat my bybly, was om Carole King in *Blood Brothers* te sien. Haar liedjie "You've Got a Friend" het van haar 'n internasionale naam gemaak.

Basia se konsert is oral op lamppale geadverteer. Die stad het geruk. Die teaters in New York was elke aand stampvol.

Ná vertonings het die akteurs almal op die verhoë uitgekom. Elk met 'n rooi strik. 'n Minuut se stilte vir almal in die vermaaklikheidsbedryf wat dood is aan vigsverwante siektes, is gehandhaaf. Dié siekte het veral op die kreatiewe gemeenskap 'n verwoestende uitwerking gehad.

'n Toneelstuk oor die pandemie, *Angels in America*, het uitstekende resensies ontvang en is met 'n staande toejuiging van 10 minute beloon die aand toe ons daar was.

Ons het ook die musiekblyspel *Show Boat* met Elaine Stritch daarin gesien. Daardie aand was dit ook die openingsaand van *Sunset Boulevard* met Glenn Close in die hoofrol. Toe ons show klaar was, het ons verby die Minskoff-teater geloop. Daar was pandemonium, want Glenn Close het op die trappe wat spesiaal geïnstalleer was, in haar lang, sjiek rok gestaan en vir die skare gewuif. Daar was 'n helikopter bo met 'n lig wat op haar geskyn het.

Sy was pragtig en het van blink juwele gedrup. Mense was dol oor haar en die atmosfeer was aansteeklik. Ek het sommer in trane uitgebars. Langs my sien ek 'n man wat vir my glimlag omdat ek huil, en dit is niemand anders nie as Clint Eastwood. Cowboys don't cry, or do they?

Ons is met die moltrein terug na Irwin se woonstel, oorstelp deur al die aksie en drama.

Die volgende oggend hoor ons die *New York Times*, gewoonlik dikker as die ou geelbladsye, by Irwin se voordeur val. Op die voorblad is 'n foto van Glenn Close en binne is die resensie, sommer die oggend ná die vorige aand se opening. Die woorde op die voorblad by die foto was: "SUNSET BOULEVARD; Boulevard Of Broken Dreams". Die eerste sin: "THE mansion has landed." Daardie produksie het groot lof ontvang, ook 'n titsel kritiek.

'n Ander musiekblyspel wat ons gaan sien het, was *Hello, Dolly!* met Carol Channing in die hoofrol. Sy het die rol van Dolly Levi die eerste keer in 1964 vertolk, en toe weer in 1994, 30 jaar later. 'n Herlewing.

Dit was 'n groot gedoente en Amerikaners neem hul kunstenaars ernstig op. Ons moes per trein Boston toe en vir 'n nag daar oorbly by 'n kennis, en dan die volgende oggend weer terugry New York toe.

Die aand voor ons vertrek hou Irwin 'n ete vir my en Graham, en ook vir Damon Galgut en sy goeie vriend, die dramaturg Nigel Maister. Albei van hulle het drama aan die Universiteit van Kaapstad gestudeer.

Ons het op daardie stadium nie eens geweet Damon was al, of sou nog vir dekades ons buurman word nie. In New York gebruik mense skaars hul kombuise, so ons het Chinese kos bestel wat binne minute in mooi wit boksies by die voordeur afgelewer is.

Toe ons die volgende aand in Boston aankom, tref 'n koue my wat ek in my lewe nog nooit ervaar het nie. 'n Koue wat regdeur jou kop boor. Gelukkig is die teater binne warm en die dekor majestueus, met balkonne, rooi sitplekke en goue kandelare.

Toe Carol Channing op die verhoog verskyn, het die skare spontaan opgespring, hul voete gestamp en hande geklap. Ná baie minute het sy dramaties haar hand gelig en vir ons beduie om te sit.

Haar vertoning was professioneel en dit was 'n geskiedkundige oomblik om die oorspronklike Dolly Levi op die verhoog te sien optree. Ons het besluit om buite in die koue vir Carol te gaan wag. Ons spoor haar limousine agter die teater op, met die chauffeur binne. Die groot swart kar luier en wag vir haar.

Stoom kom by die uitlaatpyp uit. Ons wag en wag. Later raak ek aan die gesels met haar drywer. Hy vertel toe vir ons hoe moeilik sy is en dat jy jou storie met haar moet ken. Nadat ons amper 'n uur gewag het, was ons op die punt om te verkluim.

Ons is toe maar stert tussen die bene daar weg, ons gesmag na 'n handtekening daarmee heen. Die volgende middag is ons terug na New York, en ek is toe lus vir 'n glas wyn in 'n kroeg.

Daar op die TV verskyn 'n onderhoud met Carol Channing oor haar rol in *Hello, Dolly!* Sy was dus besig met onderhoude ná haar vertoning terwyl ek en Graham buite staan en vergaan het. Die merrie!

80

O M NIE OOR NEW YORK se naglewe te praat nie, sal 'n sonde wees. En glo my, daar is baie gesondig. Die ou "boekwinkel" Les Hommes was steeds daar en ek onthou dit uit my dae as jongeling toe ek destyds in New York gewoon het.

Voor verkoop hulle pornografie, en agter is daar 'n klein bioskoop waar seksfilms vertoon word. 'n Gordyn skei die winkel van die teatertjie.

Jy maak die gordyn oop en dan cruise jy. As jy nie weet wat cruise is nie: Jy flankeer met 'n vreemdeling en as julle hou van wat julle sien, het julle anonieme rumpy-pumpy.

Ek was verstom dat Les Hommes nog bestaan het.

Verder af in die straat was daar 'n kroeg wat elke aand 'n episode van *Dynasty* op 'n groot TV-skerm vertoon het. Sodra Joan Collins haar verskyning gemaak het, het die queens omtrent gegil soos katte, en daar was fopdossers wat spesiaal soos sommige van die vrouekarakters aangetrek het.

'n Klub wat ons amper elke aand besoek het, was Splash. Ons het, soos die gewoonte in Londen was, vir Ecstasy gevra, maar nee, die algemene gevoel was daarteen. Dwelms was nie so gewild in New York as in Londen nie.

Absolut-vodka shots moes maar die aand verhelder. En hoe! By Splash was glastoonbanke waarop go-go boys kaal geloop het. Daar was storte bokant die toonbanke geïnstalleer waaronder hulle geparadeer het. Water het op hulle geval en hulle het wellustig en suggestief met mekaar gedans. Daar was 'n groot boks waar 'n mens vir hulle fooitjies kon los.

Ereksies oral, en een massiewe orgie met harde musiek en 'n massa dansende lywe. In die een hoek het ek 'n man in 'n swart jas sien staan, met 'n groot sonbril en 'n wandelstok. Dit was niemand anders nie as die modeontwerper Karl Lagerfeld.

'n Ander klub wat ons gereeld besoek het, was Limelight. Dit was in 'n groot ou kerk met 'n preekstoel waar die DJ sy musiek gespeel het. Daar was hokkies waar die katolieke skuldbelydenis kon aflê.

Maar daar was geen skuldbelydenisse agter daardie gordyne nie. Daar is gekafoefel en gekattemaai. Sommiges het glory holes gehad waardeur jy jou familiekierie kon druk terwyl iemand aan die ander kant dit vir jou blinkvryf – if you get my drift.

'n Sweefstokarties wat soos die duiwel aangetrek was, het deur die lug geswaai met 'n rooi vurk, horings en rooi ligte wat om sy kop geflikker het. Voor die preekstoel was daar 'n Christus-figuur op 'n kruis, en die doring-kroon het ook flikkerliggies gehad.

Kaal mans wat soos engele vlerke gedra het, was op die dansbaan, of hulle het jou nader geroep na een van die hokkies vir sondevergifnis. As my ouma daardie kerk kon sien, sou sy sekerlik gedink het dit was die einde van die wêreld.

Ons tyd in New York het ná twee weke tot 'n einde gekom. Ons moes via Londen terugvlieg en het 'n hele dag gehad om daar te spandeer. Toe is ons maar na Soho waar ons in kroeë uitgehang het.

Op Johannesburg se lughawe moes ons wag vir 'n aansluitingsvlug na Kaapstad. Terwyl ons daar in 'n restaurant sit, kom sluit Pieter-Dirk Uys by ons aan.

Dit was net vir 'n kort rukkie; hy was op pad iewers anders heen, maar net voor ons opstaan, kom 'n ou tannie van 'n ander tafel en vra vir Pieter-Dirk: "Are you Jamie Uys?"

81

ERUG IN SUID-AFRIKA WAS DIT weer skouer aan die wiel sit en begin werk. Ná Londen en New York het dit ons maande gevat om weer aan die kleindorpse Kaapstad gewoond te raak, maar dit sou vinnig verander.

In Groenpunt is 'n gay-ghetto wat oornag ontvou het. Daar was klubs wat oopgemaak het wat net sulke goeie musiek soos oorsee gespeel het. Restaurante het gefloreer en amper elke week was daar 'n nuwe een wat geopen het. Van die bekendste gay-klubs was Club 55, Bronx, Angels, Detour (BAD) en Blah Bar. Laasgenoemde sou later deur 'n bom verwoes word en die een kroegman het sy voet verloor. In De Waterkant was daar Cafe Manhattan en verder af 'n teater, On Broadway.

Jy kon die aand begin by Cafe Manhattan vir ete, dan na On Broadway om 'n drag show te sien, en daarna gaan na een van die vele klubs wat oor naweke oop gebly het totdat die son opkom.

'n Ruk terug van oorsee en my foon lui. 'n Vriendin van my ma vra of ek nie na Ria se sterfbed wil kom nie, sy staan einde se kant toe. Sy is destyds uit die hospitaal ontslaan, maar die keelkanker het teruggekeer.

Sy is op sterwe op haar bed op die plaas. Nadat ek die foon neergesit het, het ek weer gedink aan wat sy vir my beteken.

Ek het goue jare met haar gehad toe ons in Kloofstraat gewoon het in die losieshuis vol interessante mense. Seepunt was hartlik en daar het ons baie gelukkige jare gehad.

Tog was daar die jaar in die kinderhuis, die tyd by Braam Lategan met sy vrou, Tina, wat my onwelkom laat voel het. Daarna is ek na my pa, wat 'n volslae alkoholis was en my verwaarloos het.

Sy het op 'n plaas gaan woon, onder die indruk sy trou met 'n ridder op 'n wit perd. In stede om van hom te skei, bly sy aan en word ook 'n alkoholis.

Nie sy of my pa het my ooit gekontak as ek iets suksesvols in my lewe bereik het nie. Dit was maar altyd 'n dawerende stilte. Hulle het vandat ek 16 was geen finansiële of emosionele ondersteuning gebied nie.

Ek het die vrou teruggebel en vir haar gesê sy moet al hierdie dinge aan my ma noem en haar dan vra hoekom ek haar nou skielik op haar sterfbed moet kom groet. Daarna het verskeie mense by my kom pleit ek moet gaan.

Sheila Cussons het deur Amanda Botha hiervan te hore gekom en my gevra om asseblief te gaan. Ek het geweier.

Die dag toe die oproep met die tyding van haar dood kom, sit ek met my vriendin Petra Mason van Associated Magazines in Perseverance Tavern in Vredehoek.

Ria het laat weet ek moet onthou dat sy altyd lief vir my was. Dit was betekenislose woorde, want haar dade het dit nie bewys nie.

Ek het aanhou kuier in die kroeg en huis toe gegaan. Die volgende oggend het ek, nes met my pa, in die bad gesit en hard gehuil. My ma was maar 52. Weer gehuil oor wat kon wees, verspeelde kanse, jare, lewens en potensiaal. Beide sy en my pa se lewens was half geleef. Ek het gedink aan die mooi jong vrou in Seepunt langs die swembad, met vol borste, 'n pragtige vel, sonhoed op die kop.

'n Groot verdriet het swaar oor my skouers gehang. Eers later in my lewe sou ek die noodsaaklikheid van vergifnis leer en kon ek hulle onvoorwaardelik liefhê.

82

ENDAG NADER DIE REDAKTEUR VAN *Cape Style* my en vra of ek nie as artikelskrywer by hulle wil kom werk nie. *Cape Style* in daardie dae was soos 'n plaaslike *Vanity Fair* en hulle het artikels oor 'n wye verskeidenheid onderwerpe geskryf.

Ek sou my eie kantoor in die middestad kry. Dit was vir my moeilik om die besluit te neem omdat ek baie lief geword het vir almal by *House and Leisure*. Hulle was soos die familie wat ek nooit gehad het nie.

Maar in 1996, ná ongeveer vyf jaar, het ek gedink dit is dalk reg om 'n sprong te maak. Daar was 'n groot afskeid en ek het nog maande daarna getwyfel en gewonder of ek die regte besluit geneem het.

By *Cape Style* het hulle my, soos die cliché sê, aan die diep kant ingegooi. Ek het 'n rubriek op die agterblad gehad, "Spilling the Beans", waarin ek oor mense en hul skandes kon skryf. Dan was daar "Nightlife", "Where to Eat Now", "Gay & Lesbian", "Theatre", en dan moes ek nog twee tot drie features skryf.

Ek kan nie glo ek het so hard gewerk nie. Amper elke aand het ek uitgegaan na 'n nuwe restaurant, kunsgalery, nagklub of funksie. Verder moes ek wyd lees oor alles onder die son, omdat die features so baie uiteenlopende onderwerpe gedek het.

Die skryfstyl was ook anders as by *House and Leisure*. In *Cape Style* het hulle die Britse styl van kritiese joernalistiek gevolg. Jy moes krities oor mense en plekke skryf en met ironie skryf. Dit het tot baie moeilikheid gelei.

Daar was die tyd toe ek 'n onderhoud met Jeanette Harksen, vrou van die Duitse vlugteling Jürgen, moes voer. Hulle was glanspersoonlikhede op die Kaapse sosiale toneel en het in 'n palazzo in Constantia gewoon.

Ek kon nie 'n onderhoud met Jürgen self kry nie, en moes dus deur Jeanette werk. Ons moes maak asof ons vreeslik in haar huis, in haar en haar tuin belangstel. Sodoende kon ons inligting uit haar kry wat dalk met haar man verband gehou het. Ek is saam met die fotograaf daar weg en arriveer toe voor imposante hekke wat lyk asof hulle voor Buckingham-paleis staan.

'n Sekuriteitswag laat ons in en ons ry met 'n paadjie tot by die voordeur. Jeanette, pragtig geklee, maak die deur oop en neem ons deur die paleis van 'n huis. Sy begelei ons na 'n ruim kamer vol rokke, dan na 'n ander kamer vol skoene, net die beste.

Die weelde in die huis was asemrowend. Waar die geld vandaan gekom het was duister, maar Jürgen is later tronk toe. Sy het hom ook later geskei.

Op daardie stadium was hulle the couple of the moment. Ek het die onderhoud gevoer, maar sy was skugter om oor haar man te praat en het merendeels oor die dekor en klere aangegaan.

Ek het die artikel geskryf en ekstra inligting oor al haar man se mane-wales in 'n kassie by die storie gevoeg. In jukstaposisie met die foto's en die storie oor weelde en rykdom, het dit hulle nie goed laat lyk nie.

Toe die artikel verskyn, was sy diep seergemaak; sy het my gebel en oor die telefoon gehuil. Jürgen was woedend en het my gebel en gedreig. Ek moet erken ek was bang, want hy het goeie kontakte in die onderwêreld gehad. I had to watch my back. Maar ek het iets reggekry wat geen ander joernalis kon nie, en dit was om vir lesers te wys hoe die Harksens gelewe het.

Dan was daar die keer toe ek besluit het om van die top-eetplekke in die Kaap se toilette te besoek. Bo blink en onder stink. Ek sou hulle 'n punt uit vyf gee vir netheid, toiletpapier, algemene voorkoms en skoon wasbakke.

Ek en die fotograaf het op 'n besige Vrydagaand tien topplekke besoek. Ons moes vinnig wikkel, want ons wou nie aandag trek nie, maar ek moes ook genoeg tyd in elke plek spandeer om ingeligte besluite te neem.

Bitter min van hulle het vier uit vyf gekry; die meeste het twee gekry, en een selfs nul, so skokkend was die toestand van die toilette. Die fotograaf Jackie Meiring, 'n vrou, het die vrouetoilette beoordeel.

Toe die tydskrif op die rakke verskyn, was daar pandemonium. Van die restaurateurs was woedend en het sommer by *Cape Style* se kantore opgedaag om my te kom bliksem. Ons moes die sekuriteitswag onder vra om niemand toe te laat wat toegang tot ons kantore wou hê nie.

Prinses Diana was in die Kaap en het by haar broer, Charles Spencer, gebly. Ek wou haar graag opspoor, maar dit was uiteraard 'n streng geheim dat sy hier was.

Een van my kontakte het my van haar besoek laat weet en dat sy dit oor-weeg om permanent in Kaapstad te kom woon. 'n Ander persoon het my laat weet sy sou daardie aand by Blues in Kampsbaai gaan eet.

Ek en die fotograaf het daar gewag, maar niks opgemerk nie. Die storie is toe maar laat staan omdat ek nie lus was om haar soos 'n paparazzo te agtervolg nie.

'n Paar dae later stap ek verby Sotheby's in die Kaap en daar sien ek haar. Wat 'n mooi vrou, maar ongelukkig omring deur 'n garde wagte en ek het ook nie my kamera by my gehad nie. You win some, you lose some.

Daar was ook gesprekke met Richard Branson en die internasionale verteenwoordigers van Boss Models. Baie opwindende tye by *Cape Style*, maar ná amper vyf jaar by *House and Leisure* en dieselfde tyd by *Cape Style*, wou ek as vryskut begin werk.

83

TERWYL EK NOG BY *House and Leisure* was, het ek met ouer joerna-
liste bevriend geraak. Lin Sampson was reeds 'n gevestigde naam en
bekend vir haar briljante features.

Ek het baie by Lin geleer oor hoe om (te probeer om) 'n storie lewendig
en interessant te maak, iets wat sy baie beter as ek kon doen. Daar was baie
jaloesie van ander mindere joernaliste teenoor haar, iets wat ek nie kon
begryp nie. Lin het nie persverklarings oor mense geskryf nie, sy het die
waarheid geskryf. Dit het van haar 'n teiken gemaak.

Glanspersoonlikhede, boewe, baie mense het haar verpes. Op hierdie
punt: Die probleem met die Afrikaanse joernalistiek is merendeels hul krui-
perigheid voor bekendes. In onderhoude is alles fantasties en wonderlik
omtrent die persoon.

As hulle so pas 'n nuwe liefde ontdek het, word dit sommer 'n storie, en as
daar boonop 'n baba verwag word, is dit ook 'n artikel op sy eie. Die ergste
is die gedweep met godsdiens, en as 'n bekende se loopbaan begin kwyn, is
daar altyd hulp: Jy het die Here gevind.

Dit is banale joernalistiek wat spookasem aan lesers opdis wat dit som-
mer goedsmoeds aanvaar. Goed, 'n mens moet nie veralgemeen nie; nie alle
Afrikaanse publikasies is so nie, en 'n mens moet jou lesers se belangstellings
in ag neem.

Wat ek van die Engelse pers geniet het, was hul eerlikheid en bereidwillig-
heid om te eksperimenteer met verskillende eerlike en kritiese skryfstyle en
onderwerpe, selfs al gee dit lesers aanstoot.

Toe ek as vryskut begin, het ek vir talle publikasies gewerk en stories
ingestuur: *Sunday Times, Mail & Guardian, Weekend Argus, Cape Times* en
'n klomp ander koerante. Ek het rubrieke in *Fairlady, Cape Etc, Sawubona,
SA Citylife* en *Cape Style* gehad.

Van die oorsese publikasies waarin ek gepubliseer is, is *Vogue Entertaining
+ Travel, Men's Health* en *Time Out*, om maar 'n paar te noem. My vryskut-
lewe was produktief, maar ek het al hoe meer begin drink.

Vernon Adams van Cape Talk-radiostasie het my gevra om Vrydagaande op sy program te praat oor wat in die stad aangaan. Hier het ek my soms heeltemal te buite gegaan. Hoe ek daarmee weggekom het, weet ek nie.

Tye was anders. Ek het absurde goed gedoen soos om vir James Small op die lug by te kom en luisteraars te vra om hom sommer daar en dan te bel en vir hom te vertel wat hulle van hom dink. Ek gee dan ook sy selnommer.

Die lyne begin rooi flikker soos mense inbel. Een man dreig my met die dood, 'n ander een vertel my ek het die regte ding gedoen, hy moet op sy plek gesit word.

Watter plek, weet ek nie. Die radiostasie het toe net begin; ek dink nie iemand het al voorheen so iets geakkommodeer nie. Die volgende oomblik wys die vervaardiger daar is 'n belangrike oproep. Dit is James Small op die lyn.

Ek val hom toe aan omdat hy nie vir die tydskrif *Student Life* se voorblad wou poseer nie. Hy het tog baie van sy roem aan sy talente én die media te danke. Die gesprek gaan hiernatoe en daarnatoe, en hy is so sjarmant dat ons op die ou end as vriende uitmekaar is en ek op die lug jammer gesê het. Ja, James het 'n sagte hart gehad en kon jou om sy pinkie draai.

Later het ons by die Vasco da Gama Taverna in Groenpunt saam gekuier en ek was regtigwaar skaam oor my onprofessionele gedrag.

'n Ander radiostasie wat toe net begin het, is Fine Music Radio. Leslie McKenzie was die stasiebestuurder en hy het vir my en Marianne Thamm gevra of ons elke tweede Sondagaand 'n gas kon uitnooi en 'n gesprek voer.

Hoe ek ook nog daarby uitgekom het, weet ek nie, maar daai gig by Fine Music Radio het amper tien jaar aangegaan.

84

NAWEKE HET EK BAIE DWELMS geneem, soos LSD, kokaïen, Ecstasy en alles waarop ek my hande kon lê. Daar is elke naweek by die klubs in Groenpunt gefuif.

My naweek het gewoonlik op 'n Vrydag begin wanneer ek 'n middagete gaan nuttig het. Dit was maar merendeels om te drink. The food was an afterthought.

Een van my groot drinkmaats was David Bullard, wat 'n gewilde rubriek in die *Sunday Times* gehad het. Hy was goeie geselskap en het 'n uittartende houding teenoor alles wat hy as huigelary gesien het, gehad.

In later jare is hy met groot fanfare as rubriekskrywer afgedank en hy het agterna die darling van die konserwatiewes geword. Ek het hom nooit as rassis of homofoob ervaar nie, en hy was 'n storieverteller van formaat.

Eendag, ná 'n gedrinkery met hom by Cafe Paradiso in Kloofstraat, was ek so getrek dat ek nie my motor kon vind nie. En dit was 'n motor wat uitgestaan het, 'n ou Volvo 144S, jaar 1967.

Ek is met 'n taxi na ons woonstel waar ek, toe ek die taxi-deur oopmaak, uitgerol het op die sypaadjie. Dít was my Vrydagmiddae.

Gepraat van Cafe Paradiso. 'n Ander drinkersvriend was die joernalis Madeleine van Biljon. Ons het een sonnige Sondag by dié plek gaan eet. Die restaurant het aan Madeleine se dogter Mapula Swanepoel behoort.

David Bullard was daar, Graham, Lien Botha en haar man, Raymond Smith. Die drank het gevloei en veral ek en Madeleine het lekker skapies aangeja.

Op 'n stadium staan Madeleine op om badkamer toe te gaan. Sy loop die trappe op en daar val sy om en lê op die vloer. Sy kon nie regop kom nie. Dit het vier van ons gevat om haar op te lig en agter op Raymond se bakkie te laai. Daar lê sy toe, uit soos 'n kers.

Ons besluit om haar na haar woonstel in Parliament Chambers te neem, net oorkant die parlement. Toe ons daar kom, met David Bullard agter ons, spring Madeleine vanself van die bakkie af. "Kom mense! Nou gaan ons paartie!"

Ons is toe by die trappe op waar ons verder gedrink het tot laatnag. Ek en Madeleine het die voortou geneem.

Later kon ek nie meer nie en ek moes gaan uitdroog in die Cape Medi-Clinic. Toe ek daar inteken, sien ek hoe iemand in die gang lê en roggel.

Madeleine! Ek kon dit nie glo nie. Ek groet haar, maar sien die pille het reeds ingeskop. Sy was ook daar om uit te droog.

Later vertel die psigiater my laggend dat Madeleine vir hom gevra het of sy besig is om mal te word. Is dit Herman Lategan wat sy nou gesien het?

Ek en Madeleine het eendag ná die uitdroog-episode besluit ons gaan Alkoholiste Anoniem toe. 'n Nuwe blaadjie word omgeslaan.

Ons het eers 'n paar regmakers gedrink en is toe na 'n kerk naby die Tuinesentrum. Daar het ons luidrugtig geraak en ons is gevra om te loop. Dit was toe nou die einde van daai plan.

'n Ander keer, toe ek in die Cape Medi-Clinic uitdroog, het ek gemaak asof ek na 'n AA-vergadering gaan. Eintlik was ek op pad na 'n kroeg waar ek kon drink en van die pille afsluk wat hulle vir 'n mens gee om jou te kalmeer.

Ek is horriesdronk en high as a kite terug na die hospitaal, waar ek op een of ander manier in 'n saal vol bejaarde vroue beland het. Ek het sulke nat lappies by my gehad. Waar ek hulle gekry het, weet ek nie.

Maar ek het hul gesigte begin afvee. Dit was koel en heerlik en hulle was mal daaroor. Behalwe een vrou wat toe alarm maak en my wegjaag.

Die volgende oggend het die psigiater my ingeroep en gevra dat ek die hospitaal verlaat.

85

MY NAWEKE HET LATER SO begin lyk: Vrydag begin met 'n noen-maal en wyn. Die aand het ek dan dwelms bestel en nog gedrink. Dan is ek klub toe tot die oggend. Ek is dan huis toe om my vodka-jellie te eet. Dit is 'n bottel vodka wat jy in jellie gooi, meng, en dan oornag in die yskas los.

Saterdae was ek maar meestal aan die slaap ná die vorige nag se gefuif, of ons het middagete met vriende gaan eet by Posticino, onder andere met Catriona de Morgan, die nuusleser Michael de Morgan se weduwee. Ons het haar The Widow De Morgan genoem. Sy was op haar dag 'n lugwaardin en kon my ook onder die tafel in drink.

Saterdagaand se kant het ek weer dwelms bestel en gaan klub tot Sondag-oggend. Sondae het ons gechill en mense van die klub het by ons kom musiek luister. Nog dwelms is bestel en ek het gesnuif en gedrink tot laat.

Maandae was ek so depressief van al die dwelms dat ek gereeld my eie lewe wou neem. Dinsdae het ek ietwat beter gevoel, Woensdae was ek weer reg en Donderdae het my mond begin kwyl vir die Vrydag en die naweek.

Ek en Graham het in daardie tyd sommer maklik op 'n vliegtuig geklim en na Johannesburg gegaan waar ons vir die naweek gaan dans het. Ek het natuurlik dan weer baie gedrink en dwelms geneem.

Graham was mak in vergelyking met my; ek was die wilde een. My drin-kery en dwelmmisbruik het my toenemend soos 'n kranksinnige persoon laat optree.

Een aand het ons in die Labia-bioskoop saam met 'n paar vriende na 'n rolprent gaan kyk, *Pleasantville*. Wel, daar was min plesier daardie dag. Ek was hoenderkop en die man agter my het springmielies geëet. Luid, uit 'n kardoes. Ek het hom mooi gevra om stiller te eet omdat die fliek begin het.

Hy het my getart en nog harder geëet. Daarna vra ek hom weer om stiller te eet. Hy draai toe na 'n vrou langs hom en vra of ek 'n psigopaat is. Ek raak woedend en vra hom of hy wil sien hoe 'n psigopaat optree.

Uit my sak haal ek pepersproei, draai om, en spuit die kannetjie leeg. Hy skrik so groot, hy val agteroor en rol tot op die sitplek agter hom.

Die hele teater ruik na pepersproei. Mense begin hoes en strompel na die deur om uit te kom. Ek begin hardloop.

Buite by die ingang is daar 'n skare en ek hoor 'n blonde vrou agter my sê dat iemand 'n geweer op Herman Lategan gerig het. Terug by die huis het ek gewag vir die polisie om my te kom haal.

Agterna het ek sleg gevoel, uiteraard, en ek het daarna, waar ek kon, vir die Labia publisiteit gegee. My gedrag het net meer onvoorspelbaar geraak.

Op 'n dag bel *Fairlady* my. Esmaré Weideman was die adjunkredakteur en ek het 'n rubriek vir hulle geskryf. Namens die redakteur, Alice Bell, laat weet sy my 'n stuk wat ek oor Breyten Breytenbach in my rubriek geskryf het, sal nie aanklank by hul lesers vind nie. Omdat ek op die hoogtepunt van my waansin was, skree ek op haar en sê ek is nou op pad.

Ek spring in my motor en jaag na die Naspers-gebou en drink eers drie dubbele whiskys by 'n Portugese restaurant net om die draai. Daarna stormloop ek die gebou, vat die hyser op na *Fairlady* en hardloop by die oopplankantoor in.

Ek storm op arme Esmaré af en vra haar waar die harde kopie van die rubriek is, gryp dit uit haar hande en skeur dit op. Alice Bell spring van haar stoel af en skree kliphard ek moet uit!

Die volgende dag het ek uiteraard weer skuldig gevoel, soos ek moes, en apologie aangeteken. Die rubriek het nog sy gang gegaan. Ek is selfs na twee van hul Kerspartye genooi, maar nadat ek die tiende keer bedank het, het hulle dit aanvaar.

Dit hou nie op nie. Ek het ook 'n rubriek in *Cape Style* gehad. Die redakteur vertel my eendag Dullah Omar, toe die minister van justisie, het 'n huis in Constantia gekoop en hy trek soontoe.

Omdat die redakteur dit self aan my vertel het, het ek aangeneem die storie is waar. Wat enige normale joernalis sou doen, was om drie verskillende bronne te kry om dit te bevestig, of dit in die aktekantoor na te slaan.

Nie ek nie. Ek skryf dat dit 'n hartseer dag is as die minister van justisie moet vlug uit sy huis in Athlone omdat Constantia veiliger is. 'n Prokureursbrief kom daarna by *Cape Style* aan, wat sê dat minister Omar net daar was om 'n eiendomsveiling by te woon. Hy het niks gekoop nie en woon steeds in Athlone. Die tydskrif moet apologie aanteken.

In die tussentyd het ander koerante ook die storie opgetel en ook nie die feite nagegaan nie. Ek was woedend vir my redakteur en sê vir haar sy is die een wat moet apologie aanteken; dit gaan nie op my blad verskyn nie.

Teen daardie tyd begin ek al soggens 11:00 drink. Toe die nuwe uitgawe verskyn, sien ek 'n groot apologie op my bladsy agter in die tydskrif.

Ek was woedend en bel toe die redakteur, wat 'n goeie vriend van my was, en sê sy moet haar kind in haar kamer toesluit en die polisie bel, ek is op pad met 'n broodmes.

Met 'n mes hardloop ek na my motor, en net toe ek dit aanskakel, kom Graham agter my aangehardloop en gryp die sleutels. Dit was ook die einde van daardie rubriek.

Die besef dat ek besig was om myself te vernietig en soos 'n monster op te tree, het dan en wan by my opgekom, maar ek was in die kake van verslawing. Maar dit hou nie op nie.

My vriend Suzaan Steyn, wat net oorkant my gewoon het, het eenkeer Johannesburg toe gevlieg om 'n oudisie as TV-nuusleser by Riaan Cruywagen te gaan aflê. Toe sy terugkom, vra sy of ek haar op die lughawe kan kom haal.

Haar vliegtuig sou 17:00 land. Ek is sommer al 15:00 daar om solank te drink terwyl ek vir haar wag. Toe sy land, sê ek vir haar ons moet eers 'n loopdop drink terwyl sy my alles vertel.

Sy kon matig drink, maar ek het die een whisky ná die ander in my keelgat afgegooi. Later is dit al 21:00 en ons maak aanstaltes. Toe ons by die woonstelblok aankom, het sy gegroet en uitgeklim.

Ek het oudergewoonte uit die kar gerol tot in die pad, die kardeur toegeslaan en na die voordeur gekruip, en uitgepass.

86

TUSSENDEUR WAS DAAR NÓG OORSESE reise. Ek en Graham is twee keer na Sydney om die Mardi Gras by te woon. Die tweede keer (my derde besoek) was eintlik om vir ons goeie vriende, Deon Schoonbee en Colin Polwarth, te gaan kuier.

Hulle was 'n belangrike deel van ons lewens en toe hulle emigreer, was ons heeltemal verpletter. Deon was die superintendent van Tygerberg-hospitaal en Colin was 'n argitek.

In Australië het hul loopbane 'n vinnige trajek opwaarts gemaak en hulle was gou tuis in Sydney. Dit het ons gebroke laat voel, want toe ons gaan kuier, besef ons ons sal hulle waarskynlik nooit weer by hul huis kan besoek nie; die rand was eenvoudig te swak.

Die rit na die lughawe in Sydney was verskriklik, iets wat ek nooit sal vergeet nie. Hulle was vriende van dekades en ons moes vaarwel sê. Toe die vliegtuig opstyg, het ek vir oulaas oor die stad gekyk.

Ek het ook vir persreise na Duitsland, Nigerië, die Filippyne, Hongkong en Mosambiek gevlieg. My reis na Antarktika was sekerlik een van die groot hoogtepunte in my lewe.

Ek kon my darem gedra tydens hierdie besoeke. 'n Vlug wat uitstaan was toe die SAL 'n direkte roete tussen Kaapstad en Atlanta instel. Toe ons in Atlanta aankom, was daar 'n groot makietie waar aartsbiskop Desmond Tutu en sy vrou, Leah, teenwoordig was.

Die geleentheid was om die nuwe roete te vier. Die Soweto String Quartet het gespeel en Felicia Mabuza-Suttle was die gasvrou vir die aand. Die volgende dag is ons joernaliste na die CNN-hoofkwartier waar ons deur 'n groot glasvenster na honderde joernaliste kyk wat agter hul rekenaarskerms sit en skryf.

Wraggies, daar sien ek vir Ross Scheepers, 'n ou vriend en joernalis uit Suid-Afrika, wat hom in die VSA gaan vestig het. Hy het vir my sy kontakbesonderhede gegee en ek het hom vertel in watter hotel ek tuisgaan.

Daardie aand het hy my kom oplaai en die naglewe van dié stad gewys. Dit was rustiger as van die ander stede wat ek besoek het. 'n Paar dae later sou dinge egter wilder raak toe ons met 'n klein straalvliegtuig na New York is om 'n ruk daar deur te bring.

Die vlieënier het spesiaal stadig oor Manhattan gevlieg sodat ons die megalopolis vanuit die lug kon besigtig. Om al die wolkekrabbers van bo af te sien, was weereens soos iets uit 'n rolprent.

Om ons te bederf het hy sommer drie keer in sirkels gevlieg en toe geland. Ons is vir 'n paar dae in 'n vyfsterhotel gehuisves, in die hart van Manhattan.

Die SAL se reklamespan het ons ook na 'n kunsuitstalling van Andy Warhol en Roy Lichtenstein gevat. Ons is in toprestaurante getrakteer.

Ná drie dae het die groep teruggevlieg, maar ek het gereël dat ek nog 'n week in New York kon agterbly. Ek kon verskeie stories na aanleiding van daardie besoek skryf. Ook oor Atlanta.

Irwin Weiner, by wie ons die vorige keer gebly het, het my weer verwelkom in sy woonstel in die Upper West Side. Teen dié tyd het hy 'n nog groter naam vir homself as binnehuisversierder vir glanspersoonlikhede gemaak. Ek het oor hom gelees in van die tydskrifte daar. Om te dink hy was 'n onbekende kunsstudent uit Kaapstad toe hy in New York aangekom het.

Dit is regtig 'n stad wat, as jy jou potensiaal inspan, vir jou baie deure laat oopgaan. 'n Ou skoolvriend, Johann Müller, die een wat destyds arm was en vir my in sy stokou blou Toyota rondkarwei het in Kaapstad, het nou ook in New York gewoon. Hy was 'n suksesvolle prokureur wat in belasting gespesialiseer het, en ek is na sy kantoor met wye uitsigte oor die stad. 'n Moerse kantoor; my mond het oopgehang.

'n Groot sprong van arm student na hierdie nuwe lewe. Ons het mekaar herinner aan die dae toe ons van goedkoop off-cuts van vleis gelewe het, in sulke klein pakkies. Eintlik vir honde bedoel, maar ons kon dit met uie en knoffel in gourmetkos omskep.

Dan was daar my vriendin Petra Mason, Judith se dogter, saam met wie ek by Associated Magazines gewerk het. Sy het met haar pers lipstiffie en vintage klere perfek by New York ingepas. Petra het hoëkwaliteit-kunsboeke uitgegee.

Ek noem terloops al hierdie mense se suksesse, nie om belangrik te klink nie, maar bloot oor hoe hul lewens floreer het sedert hul jong dae. In New York is alles moontlik.

Een ding het my gekwel.

Moes ek destyds uit New York teruggekeer het na Suid-Afrika? Hoe sou my lewe uitgewerk het as ek daar aangebly het?

In die taxi terug na JFK, ná my derde en laaste besoek aan die stad, het ek weer donker gevoel. Ek het gewonder of ek ooit weer sou terugkom.

87

'N RUK LATER, NÁ NEW YORK, het ek na die motorhuis gegaan en al die artikels wat ek oor die jare geskryf het in die asblik gegooi, ook die pryse wat ek gewen het. Die vullislorrie het dit opgelaai en is daarmee weg.

My lewe was nou 'n lugleegte, ek was weereens op die grens van 'n niemandsland. Ek het nog erger begin drink en my dwelmgebruik was nou nie meer net tot naweke beperk nie. Kalmeermiddels het daartoe gelei dat ek in 'n waas gelewe het.

Net om daaroor te skryf laat my naar voel. Depressie het my gekniehalter, hoe dan anders? Ek het vir dae begin loop of gery, net om van alles weg te kom, en in vreemde kroeë in Soutrivier, Maitland, Houtbaai beland.

'n Kar vol Japannese seemanne het my eendag buite Cafe Manhattan in De Waterkant gevra waar die Vasco da Gama Taverna is. Toe ek weer wakker word, was ek op 'n vragskip in die hawe. Hoe ek daar beland het, weet ek nie.

Tydens een van my doellose wandelinge stap ek verby 'n huis in die Tuine. Daar sien ek 'n bord met die naam dr. Pieter Cilliers, psigiater. Ek het hom uit my skooldae onthou toe hy die dokter was wat na baie van die skoliere omgesien het.

Dit was vir my 'n teken ek moet 'n afspraak maak. Toe ek hom die eerste keer sien en met hom praat, kon hy agterkom ek het drank gedrink. Hy het verduidelik terapie gaan nie werk as ek dronk daar aankom nie.

Die volgende keer kom ek weer dronk daar aan. Hierdie keer het hy gesê ek kan terugkom as ek eers na 'n rehabilitasiesentrum gegaan het. Eers het ek na Stepping Stones in Kommetjie gegaan, maar ek het net een aand daar uitgehou, dit was te erg. Ek het gevoel ek is terug in die kinderhuis, terug in die gutter waarna Tina Lategan verwys het.

Ek het die volgende oggend 'n vriend gebel om my te kom haal. Ek is dadelik na die naaste kroeg waar ek 'n bottel vodka uitgedrink en toe my dwelmhandelaar gebel het. Die ironie, want toe ek hom bel, hoor ek mense wat op die agtergrond sing. Nee, vertel hy my, hy oefen in die kerkkoor.

Nadat ek weer vir Pieter gesien het, het hy my gemaan dat ek sal doodgaan as ek aanhou drink en dwelms vat. Hy het bipolêre gemoedsteuring by my gediagnoseer en my 'n medisynevoorskrif gegee. Hierdie keer het ek vir my 'n plek in die Kenilworth-rehabilitasiesentrum bespreek.

Ek moes 28 dae lank terapie kry en rehabilitasie ondergaan. Deel van die program was om Alkoholiste en Narkotika Anoniem-sessies by te woon. Hierdie vergaderings het my eindeloos geïrriteer omdat dit meestal op 'n gekerm en gekla uitgeloop het.

En o, die selfbejammering en eindelose poor me, poor me. Baie van die mense se verslawings het verskuif. As jy van die een ontslae raak, vervang jy dit met iets anders soos seks- of kosverslawing.

Ná my rehabilitasie het kosverslawing by my posgevat en dit, gepaard met my medikasie, het my binne 'n paar maande 30 kg laat aansit. Ek het twee jaar nie my lippe aan drank of dwelms gesit nie.

Laat ek maar erken, dit was sekerlik die saaiste twee jaar van my lewe. As dit vir jou werk, mooi so, maar ek wou mal word.

Ek het na elke vergadering moontlik gegaan – vir alkoholiste, dwelmafhank-likes, kosverslaafdes en seksverslaafdes. Elke liewe dag en in elke denkbare voorstad, van Melkbosstrand tot Houtbaai en Seepunt. Ek was verslaaf aan die vergaderings, al het dit my geïrriteer.

Van die mense, wie se name ek liefs nie sal noem nie, wat dié vergaderings bygewoon het, was bekendes. Van oral in die wêreld, meestal akteurs en skrywers.

Kaapstad was vir hulle 'n gewilde plek om te kom uitdroog omdat die sen-trums goedkoper was. Ons rand was swak en die natuurskoon wonderlik. 'n Paradys vir beroemde junkies.

Ek het gedink dat wanneer ek 'n skoon lewe lei, ek skielik baie produktief sou begin skryf en sommer tjoef-tjaf 'n roman sou afhandel. Wat egter gebeur het, was dat ek nie een woord kon skryf nie.

Elke Maandagoggend presies om 07:00 is ek na Pieter Cilliers vir terapie-sessies. Dit het my baie meer gehelp as enige van die vergaderings wat ek bygewoon het. Ek het geen selfvertroue gehad nie en kon eenvoudig net nie aan die skryf kom nie.

Ek het drasties verarm en moes finansieel op Graham staatmaak, wat druk op ons verhouding geplaas het. Laat ek sommer hier noem: Sy familie was soos my familie, hulle het my altyd as een van hulle aanvaar.

Eintlik was ek maar 'n Sonnenberg. Die ouers wat ek nie gehad het nie, was dr. John Sonnenberg, sy vrou, Jerry, Graham en sy susters, Penny en Pamela, en laasgenoemde se man, Tom, en hul kinders, Jessica en Stephen.

Ek het met die terapie aangehou, maar die woorde was weg.

88

EN VRYDAGAAND HET EK VROEG gaan slaap en Graham is uit na 'n partytjie. Ek het maar meestal van sulke goed weggebly omdat ek nie aan die drink wou gaan nie.

Dadelik was ek aan die slaap, en toe ek wakker word, sit twee jong mans op my met messe teen my keel. Hulle wou weet waar die brandkluis is. Albei was aggressief en wou my nie glo toe ek verduidelik dat daar nie 'n brandkluis is nie.

Ek het kaal geslaap, dus het ek nog meer kwesbaar gevoel. Hulle het alle laaie en kaste oopgemaak en alles op die vloer uitgegooi. Toe ek die paniekknoppie druk, toe steek die een my met 'n mes in my hand.

Die ander ou druk my ander hand teen die muur en met die hef van die mes slaan hy my duim stukkend. Hulle begin toe alle drade uit die mure pluk en skilderye op die vloer gooi. Meubels word omgegooi en pandemonium bars los.

Dit tref my toe dat dit Nelson Mandela se verjaarsdag is. Dit was 18 Julie. Ek het hulle gevra of hulle nie skaam is oor hul gedrag op Madiba se verjaarsdag nie.

Daardie vraag het die hele atmosfeer verander en my van 'n gewisse dood gered. Hulle het nie net gekom om te steel nie, hulle het gekom om te moor.

Net toe hoor ek iemand by die voordeur; dit was die sekuriteitsmanne, flitse en al. Die inbrekers skrik toe en stoot my terug na die slaapkamer.

Teen dié tyd was ek darem geklee. Hulle beveel my om te sê ek is fyn. Hulle hou hul messe weer reg vir my. Ek loop na die voordeur en maak oop.

'n Flits skyn op my en die man vra of alles reg is. Ek antwoord hard, sodat die ander twee kan hoor, dat alles wel is. Maar met my mond spel ek die woord "help" en ek rol my oë na die twee kêrels se kant toe.

Die sekuriteitsman knik sy kop. Ek los die deur half oop en stap terug. Die twee aanvallers is uitbundig en lag hard en spring op en af. Ek kon dit nie glo nie.

Meteens word die voordeur heeltemal oopgeskop en is daar 'n horde polisie en sekuriteitswagte op die toneel. Ek hardloop na die agterdeur en sluit dit vinnig vir die twee belhamels oop, omdat ek bang is hulle steek my dood.

Hulle wil nog uithardloop, toe word hulle gevang. Ek bel vir Graham om dadelik van die partytjie af terug te kom. Iets verskrikliks het gebeur.

Tot laat daardie nag is ek deur die polisie ondervra. Maande later, tydens die hofsaak, kry ek die twee inbrekers jammer. Jonk, met hul lewens voor hulle.

Maar my simpatie was van korte duur toe hulle wragtig vir die landdros sê ek het buite die woonstel gestaan en hulle ingenooi vir 'n "job". Dié "job" was 'n "blow job"! Ek kon nie glo wat ek hoor nie. Eers het ek uitgebars van die lag.

Toe raak ek kwaad en sê as ek heteroseksueel was, sou hulle en hul prokureur nooit met sulke belaglikhede vorendag gekom het nie. Hulle moet hulle skaam, dit is homofobies.

Die landdros het saamgestem en hulle is vir 12 jaar tronk toe gestuur. Toe ek dit hoor, het ek hulle weer jammer gekry.

89

TOE EK PIETER CILLIERS VAN die aanval vertel, sê hy ek moet daaroor skryf. Daar gaan sit ek toe en vir die eerste keer in 'n jaar kan ek weer skryf.

Dié keer skryf ek my wonde en trauma oor die voorval oop, en daarna het die artikels gevloei. Pieter was baie trots en die artikel oor die aanval op my het met groot fanfare in die *Cape Times* verskyn. Dit is ook in hul susterkoerante in ander dele van die land gepubliseer.

Ek was woes aan die skryf en het soms twee stories op een dag in verskillende publikasies gehad.

Toe verander alles weer. Graham het genoeg gehad van ons verhouding, wat toe 18 jaar lank aan die gang was.

Ek erken ek was moeilik om mee saam te leef, veral tydens my wilde drank-en-dwelm-dae. En toe ek ophou drink, toe raak ek 'n "dry drunk", soos hulle in die rehabilitasiesentrums sê. Dit is 'n persoon wat ophou drink het, maar nog nie psigies gedetoksifiseer is nie. Hulle is soos 'n dronk persoon: humeurig, selfs aggressief, en ek het Graham voor ander mense verneder.

Uiteraard was ek verpletter en het ek besluit om uit te trek en dan my eie lewe te neem. Soos die toeval dit wou hê, was daar 'n woonstel op die heel boonste vloer van die Tuinesentrum beskikbaar.

Ek het daar ingetrek. Dit was reeds gemeubileer en die uitsigte was wonderbaarlik.

Die eerste aand daar kyk ek af na die grond. Net toe kom 'n motor teen 'n hoë spoed om 'n draai en bots teen die brug. Ek hoor die angsgille van die insittendes. Die kar bars in vlamme uit. Kort daarna daag die brandweer en ambulanse op.

Ek kyk na onder en dit is asof dit 'n teken was: Moenie spring nie, kyk hoe kosbaar is die lewe. Ek was toe pas 40. What a come-down. Ek was 21, 22 in New York, 30 in Londen en op 40 alleen in die Tuinesentrum met selfdoodgedagtes.

Intussen het ek om 'n werk as skrywer by e.tv aansoek gedoen. Te midde van die seer van 'n gebroke verhouding moes die lewe aangaan.

Daar het ek begin deur kopie vir die koerante en tydskrifte te skryf oor die rolprente wat op TV uitgesaai is. Later ook onderhoude met akteurs in die sepies, en met joernaliste in die nuuskantoor. Ook oor stoei, van alle dinge. Ek moes wedstryde gaan bywoon en daaroor skryf, en dit was nou vir jou die vreemdste, maar tog die interessantste ervaring.

Ek het baie geleer oor hoe 'n TV-stasie werk, wat agter die skerms aangaan, hoe belangrik kykertalle is, ook oor produksie, dokumentêre programme en bemarking. Dit was ook die eerste plek waar ek plaaslik in 'n volkome gemengde milieu gewerk het, met alle rasse en ook met mense wat gestremd was.

Dit was kosmopolities en dinamies, die stasie het goed presteer en ek het met almal oor die weg gekom. Ek moes gereeld na Durban vlieg vir werk, ook na Johannesburg, en e.tv was baie lief vir bosberade.

At the drop of a hat bevind jy jou op 'n vliegtuig na een of ander safari-oord waar jy dan 'n paar dae sit en beplan aan nuwe programme. Elke Kersfees is almal opgevlieg na Johannesburg of Durban.

Kyksyfers het die hoogte ingeskiet. Op 'n dag vra die nuusredakteur of ek nie in die nuuskantoor wil kom werk nie. Ek het hom gevra of ek daaroor kan dink. Maar iets het gebeur wat my laat besluit het om nee te sê.

Ek is op die laaste oomblik versoek om in 'n promosie-insetsel vir een van e.tv se programme op te tree. 'n Sokkeruitsending.

Ek moes op 'n rusbank sit met springmielies, na 'n TV-stel kyk en maak asof ek een of ander span aanhits en vir hulle skree. Ek was swaar van gewig en het seker ook maar na 'n sokker-bullebak gelyk.

Daar skree ek toe, die springmielies val op my skoot en ek steek my arm in die lug om nou my span kamma aan te por. Almal is gelukkig met die insetsel, en dié gaan toe uit op die lug.

Ek berou daardie dag. Nog nooit het ek so baie mense gekry wat my herken het as gevolg van daardie simpel advertensie-promosie nie. In Pick n Pay het die kassiere my met oop monde aangegluur. Vol bewondering.

By 'n boekwinkel vra 'n wildvreemde vrou of ek die man van die TV is. Waar ek gaan, word ek behandel asof ek 'n glanspersoonlikheid is. Maande nadat die promosie al van die lug af was, het dit so aangegaan.

Dit het my net daar laat besluit dat ek nie by die nuuskantoor wou aansluit nie. Een oomblik sou ek nog vir hulle skryf, en die volgende oomblik is ek op die skerm, en vir so 'n lewe het ek nie kans gesien nie.

Een karaktereienskap van my is dat ek geen behoefte aan roem het nie. Ek ken te veel bekende mense wat dit as 'n straf beskou.

Die Tuinesentrum het vir my vervelig geraak. Van die interessanthede was dat daar gereeld 'n man met 'n hond in die hyser saam met my beland het. Die hond se naam was Koos. En hy het ook soos 'n Koos gelyk en kon net Afrikaans verstaan.

Verder was daar so 'n armsalige ou paartjie wat meestal kaalvoet geloop het. Hulle het altyd ondervoed gelyk. Ek het hulle jammer gekry. Ons het gereeld saam in die hyser gery en hulle het 'n piepklein baba gehad, met die naam Sixteen.

Ek het vermoed dit was omdat die ma 16 was toe Sixteen gebore is, want sy het 16 gelyk. Ek het uit die Tuinesentrum getrek na 'n woonstel in Seepunt net agter die SAUK, langs my vriend Leslie McKenzie van Fine Music Radio.

Kort daarna kyk ek TV en, lo and behold, wie de hel sien ek wild aangaan op 'n verhoog en in wonderlike musiekvideo's? My arm bure met hul kaal voete en die mooi baba, Sixteen.

Hulle was toe pas "ontdek" en hulle was Die Antwoord.

90

L ESLIE HET MY GEVRA OF ek weer sal aansluit as vryskut by Fine
Music Radio, en e.tv was geneë daarmee, solank my werk op datum
is. By FMR het ek elke Woensdag 'n kunstedagboek aangebied en ek
kon met akteurs, skrywers en kunstenaars onderhoude voer.

Alles het flink verloop en ek is selfs by e.tv, as ek reg onthou, twee of drie
keer as werknemer van die jaar benoem. Ek moes eintlik die mooi geraamde
sertifikate gehou het, want ek het weer eendag in 'n oomblik van waansin
alles weggegooi.

Dinge by dié stasie het nog goed verloop totdat ek besluit het ek gaan my
koppille weggooi. Dit was 'n groot fout.

Een nag is ek op my bromponie en die verkeerspolisie trek my af. Ek was
al gewoond daaraan dat die lisensieskyf deur tikkoppe gesteel word, en het
'n afskrif van die lisensie onder die sitplek gehou.

Toe vra hulle my waar my lisensie is, en ek wys die papier. Die man was
skoorsoekerig en vertel my dit is nie wettig nie, en hy kan nie lees wat daarop
staan nie.

Ek ruk dit uit sy hande en begin dit eet. Ek spoeg toe die papier op die
sypaadjie en sê vir hom nóú kan hy dit nie lees nie. Hy was geskok en oor sy
radio bel hy 'n vangwa.

Teen dié tyd stap ek na die middel van die pad en skree vir die motoriste
om te stop. Ek het 'n lang swart jas aan, dit is donker, ek weet nie wat hulle
gedink het nie.

Ek bel vinnig vir Graham en vra hom om te kom help. Die vangwa kom
met loeiende sirenes daar aan. Heimlik het ek gesmag na 'n nag in die tronk
sodat ek 'n artikel daaroor kan skryf. Sommer net vir die ondervinding.

Die volgende oomblik is ek geboei en word ek agter in die vangwa gegooi.
Dit alles gebeur naby die Groenpunt-verkeersdepartement. Om my te straf,
ry hulle teen 'n hoë spoed al rondom die Groenpunt-verkeersirkel.

Agterin rol en rol en rol ek rond. Opwindend, dink ek toe, so dit is hoe dit
dan voel. By die Seepunt-polisiestasie aangekom, wag daar 'n horde aantrek-
like polisiemanne in uniform op my.

Ek het skoon die ritteltits gekry. Ek word beveel ek moet blaas en ek ruik net testosteroon.

Daar word vir my vertel, as ek oor die limiet is, dan gaan ek sit tot die Maandag, en dit was 'n Donderdagaand. Net toe kom Graham daar aan.

Ek was nogal hoog met die boud, die kanse was goed dat ek in die tronk sou beland. Maar wraggies, ek is net-net onder die limiet.

Daar laat gaan hulle my. Voordat ek loop, draai ek om en sê: "Hasta la vista, baby. I'll be back." Het ek maar weer my pille begin neem. Ai.

Op 'n dag lui my foon by die werk, dit is Sonia Cabano. Ek het haar as Sonia de Waal leer ken toe ons albei vir tydskrifte geskryf het. Sy was 'n fynbesnaarde, mooi vrou, wat soos ek ook heeltemal onvoorspelbaar en humeurig was.

Tog was ek geheg aan haar, al het ons baie baklei. Sy was pas klaar met haar gewilde TV-kosprogram, *Pampoen tot perlemoen*. Sonia sê sy hoor ek gaan so dan en wan na Alkoholiste Anoniem. Sy wil daardie dag saam na 'n vergadering. Ek sê toe daar is 'n Narkotika Anoniem in die middestad in 'n kerk op Groentemarkplein.

Hulle het 'n vergadering oor middagete. Sy sal my buite die ateljees optel, dan gaan ons.

By die kerk is ons met die trappe op na 'n kamer heel bo. Daar sit almal toe en ek besef hoekom ek nie meer hierdie vergaderings wou bywoon nie, maar ek doen dit toe om Sonia se onthalwe.

Soos gewoonlik sit almal en kla, en toe ek weer sien, vat Sonia die hele gesprek oor. Gewoonlik praat almal so vyf minute, maar sy was op 'n roll. Die een storie ná die ander, die mense het aan haar lippe gehang. Nie een van die vertellings het iets met verslawing te make gehad nie, maar wat 'n uur van vermaak.

Daarna het sy my weer by e.tv se ateljees in Kloofstraat afgelaai en het ons maar besluit dit is nie eintlik ons affêre nie. Sy gee my toe 'n klapsoen en vertel my sy gaan Mount Nelson toe. Wat sy daar wou gaan doen, is 'n storie vir 'n ander dag.

Toe Sonia in 2021 doodgaan was ek erg ontsteld, omdat ek regtig baie van haar gehou het. Maar ons het kort voor haar dood weer baklei. Ons het mekaar veral op sosiale media oor onbenullighede aangeval.

Ek het vir haar genoem ons het albei probleme met grense, en as ek teruggaan op my medikasie, moet sy dit ook oorweeg. Sy het met woede gereageer.

Dit herinner my aan die akteur Christo Gerlach, met wie ek ook rusie gemaak het. Hy het 'n outobiografie geskryf oor sy eie pad met dwelmafhanklikheid, wat ek toe vir *Rapport* geresenseer het. Ongelukkig was sy boek nie heeltemal eerlik nie. Ek weet genoeg van verslawing om te kon sien hy was in ontkenning.

'n Briesende e-pos is aan my gestuur en ek het ook 'n paar na hom deurgevuur. Ons hou toe heeltemal op om met mekaar te praat.

Toe gaan hy dood. Dit het my lamgeslaan en ek gaan plaas iets op Facebook met 'n foto van hom en sê hoe jammer ek is oor die uitval.

Die volgende oomblik kry ek geniepsige kommentaar van die skrywer Ryk Hattingh wat vir my sê ek maak 'n nar van myself deur so iets op my muur te plaas. Net daar raak ek en Ryk ook aan die baklei en ons ontvriend mekaar.

Eendag dink ek by myself ek moet maar vrede met Ryk maak, hierdie onderonsie is pueriel. Die dag voordat ek die boodskap stuur, sterf Ryk op 60.

Ek en Facebook is nie maats nie. Om een of ander rede het ek ook 'n stryery met die skrywer Harry Kalmer opgetel. Ek wens ek kan onthou waaroor; dít is hoe infantiel dit was.

Toe ek weer hoor, is hy ook dood. Daarna het ek kwaad geraak vir Kleinboer en die arme Eben Venter wat nie 'n vlieg skade sal aandoen nie, maar genadiglik het ek met hulle vrede gemaak voordat ek ook dalk dood neerslaan.

Ek was steeds van my pille af. Snags kon ek nie slaap nie en ek het sommer 03:00 kantoor toe gegaan om te werk, dan was ek teen 15:00 heeltemal uitgeput.

Toe kry ek 'n nuwe bestuurder en hy begin met my skoor soek. Hoekom? My werk was altyd op datum en goed.

Hy wou nie hê ek moes in die nag kom werk nie; nee, ek moes 08:30 inklok en dan weer 17:30 tjaila. Vir my het dinge nie so gewerk nie, ek het sulke korporatiewe twak verpes.

Maar hy was mal oor reëls en regulasies. Verder het ek toestemming gehad om ook vryskutartikels te skryf. Op 'n dag lees ek Paris Hilton het haar anus laat bleik (anal bleaching) en dat dit toe hoogmode in Amerika was.

Nee kyk, dink ek toe, hieroor moet ek skryf. Ek kry 'n paar plaaslike plastiese chirurge in die hande en hulle beaam dat dit ook in Suid-Afrika 'n gier geword het. Ferial Haffajee was toe nog die redakteur van die *Mail & Guardian*, en ek skryf vir haar 'n tong-in-die-kies-stuk daaroor.

Daardie Vrydag toe die koerant verskyn, rol ek amper my motor toe ek op die lamppale die plakkate sien: "Bleach Your Way to a Pretty Little Pucker."

Die storie kom onder my baas se aandag en hy kom vertel my ek kan nie sulke goed skryf nie. Ek begin toe planne beraam om te waai; ek wil nie met so 'n ou suurknol werk nie.

Ek vind by iemand uit, as ek bedank kan ek nie UIF kry nie. Hulle moet my afdank, of ek moet afgelê word. Teen hierdie tyd, moet ek noem, het ek weer straf begin drink en Xanors soos lekkers geëet. Handevol.

Voordat ek weg is by e.tv, was ek terloops weer terug na Stepping Stones in Kommetjie, hierdie keer vir die volle 28 dae. Dit was nou 'n mors van tyd, want die dag toe ek daar uitgaan, is ek direk Seepunt toe na die Corner Bar waar ek met die ou alkies wat daar uithang, aan't drink gegaan het.

Ek het snags al die ou kroeë in Seepunt deurgesuip en met elke nagblom bevriend geraak. Dinge was wilder as die wildtuin en ek het sommer baie one-night stands gehad.

By die Corner Bar het die mense so baie gedrink, daar is amper elke tweede week iemand dood omdat hul gesondheid ingegee het. Daar was 'n hele muur vol foto's van dié wat weg is, en daardie bord het net voller geraak.

Ook was daar 'n man wat 'n blinkgoue Mercedes besit het. Hy het later sy huis en werk verloor omdat die drankduiwel hom so verniel het. Dié arme man het die kar sommer voor die kroeg geparkeer en daar geslaap. Mense wat ook in sy kar wou oornag, moes hom R50 betaal.

Elke aand was daardie motor propvol totdat die son opkom. Virginia Springett, toe 70 en die oudste prostituut in Seepunt, het my vertel sy slaap op die strand sedert sy deur vlooie in daardie goue Mercedes-Benz opgevreet is.

So karring ek toe aan, maar in my kop begin ek dink om voltyds vryskut te werk. Ek vra my baas by e.tv om my te ontslaan en/of te laat gaan. Nee, laat weet hy, hulle wil nie. Dit beteken ek kan nie my werkloosheidstoelae kry nie. Dit sou vir ses maande uitbetaal, en in daardie tyd kon ek weer my vryskutlewe op dreef kry.

Toe praat ek met iemand wat my vertel, as ek dreig om hom te verwurg, sal ek dadelik afgedank word. Ek sou hom nooit ooit doodmaak nie, maar as dit die enigste manier is om jou werk te verloor, dan moes ek dit maar doen.

Op 'n dag maak hy my weer kwaad. Ek stap by sy kantoor in en dreig hom met my hande, maar van 'n afstand. "Vir jou wil ek wurg!" skree ek.

Nou ja, daar en dan moes ek uit die gebou. Sy sekretaresse kom nog na my en sê: "You can appeal, you know, you can appeal!"

"You must be joking!" sê ek vir haar, en ek is daar vort, direk na die Vasco da Gama Taverna in Groenpunt. O, die vrede van wyn en Xanors, en nou hoef ek nooit weer daardie ou burokraat te sien nie, het ek gedink.

Die kinderagtigheid! Ek skaam my dood.

91

VOORDAT EK MET VRYSKUTWERK KON begin, het ek gedink dit is dalk tyd om weer te gaan uitdroog. Eers gaan ek na Stikland, die heel beste van al dié plekke, met skoon groen vloere en alles mooi en netjies en professioneel. Hulle is verniet.

Ná 'n week kies ek die hasepad. Ek gaan teken kort daarna weer in, hierdie keer by Harmony Clinic in Houtbaai, wat aan 'n vriend van my behoort het. Ek kon verniet daar gaan uitdroog.

Agt-en-twintig dae later is ek daar uit. Hy vra toe vir my of ek nie hul webwerf wil bestuur en inhoud daarvoor skep nie. Daar sit ek toe in Houtbaai en werk aan stories oor verslawing wat ek dan op die webwerf laai.

Dit was nogal pret, omdat daar baie diere op die perseel was. Hulle het glo met die terapie gehelp. Daar was pienk varkies, baie hoenders, twee emoes, ganse, eende, kalkoene en twee boerbokke. My kantoor se voordeur was altyd oop en daagliks het die bokke en hoenders vir my kom kuier, ook 'n paar varkies.

In die tussentyd het Graham iemand ontmoet, Athan Glover, met wie ek baie goed oor die weg gekom het. Athan was 'n sjef en kon ongelooflik kook.

Ek is uitgenooi om amper elke aand daar te gaan eet, en Graham se pa, dr. Sonnenberg, soos ek hom altyd genoem het, het ook gekom.

Athan het die kos gemaak en spoedig het elke maaltyd soos 'n samesyn van familie gevoel. Wat Harmony-kliniek in Houtbaai betref, het ek agtergekom dinge is nie alles pluis daar nie.

Die destydse eienaar was onvoorspelbaar en het 'n toksiese atmosfeer geskep. Ek is daar weg en het eendag net gaan sit en besluit om 'n artikel oor Casper Schmidt te skryf.

Uiteraard moes ek dit in Afrikaans doen, 'n taal waarin ek amper 20 jaar nie 'n woord geskryf het nie. Ek het dit geskryf en aan *BY*, 'n bylaag van *Die Burger*, gestuur.

Liza Albrecht, die redakteur, het dit aanvaar en dit was 'n vreemde gevoel om weer van my werk in Afrikaans te sien. My volgende artikel was vir Rachelle Greeff, destyds boekeredakteur by *Rapport*. Hierdie keer was dit oor my terloopse ontmoeting met Karel Schoeman in Trompsburg se strate.

Hy het my vertel hoe erg dit is om oud te word. Toe vat hy sy kierie en druk teen my bors en sê: "Jou tyd sal kom!" Die volgende dag sien ek hom fluks loop in Bloemfontein, sonder 'n kierie. Hoe vreemd.

Rachelle aanvaar die artikel en kort daarna gee sy vir my boeke om te resenseer. Uit die bloute kry ek gedurende hierdie tyd 'n oproep van die Universiteit van Kaapstad se Centre for Film & Media Studies. Kan ek 'n ses maande lange seminaar aanbied oor kreatiewe niefiksie?

Daardie ses maande het ek baie geniet en ek het weer my pille begin drink en minder alkohol gebruik. Dit het stadig begin voel asof ek weer 'n doel in my lewe het.

Ek het ook selfoonfoto's van interessante mense begin neem en dan kort stories oor hulle op Facebook geplaas. Een van my Facebook-vriende is toe Yvonne Beyers, vandag die redakteur van *Huisgenoot*. Sy het na my kort stukkies (in Engels) op Facebook gekyk en my gevra of ek nie vir *BY* wil skryf nie. Yvonne was toe die nuwe redakteur.

Oor my skryfwerk het ek nog steeds 'n swak selfbeeld gehad, maar sy het aanhou vra totdat ek eendag gaan sit en 'n artikel oor my vriendskap met die drie digters uit my jeug geskryf het, 'n tipe huldeblyk aan Sheila Cussons, Ina Rousseau en Barend Toerien.

Die volgende storie was oor 'n hawelose vrou, Rina, in Seepunt met wie ek goed bevriend geraak het. Sy is een aand in 'n vangwa gelaai en by Blikkies-dorp gaan aflaai. Ek het haar daar gaan soek, en wonderbaarlik opgespoor.

Dit het my opgewonde gemaak om die taal weer in my mond te proe, en ek het met ou Afrikaanse woorde op Facebook begin speel. Ek het 'n woord gekies en dan 'n storie rondom daardie woord opgemaak.

Pieter Malan van *Rapport* het gebel en gevra of ek 'n rubriek sou oorweeg waarin ek met woorde speel. Hy en sy vrou, Sonja Loots, het gedink dit is 'n puik idee.

Ek het oorweldig gevoel omdat ek drama gestudeer het, en dat iemand wat professioneel met Afrikaans by 'n universiteit werk, eerder die rubriek moes skryf. Maande lank kon ek my nie daartoe verbind nie.

Maar op 'n dag besluit ek, oukei, spring in en begin swem. Dit was harde en eensame werk, ook die ander vryskutartikels, omdat ek alleen in my woonstel in Seepunt sit en skryf het.

Ja, daar was 'n mooi uitsig oor die see, en ja, ek het elke aand by Graham-hulle gaan eet, maar ek was steeds eensaam. Toe kry ek 'n blink idee. Dit was tyd om vrede met my ouers te maak.

Graham het my na my ma se graf buite Koekenaap geneem, waar ek langs die graf gaan sit het en lank kon dink aan die vrou wat ek geken het toe sy jonk, mooi en gebalanseerd was. Dit was die vrou wat ek wou onthou.

Die dag was warm en die rooisand het oral oor die grafte gewaai. Die trein het ook nie meer in Lutzville gestop nie, maar my band met haar is daar in die begraafplaas herstel.

Maar om vrede met my pa te maak, sou iets anders verg. Iets wat ek in my lewe nooit sou kon dink ek sou oorweeg nie. Die heling moes begin.

92

DIE JAAR WAS 2013 TOE ek by die Heilsleër intrek. Dit is 'n hoë, maer rooibaksteengebou net buite die Waterfront in Kaapstad. Ek het my eie kamer gehad en R3 000 'n maand betaal, drie maaltye ingesluit.

Ek het besluit om die spore van my pa te volg om 'n beter begrip van sy verlede te vorm. Die laaste keer toe ek hom kaalvoet in die stad sien bedel het, het hy genoem hy is in die Heilsleër op die Foreshore. Ek het nog gedink hoe pateties dit is. Hoe vernederend.

Dit was vreemd toe ek die eerste keer vir 'n ete daar aansit. Is dit die eetsaal waar my pa gesit het? het ek gewonder. Dit moes wees. Hoe moes hy gevoel het nadat hy alles verloor het in sy middeljare? Daar was baie mense daar met wie ek daaroor kon praat. Ek het ook.

Langs my aan die tafel was Jervis Pennington, voormalige popster van die groep The Soft Shoes. Hy het met ompaaie daar beland en het later 'n toneelstuk oor sy lewe geskryf.

In die eetsaal was die reuk van kool oral. My kamer met 'n uitsig was op die sewende vloer. Ek was gelukkig om my eie kamer te hê, omdat die meeste mense kamers moes deel, tot ses op 'n slag.

Ek sou in my eie woonstel kon bly, maar ek móés vir Sammy kom soek. Nee, ek was nie in die gutter soos Tina Lategan destyds voorspel het nie, ek was op die pad na vergifnis.

Die Heilsleër het my baie oor armoede geleer. Ja, as kind was ek arm en ek het self later op parkbanke geslaap. Ek weet van swaarkry. Tog was hierdie herbesoek aan my pa se verlede noodsaaklik.

Behalwe die sanger Jervis Pennington, by wie ek baie oor nederigheid geleer het, was daar ook die teaterman Keith Anderson. Hy was bekend in sirkuskringe, teaterontwerp en vir sy marionette. Dit was vir my hartseer dat 'n beroemde man in teaterkringe op sy oudag hier moes eindig.

Die gebou was vuurwarm in die somer, yskoud in die winter; mense het aanhou hoes en die reuk van kos en moeë lywe het oral gehang. Eendag merk mense op dat Keith nie meer by sy tafel aansit nie. Toe hulle na sy kamer gaan, ontdek hulle sy ontbindende lyk. Die reuk was erg, maar niemand op sy vloer het daaraan aandag gegee nie omdat hulle maar gedink het dit is hoe die plek ruik. Niemand het hom in daardie drie dae gemis nie, niemand het vir hom kom kuier nie, niemand het hom gebel nie.

Baie van die mense daar het geen kontak meer met familie of vriende gehad nie. Die ander persoon wat my geïnteresseer het (eintlik het almal), was die fotograaf Don McKenzie. Hy was vernaam op sy dag as die amptelike fotograaf wat dr. Chris Barnard eksklusief kon afneem. Hoe hy in die Heilsleër beland het, weet ek nie, want hy het hom eenkant gehou.

Die man 'n paar kamers weg van my het Alzheimersiekte gehad en het die hele dag net op sy bed gesit met die kamerdeur oop, en voor hom uitgestaar. Later moes hulle hom daar wegvat.

Ons het kos geëet wat deur supermarkte geskenk is, maar al verby die vervaldatum was. Dit het soms ook so geproe.

Eendag het 'n lorrie wat Weense worsies vervoer het, omgeslaan. Die blikkies was ingeduik. Ons het nog weke daarna aan dié worsies geëet. Saans het ek met my poegie gery na Graham en Athan, waar Athan gekook het. Dr. Sonnenberg was daar. Hulle het almal gedink ek is versteurd om in die Heilsleër tuis te gaan.

Vir ontbyt het ek gewoonlik iets gaan kry by die supermark, middagete het ek by die Heilsleër geëet en saans by Melrose Mansions. Deur die dag het ek in my kamer gesit en werk. Dit was soos om in 'n klooster met 'n gestroopte atmosfeer te sit en skryf. Ek het dit geniet.

Dit was net die alewige sirene wat etenstye aangekondig het, wat my aan die weermag laat dink het. Onuitstaanbaar.

In daardie kamertjie was ek op my produktiefste. Dit was ook die vertrek waar ek op 5 Desember 2013 op die radio gehoor het Nelson Mandela is dood.

Een middag op 'n baie warm dag kom 'n vrou daar aan met 'n klomp meubels wat sy wou skenk. Die man wat dit gewoonlik sou ontvang was siek, en ek word gevra of ek die vrou kan help.

Sy was daar in 'n spoggerige motor, maar die nonsens wat sy daardie dag afgelaai het, was verby verstommend. Dit was stukkende plastiekstoele en speelgoed, ook gebreek.

Toe sy my sien, gee sy my 'n kyk asof ek stink en met 'n virus besmet is. My higiëne was en is altyd onberispelik; sy was net 'n snob wat op my neergesien het. Net soos ek op my pa neergesien het omdat hy ook hier gebly het. Die lesse wat later na jou toe kom.

Ek het hier geleer om my pa te vergewe, so tussen die kerkmuise.

Iets kosbaars was dat ek bevriend geraak het met van die hawelose mense onder die brug langs die Heilsleërgebou. Daar was twee brûe. Die halfgeboude een het so amper-amper oor die agterplaas van die gebou gehang. Inderdaad a bridge to nowhere.

Die haweloses was meestal plaaswerkers wat uit verskeie dele van die platteland na Kaapstad gekom het om groener weivelde te soek. Ongelukkig, soos met my ma en pa, het dinge nie uitgewerk soos dit moes nie.

Elke een het kontrei-Afrikaans gepraat en ek kon my verluister aan die verskeidenheid maniere waarop die taal vorm kon aanneem. Ek het gereeld vir hulle kos gekoop en dan sommer gaan sit vir 'n geselsie.

Dit was 'n Sondag, ietwat koelerig, toe ek verby my hawelose vriende stap. Daar was 'n ou houtdeur op klippe staangemaak. Die "tafel" was met 'n verweerde tafeldoek bedek en daar was ou messe en vurke. Die borde was gekraak.

Op die spyskaart was brood en boeliebief. Ek is gevra om by hulle aan te sluit. Die wyn was vaaljapie en die "glase" was ou blikkies wat mooi skoon gewas is.

Ons het aangesit en Gertjie het eers gebid en vir die Here dankie gesê vir die kos, en gevra om tog mooi na hul families op die platteland te kyk. Ons het hande vasgehou. Daarna het ek van die lekkerste noenmale geëet in 'n lang tyd, kos van bowe. Ons het gelag en baie gepraat.

93

B Y DIE HEILSLEËR WAS DAAR boeiende stories. Ek vra vir die een man hoe hy daar beland het. Hy vertel my hy kon nooit juis werk nie, sy liewe ma het na hom gekyk. Hulle het in 'n klein woonstel in Groenpunt gewoon. Hy is 'n enigste kind en sy ma was vir hom alles in die lewe.

Hulle was baie lief vir mekaar. Sy het ouer geword en verswak. Hy het haar een aand vasgehou en gesmeek dat sy hom nooit moet los nie. Sy mag nie doodgaan nie.

Haar laaste woorde aan hom was: "Nee, my kind, mamma sal jou nooit alleen los nie." Toe sterf sy.

'n Man met 'n eendsterthaarstyl vertel my dat elke man wat al in nag-skuilings gewoon het, gewis van een ding weet: "Jy moet altyd jou eie lepel hê. Altyd!"

Iemand genaamd Fanie het heeldag na opera in sy kamer gesit en luister. Kliphard. Toe ek eendag verby sy oop deur loop, sê hy vir my: "Ek was op my dag in La Scala, ou maat. Ja, La Scala!"

'n Man in 'n pienk pak en pienk skoene wat met 'n hogere Engelse aksent gepraat het, het in 'n fluistertoon vertel: "They're all negative in here. That's the problem with this place – you wake up one day; suddenly you've been here for three years."

Ek het besef dit was tyd vir aanbeweeg. Dit was al 'n jaar. Nooit weer sou ek armoede op enige manier romantiseer of daarop neersien nie.

Terwyl ek daar gewoon het, het ek George Orwell se *Down and Out in Paris and London* gelees. Hierdie paragraaf het my getref:

"And there is another feeling that is a great consolation in poverty. I believe anyone who has been hard up has experienced it. It is a feeling of relief, almost of pleasure, at knowing yourself at last genuinely down and out. You have talked so often of going to the dogs – and well, here are the dogs, and you have reached them, and you can stand it. It takes off a lot of anxiety."

Een middag begin ek bewe en dit voel asof ek wil doodgaan. My voet en been is opgeswel en ek het erge pyn. Ek bel vir Graham en vra hom om my gou na sy pa te neem, ek is aan die sterf, ek wag solank buite.

Ons jaag na sy pa se spreekkamer en hy kyk na my been en sê dit is weefselontsteking. Ek is op die rand van orgaanversaking. Hy gee vir my 'n inspuiting en 'n voorskrif vir medisyne wat ek so gou moontlik moet neem. Verder kan ek nie op my eie herstel nie, ek moet by Graham-hulle gaan aansterk.

Ná 'n paar dae begin ek beter voel. Athan en Graham kyk mooi na my. Toe stel Graham voor ek is nou klaar met die Heilsleër. Ek moet daar by hulle intrek, dan kan ek die geld wat ek vir die Heilsleër sou betaal, in die Melrose-huishouding stort.

94

IN DIE TUSSENTYD VRA INGEBORG Pelser van Jonathan Ball-uitgewers my of ek nie daarin sou belangstel om my *Rapport*-rubrieke, "Woorde wat wip", te laat bundel nie. Sy het met Amanda Botha gepraat, en Amanda sal die bestes kies.

Liewe Amanda, wie se goedheid teenoor my en soveel ander soos 'n goue draad deur ons lewens strek. Ek kon dit eers nie glo nie, maar dit gebeur ook toe so. *Binnekring van spookasems* verskyn en vir die eerste keer moet ek by The Book Lounge in Kaapstad voor mense gaan praat oor my werk.

Ek vra my vriend Pierre de Vos om die gesprek met my te lei. Die plek was stampvol en ek was gedaan, my senuwees was klaar. Dit was 'n heel nuwe ervaring.

Sou ek te veel vloek? Sou ek te veel koeterwaals? Die gesprek met Pierre verloop goed en daarna word die gehoor gevra of iemand enige vrae het.

Dr. Sonnenberg val eerste weg en dit was vir my 'n eer om die man wat my gevang het en soos my pa was, daar te hê. Ek was dankbaar.

Toe staan 'n vrou op en sê: "If you'll be my bodyguard, I can be your long lost pal." Vir 'n oomblik was daar stilte.

Dit is woorde uit die liedjie "You Can Call Me Al" van Paul Simon. Ná dekades besef ek wie dit is – juffrou Prins van die kinderhuis. Die gawe vrou wat my hand vasgehou het toe ek op die bankie gesit het en vir my ma totsiens gewaai het. Ek het opgespring en vir haar 'n drukkie gegee en ons het albei gehuil.

Nie net ek nie, maar die meeste mense daar het sommer 'n traan weggepink. Wat 'n spesiale bekendstelling vir my eerste boek.

Ná my eerste versameling rubrieke het 'n tweede bundel by Penguin verskyn, *Opstokers, fopdossers en tweegatjakkalse*. Ek het ophou motor bestuur omdat ek te neuroties op die pad was, en arme Athan moes my van leeskring tot leeskring karwei.

Ek is dankbaar vir my redakteurs by *Rapport*, Pieter Malan en Waldimar Pelser, wat my die vryheid gun om te skryf waaroor ek wil. Later het ek en Pieter gepraat oor huldeblyke vir *Rapport*, en ek het dit wekliks begin skryf.

Hierdie *In Memoriams* het my oor die jare met vele interessante mense in verbinding gebring. Met so baie Suid-Afrikaners wat al geëmigreer het, moes ek met familielede in Parys, Sydney, New York en baie ander plekke kontak maak. Ook op afgeleë plase en dorpies, mense wat droef huil oor die foon.

Van die ordentlikste mense was daar byvoorbeeld Anneline Kriel, wat dadelik na my toe teruggekom het oor die dood van die haarkapper Fred Moss van die befaamde Scala-barbierwinkel in Melville.

Sy het so ver terug as in die sewentigerjare daar gewoon, maar het hom steeds onthou. Anneline het gesê: "Dit was baie lank gelede, in die 1970's. Ek onthou Fred Moss met groot deernis. 'n Gawe, hulpvaardige mens.

"Almal wat in Melville gebly en gewerk het, het soos familie gevoel en Fred het sy bydrae gelewer. Ek onthou hy was altyd gewillig om te help – om my ketel of strykyster reg te maak. Dit was lekker sorgvrye dae. My innige simpatie."

Dít ná al die jare, dit wys jou nou net.

Van die hartseerste obits was die een oor die dood van die digter en skrywer Jeanne Goosen. Ek het geskryf: "Goosen was omring met twee wesens vir wie sy baie lief was. Voor haar het haar geliefde meisiekind, haar hond Fudgie, gelê. Agter haar, haar jare lange versorger, vertroueling en vriendin, Michele van der Westhuizen, wat met haar lepelgelê het.

"Hulle het saam-saam die dood ingewag totdat sy ophou asemhaal het. Haar laaste woorde aan Van der Westhuizen was: 'Moet my nie alleen los nie. Hou my hand vas.'"

Die familie van Elsa Joubert wou nie vir my sê wat haar laaste woorde was nie; verstaanbaar, maar hulle het baie gehelp. Ek kon darem ook met ander mense praat. As iemand soos Joubert doodgaan, wil jy nie 'n generiese stuk skryf wat al tot vervelens toe in talle publikasies verskyn het nie.

Van die onbeskofste mense met wie ek moes praat, was Pallo Jordan toe sy ma, Phyllis Ntantala-Jordan, gesterf het. Ek bel hom op sy selfoon en hy begin my uitskel omdat dit in die middel van die nag by hom is.

Huh? Hy skree toe op my in Afrikaans, hy is in Amerika, wat gaan aan met my? Sover ek geweet het, het hy in Oranjezicht gewoon.

Hoe sou ek weet hy is in Amerika? Hy was woedend en skryf vir my toe die volgende dag 'n e-pos waarin hy my weer roskam. Ek moes hom seker dr. Jordan genoem het en nie mnr. Jordan nie.

Die huldeblyke het my ook gewys daar is ongelooflike talent in ons land, en dikwels was hulle mense wat uit armoede groot hoogtes bereik het. Dit gesê, ek het ook agtergekom hoeveel vername families glad nie met mekaar praat nie. Daarvoor het ek uiteraard begrip.

95

D R. SONNENBERG SE VROU IS al 'n paar jaar dood en hy het sedert-
dien by die Berghof-aftreeoord ingetrek. Toe hy al vir 'n ruk daar
was, het Elsa Joubert gevra of ek by haar wil inloer en 'n drankie
kom drink.

Sy was mooi aangetrek en ons is aan mekaar voorgestel. Haar brein was
glashelder en sy was reeds in haar negentigs. Sy wou met my praat oor
Binnekring van spookasems en het vir my 'n getekende eksemplaar van haar
boek *Die Wahlerbrug* gegee.

Elsa het vertel sy moes skryf net wanneer sy kon. Toe sy nog kinders
grootgemaak het, was daar nie tyd vir 'n vaste roetine nie. Ek het agterge-
kom sy het geïrriteerd geraak toe ek haar oor haar man Klaas Steytler uitvra.
Hoekom weet ek nie.

'n Ruk daarna het haar gesondheid begin agteruitgaan. Ons is soms uit-
genooi na 'n Sondagmaal in Berghof, en voordat sy meestal in haar woonstel
gebly het, het ek haar gereeld met twee ander mense in die eetsaal sien sit:
Wilma Stockenström en die oudredakteur van *Die Burger*, Wiets Beukes.

Ek kon sien Elsa was die een wat die geselskap aan die gang gehou het;
die ander twee het geluister. My ervaring van beide Wiets en Wilma was
maar onaangenaam. Hy was 'n knorrige ou man wat my nie in die oë wou
kyk nie. Hoekom móés hy in elk geval? Vir Wilma het ek eendag 'n geskenk
geneem; wel, ek het gedink dit was 'n geskenk. Maar sy wou dit nie hê nie en
het dit pertinent van die hand gewys.

Dit was 'n DVD genaamd *Filmverse*, waarop een van haar gedigte met 'n
animasiekunswerk voorgelees word. Sy het vertel sy het nie 'n DVD-speler
nie en wil dit ook nie sien nie.

Berghof se eetsaal was vir my baie neerdrukkend. Die kos was maar vaal
en smaakloos, en sag gekook. Die dekor vervelig. Ook hier het die reuk van
kool in die lug gehang en gereeld was daar 'n ambulans buite om 'n sterwende
te kom wegvat. 'n Somberheid het uit die mure, matte en gordyne geflikker
soos 'n kers wat doodgaan.

En kon die inwoners baklei onder mekaar! Daar was bekgevegte en mense wat tot hul sterfdag geweier het om met iemand vir wie hulle kwaad was, te praat. Baie van dié dramas speel aan die etenstafel af. Een vervies hom vir 'n ander, en dan vra hulle of hulle na 'n ander tafel geskuif kan word.

Ook is daar geheime. Dit het aan die lig gekom dat verskeie weduwees 'n crush op dr. Sonnenberg gehad het. Trouens, hy is vooraf deur die bestuur gewaarsku dat die klomp daar kattemaai en koekeloer met die wewenaars.

Vreemdes was daar ook. Daar was een vrou wat doodgegaan het en toe hulle haar motorhuis by Berghof oopmaak, is die hele plek vol bottels jenewer. Bokse en bokse.

Sy het elkeen oopgemaak en 'n halwe suurlemoen daarin gedruk. In haar vrieskas in haar woonstel was daar omtrent 50 blokke bevrore botter.

96

EN AAND KOM DR. SONNENBERG met 'n wildvreemde vrou by ons vir aandete aan. Ons word aan ene Mona Timlin voorgestel.

Sy was kleurvol, sjarmant en perfek aangetrek, met baie armbande wat geklingel het. Dr. Sonnenberg het vir Graham gevra of hy daarmee geneë sal wees as sy nou sy metgesel is.

Uiteraard was ons almal bly, hy was eensaam. Hy het op 87 afgetree en het nou meer tyd tot sy beskikking gehad. Hy was gelukkiger as in 'n baie lang tyd.

Eendag sit ek, Graham en Athan in die Vasco da Gama Taverna, toe Graham se selfoon lui. Dit was sy pa. Mona is in die hospitaal opgeneem en is so pas dood.

Dit het ons geruk. Dit was die begin van 'n baie tragiese tyd in ons lewens, iets waaroor ek nie maklik skryf nie. Ons het Mona se as op Vlaeberg gaan strooi en daar was 'n kort roudiens, gelei deur pastoor Gordon Oliver, voormalige burgemeester van Kaapstad en vriend van dr. Sonnenberg.

Drie maande later besluit ons ons gaan by Damhuis in Melkbosstrand eet. Dit was 'n Saterdagoggend en ek en Graham het vooraf gou gaan inkopies doen.

So teen 09:30 is ons terug by die woonstel, en ek vra vir Graham om solank vir Athan wakker te maak sodat ons kan regmaak. Athan het gewoonlik laat geslaap op 'n Saterdag.

Graham het my geroep, ek moet vinnig kamer toe kom. Athan was dood. Net 42. Graham kon dit nie glo nie. Hy het Athan se hart probeer masseer, mond-tot-mond-asemhaling gegee. Niks. Sy liggaam was nog warm. Ons was verpletter.

Ek het Athan omhels, Graham ook, en hom vertel hoe lief ons hom gehad het. Ek het dadelik al die bure gebel en gevra of hulle gou kan oorkom. Graham het sy pa gebel.

Daarna moes ons al ons vriende bel en baie mense het opgedaag. Graham se pa het met sy vennoot, dr. Solly Lison, opgedaag, en 'n ander vriend van ons, dr. David Eedes, was ook daar. Al drie het hom dood verklaar en dr. Lison het die sertifikaat uitgeskryf: hartversaking.

David het 'n laken oor Athan getrek. Hy het 'n roos gevat en op hom neergelê. Die tyd het dik en taai gevoel, en ek en Graham was in 'n toestand van skok. Hierdie was my familie.

Graham het Athan se een suster in Johannesburg gebel om sy ma, Rene, te laat weet. Die drie susters is met 'n pizza na hul ma en het voorgegee hulle kom kuier vir haar om piekniek te hou.

Toe hulle sit, vertel hulle die nuus aan haar. Sy moes kalmeer word.

Wat vreemd was, is dat ek 'n week voor Athan se dood vir hom gevra het wat hy met sy as sou wou laat doen as hy doodgaan. Hy het genoem hy wil hê dit moet op die Melville-koppies in Johannesburg gestrooi word.

In die tussentyd wag ons op die lykswa om te kom, en dit vat ure. Daar lê Athan leweloos. Een oomblik is iemand nog lewendig, en die volgende oomblik sal daardie persoon nooit weer met jou praat nie.

Toe hulle hom einde ten laaste kom haal en op die draagbaar sit, was dit vir ons die swaarste. Om iemand vir wie jy lief is so te sien – soos 'n meubelstuk wat uitgedra word.

Die twee katte, Bingo en Daisy, het agterna geloop. Toe die wa wegtrek, het hulle gestaar. Ons het vir Athan sien wegry vir altyd.

Toe die volle impak van wat gebeur het insink, het Graham op hul bed hard gehuil, en ek het saam gehuil. My hart het na hom uitgegaan.

Athan was 13 jaar lank 'n staatmaker in sy lewe en nou was hy weg. Ons het maande en maande saans gehuil.

Met sy as is ons na Johannesburg, per vliegtuig, en Graham se pa het saam gekom. Eers was daar 'n kort diens in 'n gebou by sy ma se aftreeoord. Johannesburg was warm daardie dag.

Dr. Sonnenberg en Rene is ingehaak by die steil koppie uit. Toe ons bo kom, het almal vir 'n ruk stilgestaan. Ons het na onder gekyk en die huis gesien waar Athan grootgeword het. As kind het hy in hierdie koppies gespeel.

Graham het sy as gevat, oor die buurt uitgekyk en dit in die ligte wind gestrooi. Die laaste van my ou vriend het weggewaai oor die koppie. Weg. Vir ewig.

Ons het stadig en in stilte by die koppie afgeloop. Daardie middag het ons teruggevlieg. Moeg, hartseer.

Tussendeur moes ek en Graham maar aanhou werk. Ons moes met ons sakke vol seer voortbeur.

Mona en Athan was weg. By die etenstafel waar ons vyf was, is ons nou net drie.

97

DIT WAS DRIE MAANDE LATER. Ek en Graham het weer in die Vasco da Gama Taverna gesit toe sy telefoon lui.

Dit was sy suster Pamela. Haar man, Tom Blomefield, wou nie wakker word nie. Hy is op pad hospitaal toe waar 'n aneurisme by hom gediagnoseer is. Daar was geen kans op oorlewing nie. Hulle sou hom aan die lewe hou totdat sy kinders kom totsiens sê. Vir ons was dit die einde van nog 'n era.

Tom was 'n insektoloog en iemand met 'n oop kop en gawe sin vir humor. Hy en sy gesin het ons gereeld uitgenooi vir middagetes en om te braai. Vir dekades het ons by hulle in dieselfde huis in Somerset-Wes gaan kuier. Die kinders het voor ons oë grootgeword. Tom was die braaimeester.

Die lewe moes aangaan. Dr. Sonnenberg het 90 geword en ons het 'n groot partytjie vir hom by die Winchester Mansions-hotel in Seepunt gehou. Dit was 'n groot sukses, met baie mense, maar Mona, Athan en Tom was nie daar nie. Ons het die gemis gevoel.

Ek het besluit om 'n onderhoud wat ek met dr. Sonnenberg wou voer, op te neem en op YouTube te plaas. Hy was gelukkig daarmee toe hy daarna gekyk het. Kort daarna het hy begin agteruitgaan. Kanker is by hom gediagnoseer.

Toe ek hom vir die laaste keer gaan besoek, het ons albei geweet hoekom ek daar is. Teen daardie tyd was hy al baie swak en 'n versorger het na hom gekyk. Ons het gesels, ek het gegroet en sy hand gestreel.

Sy dogter Penny het in dié tyd naweke by hom kom oorbly. Dit was 'n Sondagoggend toe ek en Graham besig was met ontbyt in 'n klein restaurant in die agterstrate van Groenpunt. Sy telefoon het gelui. Penny het gesê hy moet kom. Ek het agtergebly. 'n Halfuur later het Graham my gebel, sy pa is dood.

Die versorger vertel dr. Sonnenberg het nog, in sy verswakte toestand, die vorige aand vir 'n ou pasiënt raad gegee. Altyd aan ander gedink, selfs op sy sterfbed. Die man wat dekades lank een van Seepunt se geliefde dokters was, iemand wat duisende mense se lewens gered het en duisende babas gevang het, is dood.

Weg is die stories oor die ou dae, stories oor koeie en perde wat in Groenpunt se vlei gewei het, stories oor die Tweede Wêreldoorlog, gesprekke oor politiek, geskiedenis, boeke, elke onderwerp onder die son.

Dit was die jaar 2018: Vier sterftes in een jaar. Ons was vodde. Van 'n etenstafel waar vyf mense twee maal 'n week aangesit het, het twee oorgebly. Net twee.

98

'N MENS SKRYF AAN IETS SOOS hierdie en jy wonder waarheen dit nou eintlik lei. 'n Lewe wat nie eindig nie, stoei voort. Hoe eindig jy 'n outobiografiese vertelling?

Miskien met 'n growwe metafoor na aanleiding van iets wat werklik gebeur het. Daarom los ek hierdie gebeurtenis vir laaste, al het dit in my vroeë dertigs plaasgevind.

Ek was 33 en vrolik. Dit was een oggend by *Cape Style*-tydskrif. My redakteur het by my kantoor ingekom en gevra of ek baie werk het daardie dag.

Ek het altyd baie werk gehad, maar sy kon sien ek was uitgeput. Sy het toe vir my 'n verrassing. In die Karoo was 'n bekendstelling van 'n nuwe mineraalwater. Die rugbyspeler Mannetjies Roux se seun Pieter (nou ontslape) het 'n ondergrondse waterbron op hul plaas in Victoria-Wes ontdek.

'n Groep joernaliste sou daardie dag in 'n klein private vliegtuig na Victoria-Wes opgevlieg word. Ons sal die dag op die plaas spandeer en dieselfde aand nog terugvlieg.

Dit was nie 'n feature of 'n ondersoekende stuk nie. Ek kon 'n onderhoud voer en dit kon op die kosblaaie gaan. Alles het goed geklink.

Ek is na die lughawe waar die ander joernaliste gewag het. Die vliegtuig was klein maar ruim, met genoeg plek vir mense met lang bene. Ons het sjampanje gedrink.

Onder het die landskap mooi gelyk; ons het oor berge, dale en bruin bosse gevlieg. In Victoria-Wes is ons met blink 4×4's opgelaai. Op die plaas is ons hartlik deur Pieter verwelkom.

Hy het ons na die bron geneem waar die water uitkom. Ons het vrae gevra, en toe is ons buite die huis onthaal met Karoo-skaapvleis wat Mannetjies gebraai het.

Ons het 'n heerlike agtermiddag gehad en gepraat oor die bron, die kos, en allerlei. So teen 15:00 moes ons regmaak om vliegveld toe te gaan voordat die son sak.

Ek het agter in een van die 4×4's geklim; daar was vier van ons in die motor. Die res is al vooruit na die lughawe. Ons ry grondpad. Ek het nog agter gesit en gesels toe die motor omslaan en 'n paar keer rol. Die 4×4 het op sy dak te lande gekom. In die middel van nêrens. Die vrou langs my het geroggel. Die vrou voor was besig om uit te klim.

Waansinnig van skok, het die bestuurder om die voertuig gehardloop. Ek het gedink die motor gaan aan die brand slaan en wou so gou moontlik daar uit. Ek het die deur oopgebeur. Toe ek my een been lig, hang my voet aan 'n vel: 'n oop breuk. Die stuk been was vol droë grond.

Ek was besig om dood te bloei. Die bestuurder het nog rondgehardloop. Ek skree toe vir hom om gou sy T-hemp uit te trek en dit om my been te draai. Die bloeding moes stop.

Ek het gedink my been sou geamputeer moes word. Ás ek dit maak. 'n Motor kom aangery en ons bestuurder beduie dat hulle moet stop. Die kar ry net aan.

Dit word stadig aand en rondom ons is daar niks. Uiteindelik kom daar toe 'n motor aan en stop. Dit is Pieter. Hy laai my vinnig op die agtersitplek.

Hy jaag deur na die kliniek op die dorp waar 'n dokter dadelik die are heg sodat die bloedsomloop kan normaliseer. My been moet gered word. Ek is in soveel pyn en lyding, hulle gee my morfien. Ek word in 'n bed gesit en ek dryf weg.

Toe ek 'n uur later wakker word, is ek buite op 'n draagbaar en word ek in 'n mediese noodvliegtuig gelaai. Die vliegtuig styg op en daar is mense wat my toestand monitor.

Ek het net die gesuis deur die lug gehoor en die piepgeluid van my hart-klop op die monitor. Daar was 'n suurstofmasker op my gesig.

Later sou ek uitvind dat die landingstrook op Victoria-Wes nie ligte het nie. Al die boere in die omgewing het met hul bakkies en motors só gepar-keer dat hul hoofligte op die aanloopbaan geskyn het.

So kon die vliegtuig land en opstyg. In die maag van die vliegtuig het ek begin slaap, met die enjins wat ruis.

Eers toe ons in die Kaap land, het ek wakker geword. Van die vliegtuig is ek direk in 'n ambulans gelaai. Ons moes veg teen tyd om my been en voet te red.

Toe ek by die ou Chris Barnard-hospitaal in die Kaapse middestad aankom, wag die ortopediese chirurg vir my. "My been, red net my been," het ek gesmeek. Die blik in sy oë was een van onsekerheid.

Ek is teen middernag in na die operasiesaal.

Toe ek weer bykom, staan 'n verpleegster langs my bed. "My been. My been," sê ek.

Hulle kon dit red. Dit was maar die begin. Toe die kar rol, het ek ook my sleutelbeen gebreek. Verder was daar skraapmerke op my vel, arms, hande en rug.

Ek was gekluister aan 'n bed. In my kamer het ek snags wakker gelê en gekreun van die pyn. Ek was gekoppel aan 'n toestel wat kort-kort outomaties morfien binneaars vrygestel het.

Oral was daar pype. Ek kon nie self toilet toe gaan nie en die verleentheid omdat iemand jou moet afvee en skoonmaak, was onbeskryflik.

Ek weet dit klink soos 'n cliché, maar die media se prioriteite is verkeerd. Dit is verpleegsters wat in tydskrifte opgehemel moet word, en nie die middelmoot-glanspersoonlikhede wat in amper elke publikasie verskyn nie.

Die dae het aangestap en toe my wonde beter was, moes ek die volgende operasie ondergaan. 'n Stuk been moes uit my heup gehaal en in my been ingeplant word.

Ons moes duim vashou dat die been aangroei. Tydens dié operasie moes 'n plastiese chirurg die oop wond toewerk met 'n tipe "flap" wat hy van my been se vel en vlees oor die wond vasgewerk het. Hy moes ook vel van my bobeen skraap om alles toe te werk.

Ek moes so gou moontlik op my voet probeer trap omdat dit die hegting van die been sou aanhelp. Fisioterapeute moes my hiermee help.

Eendag kyk die chirurg na my been en ek sien hy lyk bekommerd. 'n Infeksie het in die wond ontstaan. Ek moes dadelik weer geopereer word.

Ek het amper drie maande lank sulke hel verduur. En toe moes ek weer in vir 'n operasie. Hierdie keer het hulle eksterne fiksators in my been geboor sodat dit volkome kon herstel.

Ná 'n ruk kon ek dit nie meer verdra in die hospitaal nie. Ek het vir Graham gesmeek om my huis toe te neem. Die dokters wou nie, maar ek het aanhou neul. Ek is toe per ambulans huis toe en by die trappe opgedra na my bed.

Dit was 'n fout. Ek moes heeldag alleen lê, want Graham was by die werk. Lees kon ek nie; ek het te veel pille moes drink om die pyn te verlig.

Ek kon nie self by die toilet uitkom nie, Graham moes help. Alles was nog seer van die ongeluk, my spiere ook. Toe begin die been eendag baie pyn. Ek is hospitaal toe in 'n ambulans. Daar was weer 'n infeksie.

Terug na die teater, waar hulle dit met antibiotika moes skoonspuit. Presies wat hulle gedoen het, weet ek nie. Weer het ek in die hospitaal gelê, weer het ek gekla en gekerm om huis toe te gaan, en weer was dit 'n fout.

Graham moes bedags in sy etensuur terug woonstel toe jaag om my te voer. Hy moes soms tot drie keer per dag huis toe kom. Ek moes toilet toe kruip.

Dr. Sonnenberg het 'n maand lank elke dag gekom om my wond skoon te maak. Teen die vierde maand kon ek in 'n rolstoel sit.

Om aan 'n rolstoel gekluister te wees het my siening van alles wat ek as normaal en vanselfsprekend aanvaar het, verander. Mense gluur jou aan, openlik. Om 'n restaurant binne te gaan was meestal 'n gedoente.

Die stad is nie ontwerp en ingerig vir mense in rolstoele nie. Ná drie maande kon ek tot krukke opgradeer. Ek moes van voor af leer loop met dié goed, en dit was aan die begin nie maklik nie. Ek het gereeld geval.

In hierdie tyd moes ek weer begin werk en dit was moeilik. Ek was eenvoudig te deurmekaar om behoorlik te konsentreer. Die redakteur in Johannesburg was egter ongenaakbaar en sy het my gedwing om net so hard te werk soos voor die ongeluk. As die werk nie op standaard was nie, het sy dit summier teruggestuur. Daar was min simpatie van haar kant af. Ek was 'n las en hulle wou hul pond vleis kry. Ek moes swoeg.

Ná drie maande op krukke kon ek weer self begin loop. Dit was nie maklik nie; ek moes leer om te balanseer. Dit was ook seer, want nou was my volle gewig op my been.

Ek moes terug na die operasiesaal sodat die eksterne fiksators verwyder kon word. Die letsels aan my linkerbeen, selfs ná plastiese chirurgie, is verskriklik. Maar vandag het ek die volle gebruik van my voet en my been. Ek kan loop. Die een is nou 1 cm korter as die ander.

Die ster tydens hierdie tragedie was Graham, wat my moes versorg, na my gekla en gekerm moes luister, my moes voer en rondkarwei. Sonder hom sou alles onmoontlik gewees het.

Ek kyk dus met 'n mate van hartseer en trots terug op my lewe. Ja, soos genoem, is die motorongeluk 'n lomp metafoor om my verhaal te beskryf. Ek was eens bedlêend, daarna kon ek voorwaarts in 'n rolstoel, toe moes ek op krukke voortbeur en baie val, weer opstaan, en later het ek hinkepink geloop, al was dit seer.

Wat oorbly is 'n man met baie letsels op sy been, maar hy beweeg vorentoe. Hy kan loop. Daar word nog geval, groot foute gemaak en daar is spyt en berou.

So baie het gebeur. Die dae in Kloofstraat met my ma in die losieshuis. Ons armoede en die brood en koffie as daar nie geld was nie. Later die kinderhuis en die effek wat daardie jaar tot vandag toe op my lewe het. Die leë gevoel wat ek kry asof ek in die ruimte sweef en niemand my liefhet nie. My verwerp het.

My oom Braam Lategan wat probeer het om my te help, maar sy vrou Tina wat my tot die gutter verwens het. Die gelukkige dae in Seepunt met my ma, waar ek leer lief word het vir randfigure, arm mense, en ook hoe om die lewe te geniet.

My pa se alkoholisme en sy afwesigheid. Die dae toe ek op my eie sub A toe is, op my eie na standerd ses, en geskors is uit matriek. Belangrike oorgangs-rituele wat ek moes deurgaan sonder dat iemand my hand vasgehou het.

Die skool waar ek geskors is, het my ironies genoeg jare later vereer vir my bydrae tot Afrikaans. Dit was 'n bevredigende gevoel wat vir my afsluiting gebring het.

Afrikaans, die taal waarin ek nie wou skryf nie, maar wat my later weer met liefde oorweldig het. My wonderlike ouer vriende, die digters en Amanda Botha wat regdeur my lewe daar was.

Coenie Slabber, wat 'n lang skaduwee oor my lewe kom gooi het. Ek sal ook nooit vergeet hoe mense my gekritiseer het toe ek en twee ander slagof-fers 'n saak teen hom aanhangig gemaak het nie. Gesiene skrywers, akteurs, joernaliste en vriende wat my afgeraai het om dit te doen. Die grense wat hy nie gehad het nie, het my ook by tye grensloos gelaat.

Later die weermag, die selfdoodpoging, die detensiebarak en daarna New York. Slaap op banke in die Tuine. Hongerte. En tog het ek nie gaan lê nie.

Ek het my dramastudies voltooi, ekstra geld as kelner verdien, myself aan die skryf gekry om eendag joernalis te word. Klein artikels waarvoor ek nie betaal is nie, waarmee ek 'n portefeulje opgebou het.

Dan was daar die dwelmverslawing wat ek goddank agter my kon sit, nuwe plekke wat ek oorsee ontdek het. My horisonne is verbreed.

Graham Sonnenberg is op my pad gestuur, want sonder hom weet ek nie watter rigting my lewe sou inslaan nie. Maar ek kan terugkyk en dink, jirre, ek het baie oorleef.

Depressie en woede het my jare lank verlam. My foute is volop, maar ek leer soos ek voortbeur.

Het al hierdie goed nie gebeur nie, wonder ek watter tipe mens ek sou wees. Sou ek soveel empatie vir die underdog gehad het? Sou ek met deernis oor goed kon skryf sonder dat ek self daar was? In die loopgrawe.

En sou ek doodgaan, sal ek kan terugkyk op een hélse lewe wat beslis nie vervelig was nie. My boom was vol vrugte – vrottes ook!

Daar is nog skop in hierdie perd. Nuwe ervarings, nog terugslae, nog suksesse. Maar voor ek doodgaan, sal ek die woorde van Antjie Krog parafraseer:
my arms skeur ekstaties bo my kop:
ek is
ek is
die here hoor my
'n vry fokken hoerkind.

Of is ek?

Bedankings

ANKIE AAN ALMAL WAT MY lewe verryk het. Al word nie al jul name genoem nie, julle weet wie julle is.

Ook my uitgewer, Penguin, wat my die geleentheid gebied het om my storie te vertel; veral ook die teksredakteur, Melt Myburgh, wat my rou kopie moes omskep in 'n leesbare teks. Ek waardeer dit. Baie dankie ook aan Marlene Fryer en Ronel Richter-Herbert, my uitgewers by Penguin, en Annelene van der Merwe vir die eersteklas teksversorging.

Lien Botha, wat altyd reg is om te luister as ek te gronde wil gaan.

Die fiksie-uitgewer Fourie Botha by Penguin, wat van gees groot genoeg was om my eers hierdie boek te laat aanpak, in stede van die roman waarop hy nou al jare wag. Dit kom.

Graham Sonnenberg, wat vir my tyd kon koop terwyl ek aan die boek gewerk het deur my by tye finansieel te ondersteun.

Indeks